ÉCRIVAINS FRANCOPHONES D'AUJOURD'HUI
sous la direction de Gilles Bonnet
1

Nathalie Quintane

Nathalie Quintane

Sous la direction de Benoît Auclerc

PARIS
CLASSIQUES GARNIER
2015

Benoît Auclerc est maître de conférences à l'université Jean-Moulin – Lyon 3. Sa thèse traite des questions de lecture et de réception chez Francis Ponge et Nathalie Sarraute. Il a dirigé *Lire Monique Wittig aujourd'hui* (Lyon, 2012) avec Y. Chevalier, *Ponge et ses lecteurs* (Paris, 2014) avec S. Coste et, avec B. Gorrillot, le n° 316 de la *Revue des Sciences Humaines*, « Politiques de Ponge » (Lille, 2014).

ISBN 978-2-8124-3717-5 (livre broché)
ISBN 978-2-8124-3718-2 (livre relié)
ISSN 2430-9222

INTRODUCTION

Voilà plus de vingt ans maintenant (les premières publications remontent à 1993) que Nathalie Quintane trace un chemin singulier, qui part des revues de poésie – y compris et surtout critiques à l'égard de ce qu'on entend communément par poésie –, rencontre depuis toutes sortes de formes et de genres : des aphorismes à risque poétique (*Remarques*, 1997), une autobiographie auto-désignée (*Début*, 1999), des romans étranges (*Antonia Bellivetti*, 2004, et *Cavale*, 2006), des pièces de théâtre (*Les Quasi-Monténégrins* et *Deux frères*, 2003), des enquêtes, de celles qui fouillent la mémoire là où ça chatouille et là où ça fait mal : *Jeanne Darc* (1998), *Saint-Tropez – Une Américaine* (2001), *Grand ensemble (concernant une ancienne colonie)* (2008) ; *Tomates* (2010) peut se lire comme un essai d'essai, la quatrième de couverture de *Formage* (2003) le désigne comme un « livre de formations », *Crâne chaud* (2012) est un livre sur l'amour et sur le sexe et c'est aussi une sorte d'autofiction, etc. En tous sens, Nathalie Quintane multiplie les formes, formations, formulations, avec une belle plasticité. Le mot est à entendre ici du côté de la souplesse – la précision de la remarque se penchant sur son objet (souvent petit), la sinuosité des phrases – et du côté de la proximité avec les arts dits plastiques – on songe aux nombreux livres et textes avec des artistes et/ou à leur propos, aux lectures publiques. Cette plasticité a aussi pour avantage (c'en est un, assurément, à ses yeux) de rendre la position de Quintane difficilement repérable : les premières publications la situent du côté des milieux de la poésie dans sa composante expérimentale, mais cette situation-là semble d'emblée approximative, comme le résume la quatrième de couverture de *Chaussure* : « Bref, c'est un livre de poésie pas spécialement poétique, de celle (la poésie) qui ne se force pas. » La phrase est devenue fameuse, et dit bien de fait le refus ferme à l'égard de certaines pratiques (notamment celles qui célèbrent le poétique en tant que tel), mais impose aussi une forme de décontraction dans le refus (décontraction dans l'expérimentation, qui constitue en elle-même une rupture avec les crispations prévalant en général dans ce contexte). La suite déçoit les attentes : elle n'a pas seulement lieu du côté de « la poésie », même de « celle qui ne se force pas ». Elle les confirme aussi, produit surtout des surprises, en ce sens que Nathalie Quintane semble rassembler, par la multiplicité de ses expérimentations formelles et génériques, les qualités des personnages de *Formage* : la vivacité du dénommé « chien jaune » (publications à un rythme soutenu, essais formels multiples), et la propension à l'arrêt qui caractérise le quasi mutisme de M. Ro (refus fermes, tentatives non toujours répétées, interruptions inattendues).

« Je suis peu nombreuse mais je suis décidée » : depuis longtemps, la phrase sert à Nathalie Quintane d'autoprésentation (et figure toujours à la page qui lui est consacrée sur le site des éditions P.O.L). Elle annonce une démarche déterminée. Elle suggère aussi que, si la position est (volontiers ?) minoritaire, le chemin résolument tracé croise (sur des portions plus ou moins longues) celui d'autres – écrivains, revues, artistes, lecteurs. À travers ces collaborations se lit aussi un rapport au politique, qui, commun à un certain nombre d'écrivains ayant commencé à publier dans les années 1990, résonne cependant de façon singulière chez Quintane : ses textes, délestés des illusions lyriques comme de l'amertume des révolutions manquées, n'entendent pas pour autant renoncer à la combativité (ils fourbissent joyeusement des armes). Il en résulte une conception de l'écriture (mais pas seulement) comme série d'interventions, qui tiennent compte des rapports de force, du caractère minoritaire des positions défendues, s'interrogent sur la possibilité même d'une prise de position efficace pour un écrivain aujourd'hui – étant entendu que la solennité de « l'engagement » n'est pas (plus ?) une option viable – interventions dont ce volume entend saisir la diversité et les modalités.

Portant sur un travail en cours – les « Remarques » inédites qu'on trouvera ici viennent le rappeler, s'il en était besoin, ce livre assume volontiers le risque d'être bientôt dépassé par un écrivain qui va à *vive* allure, et propose une cartographie de ce que, à l'heure actuelle, recouvre le nom de Quintane, dans sa variété et sa cohérence : sont ici plus particulièrement explorés la diversité formelle (les usages du (dis)continu, les ruptures de rythme et changements d'allure), la relation entretenue avec la « performance », avec les arts en général, la posture distanciée et la fonction particulière de l'ironie, la construction problématique de *nous* (et son articulation à des *je*), la question du minoritaire (du genre en particulier), le traitement critique du quotidien, l'impossible question d'un « programme » politique. Ces questions, évidemment se recoupent. Pour ne prendre qu'un exemple, l'interrogation sur la construction des *nous* participe de fait de la question plus vaste du politique ou du rapport au minoritaire, de même qu'elle n'est pas sans lien avec l'espace occupé sur la scène de la performance, de l'écriture, de l'art, etc. On trouvera un écho à toutes ces interrogations, reprises et tissées d'une autre manière encore, dans le long entretien accordé par l'auteur.

Mais ce que ces pages entendent aussi manifester, c'est l'énergie transmise par Nathalie Quintane qui, peut-être (encore ?) « peu nombreuse », fait *décidément* la preuve de sa force d'entraînement (comme exercice, comme entrain).

Benoît AUCLERC

ÉTUDES

QUELQUE CHOSE ROUGE

Parcours et détours d'une prose entêtée

On déchiffrera ici trois séquences de (la) vie d'une écriture intensive doublement critique, puisqu'il faut que quelque chose se passe de neuf sur la scène politique *et* sur la scène poétique. En ouverture, l'exploration d'énoncés disjoints et décollés les uns des autres. Puis : explorations explosives des narrations possibles – le roman et la fiction peuvent sans doute faire une place à *ce qui* se passe et à *comment* ça se passe. Enfin (mais ça suit son cours, et de nouvelles bifurcations nous surprendront...) : tressage d'une prose mesurée et contenue mettant en forme une « critique intégrée[1] » qui explore les souplesses du possible.

CE MOI QUE JE NE SUIS PAS, CETTE DISCONTINUITÉ QUI M'APPELLE ET ME CONSTRUIT

À Nathalie Quintane on ne raconte plus, on ne raconte pas d'histoires. L'écrivain est d'autant plus dans l'Histoire, terme et matière, flux et temporalité dont on ne sait plus si elle peut encore comporter une majuscule initiale. Or comment faire et accompagner l'H/histoire des histoires, l'imprévu d'une h/Histoire, sinon en inventant, commentant, imaginant, prélevant, métamorphosant des épisodes issus d'un champ dont on ne peut dire comment il commence ni vers où il se poursuit ?

Sa biographie se réduit à quelques lignes malicieuses proposées par son éditeur ou le site Sitaudis – « Née en 1964 à Paris, vit à Digne-les-Bains. Participe à de nombreuses (enfin, tout est relatif) lectures publiques

1 N. Quintane « Astronomiques assertions », *« Toi aussi, tu as des armes »*, Paris, La Fabrique éditions, 2011, p. 179.

et illustre parfois les poèmes de Stéphane Bérard[1] ». Sa bibliographie, comportant une quinzaine de titres tranchés et tranchants, s'ouvre par l'évocation d'une forme (*Remarques*) pour aboutir à un corps végétal transgenre (*Tomates*), incertainement sexué (*Crâne chaud*), jusqu'à inventer un *Plomb polonais* qui « excite à poursuivre[2] » la phrase, la recherche, le questionnement et la mise en perspective. La tomate, fruit ou légume ? La femme chauve est-elle l'avenir de l'homme ? Pourquoi la Pologne n'est jamais polonaise ? Bibliographie proposant une variété générique affirmée quelquefois dès la couverture des livres : roman, autobiographie, théâtre, essai, fragments descriptifs, reportages (tentatives d'épuisement d'une ville ?) sur un lieu, un paysage, un être historique, un moi indécis mais en partie déchiffrable, un personnage de fiction, un nom de pays qui existe avant tout dans nos songes littéraires. À chaque fois, la brutalité défiante d'un texte-chaussure, d'un texte-tomate, d'un texte-oreille, texte-américain, texte-crâne, texte-Jeanne, texte-Antonia Belliveti, texte for ou fromage pourrait s'achever avec ce constat : que d'objets, que d'animaux, que d'êtres n'ai-je pas encore essayés, apprivoisés, déterminés, fissurés, et vers et pour lesquels s'approcher par la langue produit une nouvelle distance, un surcroît d'énigme et de perspectives ! Autant de micro ou méga mythes, d'objets et sujets phares aveuglants et souvent aveuglés que l'écrivain, plus ou moins énervé-excité-attiré, renverse, éparpille, écrase, cuisine, interroge, déconfigure, projette, assimile, recrache en morceaux, reconstitue dans l'éparpillement et la dissémination. Il s'agit de trouver une distance critique accordée à une distance qui consente : saisir sans coller, admirer sans baver, décrire sans fusionner, accompagner sans aliéner. Autant d'impératifs qu'une prose prosaïque ou un vers poétique ne peuvent capter ni captiver.

Question subsidiaire, dont la réponse est inaccessible : est-ce la réalité et la langue qui sont en morceaux ou la perception qui morcelle ces dernières pour mieux les analyser – jusqu'à la décomposition ?

---

1 P.O.L propose aujourd'hui une biographie mise à jour. On trouve toujours ce texte sur *Sitaudis.fr*, à la rubrique « Poètes contemporains » (consulté en avril 2014).

2 N. Quintane, *Plomb polonais*, Bordeaux, Éditions Confluences / Frac Aquitaine, 2013, p. 27.

LA PROSE AU-DELÀ DE LA POÉSIE ?

Le sous-titre « poésie » ou « poème » n'est jamais mis en exergue dans ces divers livres. Dont acte : Nathalie Quintane ne se veut pas poète, même si ses textes partent d'une certaine idée, ou représentation de la poésie, et revendiquent le désir nécessaire de déconstruire l'habitus des poètes comme celui des lecteurs de poèmes. Dans ce monde-ci, le prince des poètes a été décapité et son corps acéphale court éperdument, heurtant des murs parfois visibles, souvent imperceptibles. Cet allié des puissants et des forts n'est plus. La poésie, affaire de contexte et d'imaginaire, *posture* tout autant que *pose* (qui manque de pauses), objet de luttes et de conflits – le passé d'une langue et d'une culture –, l'écrivain la met au frais : c'est avec une petite prose plus tout à fait française désormais qu'on invente des formes, et qu'on laboure, en le prolongeant, un présent inédit, comme l'a déjà tenté Hélène Bessette dans ses romans désinvoltes et dérangeants : « La phrase est coupée. Stoppée. Raide. C'est raide, quoi. C'est pas engageant. Où qu'il est, Proust ? On veut bien les vilains vices du Monde, mais alors bien écrits (p. ex. en GPF : Grande Prose Française – Bossuet, Chateaubriand, Debord). Sinueux. Subordonnants. Syntaxiques. Du complexe complexe[1] ». À l'avant d'aujourd'hui, on trace d'autres sillons, réguliers ou pas, qui pourraient constituer comme l'après-poésie, son devenir politique, sa porte de sortie, son sursaut et son (r)éveil critiques : l'acte, l'action qu'elle cible, le renversement qu'elle ose, la révolution qu'elle intime. Dans ces textes, l'écrivain est à hauteur des choses, c'est-à-dire au plus près de la terre et du plancher, du sol et du chemin : pieds ou plants de tomates, ce parti-pris refuse toute suprématie, il parcourt avec, dans, à côté des hommes, ce que leur langue sème et oublie parfois de récolter, ce que leur potager propose, ce que leurs projets contestent. À moins que, comme dans *Début*, il ne s'agisse de « piquer[2] », depuis le ciel d'un petit avion, (sur) certains motifs situés sur, voire enfouis en terre (l'enfance, le souvenir, la trace, la patate : débris, refoulés, rejets, excroissances cachées, racines invisibles). Mais si la poésie ne s'affiche sur aucune couverture,

1 N. Quintane, « Hélène Bessette, un gladiateur en carton », *La Revue littéraire*, Paris, Éditions Léo Scheer, n° 28 (dossier Hélène Bessette), automne 2006.

2 N. Quintane, *Début*, Paris, P.O.L, 1999, quatrième de couverture.

on peut néanmoins la retrouver mentionnée, et minorée, en quatrième de couverture, comme c'est le cas avec *Chaussure* : « Bref, c'est un livre de poésie pas spécialement poétique, de celle (la poésie) qui ne se force pas[1]. » De celle, par contre, qui force nos réflexes comme nos attentes, qui pousse la langue à se dédire, et bouleverse nos habitudes de pensée, nos conforts d'écriture, nos assertions impensées ?

L'écrivain n'est ni au-dessus ni à côté. Il écrit dans, parmi, avec, contre. On n'a trouvé ni l'origine ni la fin de la poésie, et résolu aucune question dite poétique, politique ou métaphysique. Plongeons donc dans les moyens, reprenons le mouvement des expériences, des luttes, des émeutes, des rébellions et des rencontres inédites, et voyons ce qui *s'y joue, s'y perd, s'y gagne, s'y dépense* – c'est le cas de le dire, et ce avec un *entêtement* non feint, terme auquel la narratrice d'*Antonia Bellivetti* consacre une série d'exemples qui n'épuise pas l'urgence : clarifier.

> Qu'est-ce que l'entêtement ? C'est rester au soleil alors qu'on sent déjà le grésillement des brûlures. C'est manger encore un carré de chocolat alors que le chocolat ne désigne plus qu'une pâte sucrée qui tapisse ma gorge. C'est déchirer un papier en pensant ainsi faire disparaître ce qui est écrit, ou mieux : faire en sorte que cela n'ait jamais été écrit. C'est ne pas se couvrir alors qu'il fait froid parce qu'on a décidé qu'il fait chaud. C'est forcer son chien à porter des lunettes dans le seul but de prendre une photo. C'est refuser d'organiser un pique-nique parce qu'on n'a pas de panier en osier et de nappe à carreaux rouges et blancs. C'est dire, à six ans, qu'on ne fera jamais de cheval et le dire aussi à dix. C'est enfermer sa sœur dans sa chambre pour éviter d'avoir à lui expliquer pourquoi on ne peut pas l'emmener. C'est attendre que ce qu'on vous dit corresponde exactement à ce que vous avez envie d'entendre[2].

Entêtement à déconstruire les formules et à déployer les interprétations, en avançant tête haute dans le verbe apoétique toujours plus politique, encore et encore, selon des modalités singulières qui ne doivent rien (pas de poèmes surtout ! mais des effets, des actes, des résolutions pragmatiques : « Disséquer *nous*, vérifier des formules, relever les contextes (quitte à finir dos au mur[3]) ») à personne (les poètes poétiques en tout cas, car Nathalie Quintane doit beaucoup à Nerval ou Artaud, Michaux

1 Même si, dans le livre, *Tomates* par exemple, Nathalie Quintane est incluse, de fait, par l'institution, dans la communauté restreinte des « femmes poètes » (Paris, P.O.L, 2010).
2 N. Quintane, *Antonia Bellivetti*, Paris, P.O.L, 2004, p. 49-50.
3 N. Quintane, « Astronomiques assertions », *op. cit.*, p. 189.

ou Lautréamont, ainsi qu'elle le rappelle[1] dans *Tomates*) : Blanqui par exemple, plutôt que tous ces écrivains confisqués par l'institution. Mordre dans la langue quitte à se mordre sa propre langue, à saigner peut-être (d'où le rouge…) : à pleines dents, avec la force du besoin augmentée par celle du désir.

FORMULER (LE) CECI, DÉMONTER (LE) CELA

La langue et ses effets de sens toujours sonores sont, dans un premier mouvement d'écriture, interrogés par la découpe d'énoncés de toutes sortes, *a priori* anti-poétiques, selon des procédures qui ont à voir avec le « recevoir », la « collecte », le « recueil » puis le « faire », le « défaire ». Mais ce « refaire » n'est pas pour autant un « parfaire » : culture, jardinage, artisanat, bricolage, fabrique, mélange, malaxage, mixage, découpe, variation des échelles et des points de vue. Écrire les pieds dans la matière, les mains dans le verbe toujours impur, fade, plat, monotone, évident, où qu'il soit, d'où qu'il vienne, depuis et avec cette substance première à la fois collante et aérienne qui nous entoure, nous porte et nous supporte, nous noie et nous nourrit. Matière invisible, quelquefois inaudible bien que bruyante, à laquelle Nathalie Quintane donne une plastique et une assise, une petite musique qui repose sur l'entêtement et la monotonie, la reprise dans la variation pour une plus grande justesse : micro-justice de l'équilibre. Matière qui rejoint, sur la page, le corps et la lettre des choses, des êtres et des paysages : le flux de tous ces éléments constitutifs du monde s'infiltre dans les slogans, les énoncés et les phrases prêts à penser dont les impératifs sont ici déjoués parce qu'ils apparaissent dans un cadre spécifique, un décor exigeant, une mise en scène concertée. Les énoncés entrent et sortent, se suivent et ne se ressemblent pas, constituent des ensembles et des sous-ensembles, fonctionnent en groupe, dialoguent ou monologuent : art dialogique et théâtral finalement, avec ses temps

1 « Logiquement, ce qui me touchait le plus, chez Artaud, c'était quand les autres, ceux qui s'organisent, étaient venus le visiter, à l'asile, en pleine guerre, et qu'il leur avait hurlé pour toute réponse qu'il voulait des patates. Des patates. Car il crevait de faim. » (*Tomates*, *op. cit.* p. 88)

de pause et d'accélération, ses levers de rideaux et ses coups de théâtre, ses expositions et ses chapitres de clôture qui n'en sont pas, à l'image de ces deux épilogues successifs proposés à la fin de *Tomates*.

Ceci n'est plus une chaussure, ni une tomate, et encore moins un crâne ou un lieu géographique déterminé (D. et Tarnac doivent-ils à la Pologne ?), depuis que ça figure dans un livre et que ça devient l'objet d'une aventure, d'une avancée exploratrice qui n'entend récupérer aucun trésor, aucun capital. *Ceci* est plutôt l'ustensile ou l'objet d'une interrogation, d'une approche qui, de manière concentrique, tend à jouer de la faille entre sujet et objet. *Ceci*, donc, n'est plus à vendre, à saisir, à exploiter ou à capitaliser. *Ceci* n'est pas à consommer, encore moins à digérer : à dépenser/ingérer peut-être, pour sentir ce que ça fait, comment ça écœure, pourquoi ça bourre et engourdit. *Ceci* continue d'être utile, certes, mais utile à penser, utile à expérimenter, et ce à partir d'une ritournelle produite par une prose déchantante et néanmoins joyeuse, inquiète et cependant jamais terne, ni grave.

SE RESSOUVENIR POUR ANTICIPER

Certaines pratiques des avant-gardes, telles le prélèvement, le bricolage des mots et des sons, le collage, le montage, le recours à la répétition, à la série, à la litanie, à la reprise, aujourd'hui courantes et finalement gardistes/gardiennes, témoignent ici d'une curiosité nerveusement avivée, à l'amorce d'une langue légèrement étrange et décalée, éclectique, à l'écoute d'un présent qui n'a pas dit son dernier mot. Se ressouvenir, donc, mais pour relancer la présence du présent : *reprendre*, comme l'a si bien théorisé Kierkegaard. Pas de regard surplombant, pas de machine textuelle éclairant une contemporanéité lisible et soluble dans les mots et les solutions. L'écriture est sur le qui-vive, l'écriture est qui-vive : écriture sur le front, frontale, décisive et décidée, bégayante et cependant assurée/assumée. La forme n'est pas qu'une mécanique plaquée sur du vivant : une certaine mécanique réveille les paroles gelées.

Ainsi dans le deuxième numéro de la *Revue de littérature générale*, Nathalie Quintane se ressouvenait, sous forme de poèmes et de prose, de trois hommes politiques, Mao, Philippe Pétain et Mussolini, en interrogeant leur pratique, leur praxis, leurs gestes, leurs manies : des petits hommes qui se sont mouchés, qui ont eu froid pendant un été trop chaud (40), qui ont aimé la poésie pour des raisons dont on va voir qu'elles ne sont peut-être pas valables. L'amour de la poésie ne promet rien, ne sauve de rien, et mène à tout. Se ressouvenir du politique pour anticiper la poésie ? À la poésie donc, de se rendre peu aimable pour, peut-être, se charger du pire, et laisser le meilleur aux hommes politiques !

> Accoudé à la fenêtre des trains, il comptait les arbres qui défilaient
> (VOILÀ POURQUOI MUSSOLINI AIMAIT LA POÉSIE)
> Il enfilait son pull, par les manches, puis par le cou
> (VOILÀ POURQUOI MUSSOLINI AIMAIT LA POÉSIE)
> Il rangeait dans son assiette ses morceaux de viande en ordre décroissant
> (VOILÀ POURQUOI MUSSOLINI AIMAIT LA POÉSIE)
> Il tournait son café en raclant longuement la cuillère au fond
> (VOILÀ POURQUOI MUSSOLINI AIMAIT LA POÉSIE)
> Parfois, avant de regarder, il fermait un œil, sur les deux
> (VOILÀ POURQUOI MUSSOLINI AIMAIT LA POÉSIE)
> Quel que soit le chat, il lui donnait une caresse, dès qu'il miaulait
> (VOILÀ POURQUOI MUSSOLINI AIMAIT LA POÉSIE)
> Il s'arrangeait pour poser le pied dans les taches dessinées par le soleil,
> [Piazza del Popolo
> (VOILÀ POURQUOI MUSSOLINI AIMAIT LA POÉSIE)
> Il roulait à toute allure, dans ses nouvelles voitures
> (VOILÀ POURQUOI MUSSOLINI AIMAIT LA POÉSIE)
> Un jour, en levant le nez, il avait vu un paquebot, dans un nuage
> (VOILÀ POURQUOI MUSSOLINI AIMAIT LA POÉSIE)
> Il savait parfaitement imiter la stridulation des cigales[1]

Un menu fait est à chaque fois suivi d'une conclusion identique et imperturbable selon laquelle ce dernier expliquerait le goût que portait Mussolini à la poésie. Comment construire et concevoir l'amour de la poésie et celui du genre humain ? Faut-il aimer la poésie et détester Mussolini ? Oui, mais alors aimer une poésie que Mussolini aurait détestée, ou aimer en Mussolini la mauvaise poésie qu'il a lui-même appréciée ? Quelle poésie pourrait éviter à l'homme de commettre le pire[2] ? Repenser l'homme, dépenser la poésie ? De même que celui qui « joue

1 N. Quintane, « AH », « n°6 », *Revue de littérature générale*, Paris, P.O.L, 96/2 (« Digest), 1996, section 33.

2 J'avais écrit le pur – le lapsus est trop beau pour être tout à fait effacé.

mal du piano en joue réellement », de même que jouer du piano c'est aussi faire travailler ses pieds, et connaître l'instrument « de l'intérieur ; l'ouvrir, tâter et frapper les cordes, faire claquer le couvercle, grimper dessus[1] » ; de même composer de la poésie suppose qu'on connaisse l'histoire de la poésie de l'intérieur : se souvenir puis se ressouvenir, pour, finalement, penser car « il est faux de supposer qu'il suffit de ne pas penser pour que rien, ou rien de grave, ne se passe[2] ».

Persister à penser, persister à se ressouvenir, persister à anticiper. Un bon poème serait-il « une pensée sans trou[3] », comme l'est un film d'espionnage ?

Toutefois l'écriture n'anticipe que l'imprévisible nouveauté : là où ça fait mal, peut-être qu'un jour cela fera moins mal parce qu'un événement poé-politique aura tenté de répondre au destin. Là où ça crispe, un peu de souplesse. Là où ça répète, du décrochage. Anticiper ce qu'on reconnaîtra comme neuf, puisque l'inédit retrouve toujours quelque chose d'un passé qui passe le présent tout en éclairant le futur. L'écriture ne demande pas tant aux puissances de changer le monde, que de changer les êtres qui le perçoivent et le construisent. Ne plus subir, mais diriger un rêve qui puisse aussi s'incarner dans ce monde : demain, après-demain, peu importe. Au-delà d'aujourd'hui, inventer depuis une mémoire pensante, proposer une écriture qui dialogue toujours de manière excentrique avec le, son passé.

DISSÉMINATION PROJETÉE DU « JE » ET MISE EN PIÈCES DE LA PROSE

On imagine que Nathalie Quintane commence par collecter et collectionner les fragments narratifs, les histoires de toutes provenances, les légendes, les anecdotes et les rumeurs, les déclarations et les prises de position. Elle écoute les messages publicitaires et politiques, institutionnels et communautaires, médiatiques et familiaux ;

1 N. Quintane, « AH », *op. cit.*, « n°4 ».
2 *Ibid.*, « n° 2 ».
3 *Ibid.*, « n° 2 ».

les communications publiques et privées ; les anecdotes calculées et les confessions ordonnées. Par cette attention, elle est plus-que-présente dans chacun de ses livres, contre (aux deux sens du terme : au plus près et en vis-à-vis de) ses personnages, mêlée aux pronoms « il » ou « elle », à ses héros anti-héroïques. Le « je », plus spécifiquement, y est dans un premier temps neutralisé et dépsychologisé : il se juxtapose au moi dont il constitue un masque particulièrement pratique. Il permet de raconter l'expérience du vivre et du parler, de l'écoute et de l'interprétation, et dégage une ou des convictions. Il dit le particulier et l'universel, le masculin et le féminin, la femme dans l'homme et l'homme avec la femme, le singulier dans son appartenance au pluriel, le questionnement métaphysique, social, politique, familial, sexuel et affectif, la dérive hors du groupe, la marginalité dans la norme, la confusion dans le collectif, la révolte minuscule, l'indignation, et l'acte d'écrire par lequel un événement de pensée – ou une transformation silencieuse – advient malgré les pesanteurs et le conformisme. Rendre possible les conditions et les circonstances de l'advenue de quelque chose – qui ne contraindrait plus quelqu'un, mais libèrerait la plupart d'entre nous. C'est très souvent au travers de ce filtre exigeant, de cette posture plus existentielle qu'essentielle, que se réaménage la grammaire de la cité et que sont produits des énoncés burlesques ou intrépides, de ceux qui rendent possible le glissement, le détour, l'apport de l'étrange, la survenue du caché. Ce pronom embrayeur est la condition d'une tentative de déchiffrement de la cité, du corps, du paysage, de l'humain et de l'animal. Un « je » qui prend tour à tour la place du mot et la place du sur-vivant, le préfixe « sur » étant ici à comprendre comme intensif. Plus-que-présente avec tous ses personnages : les voix scripturales de Nathalie Quintane sont polymorphes. Américaine, tropézienne, sainte, italienne, et on attend la suite !

DISCONTINUITÉ JUXTAPOSÉE ; DISCONTINUITÉ RELIÉE

Et l'histoire des textes ? Comment leur forme évolue-t-elle au cours du temps, depuis deux décennies environ ? Si le choix ou la nécessité du discontinu est originaire, parfois il s'assouplit, s'autorise des liens, et rattache le texte à un fil narratif, à un système explicatif qui n'épuise jamais son objet. Le discontinu peut varier d'échelle, jouer à cache-cache, s'abstraire du texte, mais sa tenue, son exigence, ne disparaissent jamais tout à fait. Mieux : il invente un autre continu, résolu à la pause, à la station, à l'arrêt. La pensée est création continue, la réflexion est continûment relancée, épicée, colorée : le gris et le noir visent le rouge. Les lettres colorent la prose du monde et la teinte des textes-tissus de Nathalie Quintane mûrit vers un rouge aussi bien érotique que politique. Elle est la condition d'une forme de critique intégrée au narratif, au descriptif, à l'anecdotique, ce dernier mot étant compris au sens étymologique, à savoir *ce qui n'est pas inédit*. Si les premiers livres reposent sur des fragments, des propositions, des phrases talonnées qui constituent le noyau volontairement restreint et central de l'écriture, les suivants s'ouvrent à des tentatives narratives et argumentatives qui en passent plutôt par des développements circonscrits : ça enfle, ça gonfle, ça fictionne, ça raconte et ça décrit, ça pose des hypothèses, ça raisonne, ça stoppe aussi, et court-circuite, pour mieux réveiller le lecteur. Le blanc se fait progressivement plus rare, même si le bloc de prose reste mesuré, laisse place à des morceaux d'espace et ménage quelques pauses. Quant aux écrits récents, ils se déploient à une échelle à nouveau plus serrée, comme si leur questionnement explicitement politique nécessitait un cadrage davantage surveillé. *Plomb polonais*, paru en 2013, est emblématique de cette échelle circonstanciée : c'est à partir d'un pays rêvé et fantasmé, la Pologne donc, que la narratrice déploie vingt propositions qui interrogent l'identité. Celle de deux artistes, Michel Journiac et Urs Lüthi, qui dans leurs œuvres photographiques, à la fin des années soixante-dix, déconstruisent et reconfigurent leur moi en autant de propositions imagées. Le travestissement, le déguisement, le maquillage, le masque et l'emprunt permettent en effet de rendre sensibles l'extrême porosité du moi, sa perméabilité à l'autre, à son regard, à son amour, à son questionnement et à sa jalousie. De même, la Pologne du début des années quatre-vingts devient le terme générique d'un doute et la genèse d'un suspens : ces derniers portent sur l'histoire et sur les événements que la mémoire et le temps officiel sélectionnent afin de faire du récit linéaire, d'introduire du sens, d'expliquer et de lire une révolution. La Pologne n'est pas polonaise, de même que le « je » n'est pas « moi », mais plutôt l'autre à venir. Les artistes ne sont pas seulement dans les images qu'ils donnent à voir. Le temps monumental doit être arrêté pour que la durée de la pensée et celle de l'identité en devenir infiltrent le passé, un passé qui n'est d'ailleurs jamais coupé du présent, un passé qui infiltre, pénètre, jouxte l'aujourd'hui et le maintenant. Ainsi, sous la plume de Nathalie Quintane, une Pologne naît, s'élève, et s'allège progressivement d'un certain nombre de fardeaux. Une Pologne que la langue de l'écrivain réinvente à partir de données éparses, qui sont autant économiques, politiques, et culturelles qu'anecdotiques et autobiographiques. Une certaine Pologne se révèle au croisement des vingt blocs de prose constituant cet essai esthético-politique : elle s'annonce plurielle, inachevée, ambivalente. Pologne de sons et de sens modulée par une prose qui ose une sorte de body-histoire : comme la géographie, l'histoire passe par les corps, l'histoire traverse la chair. La Pologne passe, littéralement, sur le corps de la narratrice, dont on imagine qu'elle est française : et ce constat procure une jouissance dont la langue donne quelques indices. Cette fête s'appelle écart, souplesse, invention, audace. Je me déguise en Pologne, la Pologne déguise ma langue, et ce projet constitue finalement une « saine position[1] ».

ÉNONCÉS SANS ROMANCES, SANS FABLE NI AGRÉMENT

Les *Romances sans paroles* de Verlaine cherchaient à inventer une poésie toute en musique, se tournant délibérément vers une forme de naïveté et d'innocence. Le choix de l'impair, du déséquilibre, de la nuance et de

1 N. Quintane, *Plomb polonais*, *op. cit.*, p. 54.

l'indécis entendait fondre le sens dans une gamme de sons corrélés aux parfums, au toucher, au goût et au visible. Une poésie au plus près des sensations qui voulait se détourner du signifié ; le texte lu était un texte à murmurer, à susurrer, à fredonner, à chantonner. Une ariette mineure composée pour être oubliée, dont la légèreté évanescente et mélodieuse ne se prêtait à aucune prise. Nathalie Quintane préfère, aux paroles parfois suspectes et doucereuses, une autre modalité du dire autrement plus grinçante : l'énoncé, la proposition, la maxime, le fragment, la formule dont la nudité plate et toute en surface n'est plus en mesure de cacher du sens, n'est plus en posture de promettre, n'a plus les moyens de nourrir l'espoir d'un arrière-monde ou d'un paradis à venir. Le temps des synesthésies n'est plus ; celui des symboles est révolu. Il faut faire avec les mots éculés de la tribu qui semblent les plus transparents et les plus élémentaires : à partir d'eux, entre eux, ménager des interstices, des ruptures, des directions, des propositions qui rompent le tissu narratif, descriptif ou explicatif.

Exit, donc la romance, qu'elle soit poétique ou romanesque, politique ou théâtrale. Il n'est plus temps de « faire galoper le petit cheval[1] ». C'est avec son propre corps qu'il faut courir, avancer, déchiffrer, percuter. Tout vient et retourne du pied, qui n'est même plus en mesure de s'approcher du cœur. Tout vient et retourne à la langue, qui n'est plus un objet esthétique mais bien plutôt un système technico-grammatical dont il faut démonter et remonter certaines potentialités. La promotion de l'énoncé, alors, au détriment du bloc de prose, fonctionne comme un petit monde en soi à l'échelle duquel il devient possible de penser et d'agir pour toucher le monde. Il expose un fait, une remarque, une règle, une exception, une curiosité, une banalité. L'énoncé peut supporter la contradiction et l'imperfection. Il tombe du ciel ou remonte de la terre. Il constitue une unité irréductible et maintient le sens en équilibre, mais pour la seule unité phrase. Certains énoncés se regroupent, d'autres s'affranchissent de la section à laquelle ils pourraient appartenir. Ils constituent des petits morceaux d'expérience phénoménologiques qui n'imposent aucune parole aux choses ou aux êtres. Reprendre la parole contre les paroles, et radicaliser leurs propositions.

1 « [...] je sais que cela fera plaisir, ce petit cheval qui galope, et qu'on me tiendra rigueur, si je ne fais pas galoper le petit cheval. Ils diront : tiens, elle a même pas fait galoper le petit cheval ; elle la soigne pas, sa langue ; on peut même pas dire : mais quelle langue ! – il est négligent, cet auteur. » (*Tomates*, *op. cit.* p. 60-61).

DE L'ACTE POÉTIQUE À L'ÉVÉNEMENT POLITIQUE

Les premiers textes de Nathalie Quintane semblaient davantage préoccupés par un art poétic' qu'un art politic'. L'écrivain s'abandonne alors à l'incantation des énoncés en situation, véritables *run-on sentences*, et ne prétend pas constituer son objet ; elle observe, plutôt, comme la syntaxe s'en empare et l'éclaire étrangement. La langue rend compte d'une petite portion du monde, d'un morceau de corps, et livre une prose en pièces. Elle extrait un objet dont elle extrait des phrases. Les énoncés naissent de cette observation accrue de l'inerte et de l'insignifiant, du banal et du quotidien. Ils développent un (auto)portrait sans cesse piraté par des considérations diverses que l'écrivain canalise par le biais d'une forme épurée et cyclique. Des petits faits vrais ou faux, des phénomènes quotidiens ou burlesques, des considérations physiques ou métaphysiques : tout cela doit entrer dans un moule qui joue avec la répétition et accroche de manière compulsive le sujet ou l'objet traité.

La petite phrase, l'affirmation, le constat canalisent une énergie débordante, car on parle, intégralement, avec toutes les pulsions corporelles, et pas seulement avec sa pauvre tête (aliénée, perdue, cassée). Le texte prend ainsi l'apparence d'un montage photographique qui travaille contre le spectacle. C'est comme si l'écrivain envisageait la langue telle un vaste puzzle dont il manque toujours des morceaux, pour lequel il manque aussi, toujours, un public, un lecteur. Le jeu est truqué, puisqu'incomplet. Néanmoins on continue de jouer comme on continue de parler, on tourne et retourne sa langue dans sa bouche, l'objet dans sa main, son corps dans le verbe, et ces frottements donnent lieu à des micro-événements poétiques. Le courant passe, malgré les blancs, les ruptures, et les arrêts dans le circuit. D'ailleurs, ce même courant finit par brûler la phrase par ses deux bouts. Et pourtant le sens n'est jamais consumé.

Avec le temps, cette prose minimale gonfle et prend une certaine ampleur. Elle reste saisie, télégraphiée, hétérogène par ses sources et ses directions, tout en mettant en œuvre et en pratique une méthode de questionnement qui ouvre au narratif et à l'anecdote, au récit et à la fiction. Se substitue à l'écart et au contraste la recherche de relations et de connexions : retrouver le sens du flux, son énergie, s'y abandonner comme au rythme d'une pensée qui rafraîchit. On pense et on écrit contre, puis on réfléchit en vis-à-vis ou avec. La coupure, d'abord : il faut décoller et se décoller du passé ou d'un contemporain réactionnaire, mordre le réel, en démordre avec la tradition, réveiller la langue. L'écho, ensuite : penser et consumer les évidences en parcourant ce qui s'est dit, s'est fait, s'est écrit, dans un mouvement de retour et de reprise, de déplacement et de fuite interne au texte. L'acte d'écrire pour l'acte de penser ; agir, bouleverser la vie extérieure (verser toutes ses boules, toutes ses billes dans l'action). La pensée se mesure à la langue telle qu'en elle-même le présent continûment la change.

BILAN PROVISOIRE

Propriété : nervosité et rapidité de l'écriture quelles que soient les échelles du texte, quelle que soit la plus ou moins grande brièveté des formules.

Concentration des propositions que la fiction ne dilue ni n'achève. Rapidité et vitesse prennent le temps de penser.

Objectifs : Signaler l'habitude et l'exception, favoriser l'invention, inventer de nouvelles explosions, refuser l'amabilité du vers comme celle de la prose. Être l'auteur de sa prose comme on l'est de sa vie : échecs et rebonds, silences et reprises.

Tenue retenue de la prose : Elle tient debout parce qu'elle est toujours l'expression d'un choix éclairé. À l'image d'une poésie tendue, elle est « maintien, tenue, densité, compactage[1] ».

Anne MALAPRADE

1 N. Quintane *Une Oreille de chien*, Nolay, Les Éditions du chemin de fer, 2007, p. 20.

ANGLE *CARRER DE LA BOQUERIA* ET *CARRER D'EN QUINTANA*

Nathalie Quintane performeuse ? performante ?

Soit Nathalie Quintane, auteur parmi les plus emblématiques d'une génération poétique apparue dans les années 90 en France, dont le travail toujours actif se ramifie. De l'autre, la performance, ce qu'on en sait et en fantasme et dont, par paresse et nécessité inchoactive aussi, on s'aventurera à ne pas trop en définir les caractéristiques à l'heure de son extensive prolifération – par performance on entendra néanmoins un continuum posé entre poésie, art, action (et sa prise en charge par l'intéressé), et inversement, un chemin de traverse balisé et emprunté régulièrement –, ne serait-ce que pour déjouer mais par nécessité plutôt.

Sachant qu'à rapprocher dans le vague à ce point-là, on risque fort de se laisser entraîner par esprit associatif à toute sorte d'abus, de facilités et proximités ; or c'est peut-être plus encore par ce qui les différencie (dans le réel symbolique) qu'on éclairerait en quoi NQ et perf peuvent et ont avoir à faire de manière construite.

On s'abstiendra donc de se demander en quoi la performance a pu « influencer » le travail de Nathalie Quintane, laissant plutôt le trouble, pour reprendre le mot fameux, qu'induit son usage, nous laisser autrement apprécier une démarche, une œuvre, laquelle est loin d'être achevée.

Et puisqu'il semble définitivement que, dans nos imaginaires post-romantiques, la performance flirte avec une quelconque prise de risque, on se méfiera des très évidentes coïncidences temporelles et de leur sur-signification auxquelles néanmoins on aura grand recours aussi, parce que précisément elles ne prouvent pas grand-chose.

Car Nathalie Quintane est parfaitement synchrone à son temps biologique ; née en 1964, soucieuse des arts, des armes et des lettres, son bagage inclut naturellement la performance historique, à savoir en primo-accédant : les actionnistes viennois, Beuys, Bruce Naumann, Abramovic et Ulay, Gina Pane, Journiac – autant d'artistes visuels qui ont pour particularité d'avoir réalisé certes des performances (canoniques), mais sans être exclusivement d'ailleurs des performeurs.

À la performance, comme pratique artistique en soi, on agglutinera, de plus, un ensemble d'usages sociaux qui n'en finit pas de diffuser dans les vieilles sociétés postindustrielles l'idée d'un régime de performativité généralisée qui caractériserait des aspects sociétaux : sport, travail, affect ; reconfigurant (on peut le voir de la sorte) la vie et l'art toujours, promesse induite des avant-gardes, fussent-elles éteintes (alors que leurs enjeux n'ont fait que se démocratiser).

Autant de dimensions qui, de *Formage* à *Crâne chaud*, traversent NQ – « Je suis peu nombreuse, mais décidée » précise-t-elle –, passée la performance initiale, la concernant, lui permettent de conjointement parvenir à faire lire son travail (identique alors) *Remarques* et *Chaussure* en 1997, de manière quasi dissemblable à quelques mois d'intervalle, depuis deux contextes de réception (Éditions Cheyne, néo-classicisantes, et P.O.L, modernistes[1]), témoignant outre l'évidente maîtrise (sans traîtrise) des codes, de la plasticité immédiate de pareilles propositions poétiques susceptibles d'une part de ré-enchanter à l'ombre portée d'un Jaccottet par exemple, comme de poursuivre un pongisme perecquien surfaciste joueur mais sérieux de l'autre.

Nathalie Quintane est par excellence cet auteur de l'après : poète et expérimentatrice de l'après format poétique, de l'après-fin des avant-gardes, poète post-engagée et théorique, fer-de-lance de la postpoésie, mais aussi rapide leader incontestable d'un champ, d'une nouvelle/nouvelle poésie au carré désectorialisée (mais toujours professionnalisée, préciserait-elle), parce qu'elle est la plus intelligente, la plus douée et travailleuse – outre qu'il était grandement temps, et agréable, qu'une femme, « Quoi ? – L'Eternité », joue ce « rôle » (autorité sans autoritarisme, régulation, fermeté de l'intervention).

Et subtilement ailleurs, comme l'action, Nathalie Quintane est parallèle aussi – perpendiculaire auraient précisé Bourriaud, Jouannais, Kihm concepteurs de la revue du même nom qui la publièrent[2] et

1 N. Quintane, *Remarques*, Le Chambon-sur-Lignon, Cheyne Éditeur, 1997, et *Chaussure*, Paris, P.O.L, 1997.

2 *Revue perpendiculaire*, Paris, Flammarion, n° 8, hiver 1997-1998.

symbolisèrent un moment vers 96 (dans la foulée et en réaction à la *Revue de littérature générale*) cette jonction art/littérature –, parallèle à un certain art contemporain, du contexte, de l'action, art de l'hyper-conscientisation de la durée et du corps, de son exposition à sa circulation, consommation (et relecture) – mais n'idéalisons pas et rappelons qu'en même temps Bourriaud mettait au point l'*Esthétique relationnelle*[1], avant de cofonder/diriger le Palais de Tokyo, que Jouannais alors rédacteur en chef adjoint d'*ArtPress* fabriquait *L'Idiotie*[2], etc... (naturellement aucun rapport d'ailleurs).

Mais l'art contemporain, outre sa vivacité, cultive plus que la littérature la possibilité, par-delà les régimes de représentations établis, d'attitudes hors-normes, héritières des utopies sociales et politiques des années 1970 avec lesquelles générationnellement entre fascination, deuil (mais persistance du désir émancipatoire) Nathalie Quintane a choisi de batailler, hybridant, nuançant les paradoxes, entre l'attrait des phénomènes culturels de masse et le rejet (via l'inclusion aussi) de toute standardisation.

Sans oublier qu'il existe aussi une pratique performancée de la poésie, de la littérature, héritière de la poésie sonore entre autres, relancée par le phénomène des lectures publiques, dont un des indices est l'oralisation (secteur toujours à la recherche d'un syntagme définitionnel : littérature plasticienne, lectures performées, arts poétiques ...), où d'entrée de jeu s'inscrit le travail de NQ.

Ses premiers textes de ce point de vue-là, circa 1993, surgissent précisément entre Marseille et Paris, à l'intersection quasi-concomitante de deux expositions matricielles et remarquables : au printemps 93, au Centre de la Vieille Charité de Marseille, d'une part, *Poésure et Peintrie*, de Mallarmé environ aux années 70, à l'instigation de Julien Blaine ; de l'autre, *Hors Limites. L'art et la vie. 1952-1994*, organisée par Jean de Loisy au Centre Georges Pompidou en 1994, acmé en termes de reconnaissance, de diffusion (et par là de relance) dans l'espace français des poésies hétérodoxes comme de la performance historique[3].

1 N. Bourriaud, *Esthétique relationnelle*, Dijon, Les Presses du réel, 1998.

2 J.-Y. Jouannais, *L'Idiotie : art, vie, politique – méthode*, Paris, Beaux-Arts magazine / livres, 2003.

3 *Poésure et Peintrie*, Marseille/Paris, Direction des musées de Marseille et Réunion des musées nationaux, 1993 ; *Hors limites : l'art et la vie (1952-1994)*, Paris, Centre Georges Pompidou, 1994.

Il serait tentant d'opposer une NQ alors plus performeuse (celle des premiers livres, de ses participations aux films et aux disques de Stéphane Bérard) à la Nathalie Quintane actuelle, « adulte », dont la stratégie de « fantaisie réaliste critique[1] » relèverait d'une éthique plus littéraire, et plus classiquement engagée d'ailleurs, moins arty. On y verrait dans un univers d'intense labellisation culturelle – qui est le sien – la tentative d'échapper à l'immanquable comparaison avec Francis Ponge qui d'emblée lui a été accolée, allant de pair avec sa remarquable obstination à en jouer.

Souvenir personnel ou vu sur internet ? ou bien m'en a-t-on parlé ? y fus-je ? le colporterai-je à mon tour ? a-t-elle existé ?, faut-il que je consulte Sophie Delpeux et m'interroger ès-qualités de témoin oculaire ? dans ce cas-là instrumentaliserais-je et comment ce vague et probable faux souvenir pour suppléer à la disette documentaire et participer à la construction de la « légende » de l'artiste ainsi ?, je n'en sais rien, mais il me semble néanmoins avoir vu Nathalie Quintane exécutant syllabe après syllabe en l'accessoirisant le nom même de Francis Ponge, et cela au moyen d'une pièce de 5 francs d'alors + une pièce de 1 franc, pressées contre une éponge de cuisine : pratique qui nous renvoie aux prolégomènes de la performance, de ses usages, dans une logique nominale littéralisant, lustrale de plus.

Nathalie Quintane performeuse ? performante ? mais alors en ne se forçant pas pour reprendre le mot d'ordre de la quatrième de couverture de *Chaussure*[2] ? ou plutôt en se forçant surtout à pas l'être, pourrait-on dire, au vu de son charisme et talent en la matière ? Il suffit d'écouter ce qu'elle appelle « la petite chanson », enregistrée pour le cd *poezie 2000 & co* (à savoir, le numéro 9, ultime, de la revue TIJA, pour « The Incredible Justine's Adventures », que dirigeaient Anne-James Chaton et Christophe Fiat) pour apprécier ses qualités époustouflantes d'interprète de ses propres textes. Éric Loret, dans « Libération » en 2003, précisait : « Elle chante très bien *Comme les Rois Mages en Galilée*[3]. » Dans la lignée d'un Jean-François Bory par exemple et s'appuyant sur Sheila, elle y spatialise une page de

1 N. Quintane, *Crâne chaud*, Paris, P.O.L, 2012, quatrième de couverture.

2 N. Quintane, *Chaussure*, *op. cit.* : « C'est un livre de poésie pas spécialement poétique, de celle (la poésie) qui ne se force pas. »

3 É. Loret « Sa langue au chat », *Libération*, 27 mars 2003.

Début[1], détressant les voix, et déploie une architecture sonore – il y est question d'échos et hauteurs dans une cage d'escalier – avec une maestria impeccable. Il faudrait explorer plus avant ses interprétations et actions dans les films de Stéphane Bérard. On y entend un ton, ce phrasé, un détachement, indices d'une œuvre, côté poésie sonore, mais…

« POURQUOI J'AI PAS FAIT PERFORMEUSE ? »

Dans une notice récente de présentation, à son propos (on aura tendance à aligner paratexte et textes littéraires sous un même joug décontracté), NQ précise : « J'ai fait pendant 10 ans beaucoup de lectures publiques et de performances, mais à la fin ça m'a fatiguée (les voyages, surtout). J'ai décidé de rester salariée parce qu'ainsi je ne me sens pas obligée de dire oui à n'importe quelle commande pour gagner ma vie[2]. »

Dans ce qui n'est qu'une ultra brève présentation de soi – telle que l'économie culturelle en réclame –, NQ ne distingue pas lectures et performances en raison aussi de la porosité des réseaux art contemporain / poésie puis / spectacle vivant dans lesquels, et cela depuis ses premières interventions, son travail circule. Et soucieuse d'agentivité, elle inscrit sa personne, qui « désaffuble le désaffublé » (l'expression est sienne, le précise Alain Farah[3]), y incluant des paramètres triviaux, essentiels au positionnement contemporain de la critique artiste post-Boltanski-Chiapello (le livre dont l'impact est durable date de 1999 et s'avérera d'ailleurs auprès des secteurs créatifs au final plus profond/traumatisant que *Les Règles de l'art* de Pierre Bourdieu – de ce dernier esthétiquement contre toute attente l'ouvrage le plus frappant aura été d'ailleurs *La Misère du monde*, Seuil, 93[4]).

---

1 N. Quintane, *Début*, Paris, P.O.L, 1999, p. 38.

2 À l'occasion d'une invitation à l'ENSBA de Lyon le 28 novembre 2012. Texte disponible sur ensba-lyon.fr, rubrique « Conférences » (consulté en avril 2014).

3 A. Farah, *La Possibilité du choc : invention littéraire et résistance politique dans les* œuvres *d'Olivier Cadiot et de Nathalie Quintane*, thèse de doctorat, Lyon/Montréal, ENS de Lyon / UQAM, 2009, p. 213.

4 Respectivement : L. Boltanski et È. Chiapello, *Le Nouvel Esprit du capitalisme*, Paris, Gallimard, 1999 ; P. Bourdieu, *Les Règles de l'art*, Paris, Seuil, 1992, et *La Misère du monde*, Paris, Seuil, 1993.

À partir de 1993 et de la rencontre Quintane/Tarkos/Bérard, leur positionnement très distinct à chacun témoigne d'une proximité active et informée avec les pratiques artistiques visuelles les plus contemporaines[1]. On notera en outre qu'ils entretiennent un lien fort, qu'il ne s'agit pas de limiter à un simple passage de relais générationnel, avec les avant-gardes poétiques sonores visuelles autobiographiques, dont rendent compte les amitiés/accointances avec Julien Blaine, Bernard Heidsieck, Hubert Lucot ou Jean-François Bory. On retrouve certains d'entre eux aux génériques des films de Bérard (ou des textes de Quintane, pourrait-on dire, ainsi dans « Depuis 1988 ... », paru dans *Java* en 97[2]), de même que le cinéaste Luc Moullet, iconique aussi.

Inscrite au plus près de l'art en cours, Nathalie Quintane accompagne au gré des commandes et amitiés le travail de certains artistes importants et inventifs – même s'il est imprudent de parler en ces termes : Bérard, Labelle-Rojoux, Blanckart, Fauguet, Achour, Rivière, Herreria (j'en omets sciemment un, duquel emporté par le jeu marchand de l'art contemporain il s'avère absolument impossible de penser quoi que ce soit à l'heure actuelle) avec une prédilection pour des personnalités activistes/« critiques », voire des « artistes pour artistes », qui présentent comme elle une image décentrée, éloignée des lieux décisionnels de l'art ou du moins de leur représentation attendue, multitâches (et pour lesquels d'ailleurs la performance n'est qu'un élément parfois périphérique de leur travail).

Reenactant[3] pour elle l'interrogation d'un Jean Echenoz dans la *Revue de littérature générale*, n° 1, en 95, lequel se demandait : « Pourquoi

1 On peut s'amuser à imaginer déjà le remake ou reconstitution partielle (puisque la mode d'expos d'expo est en train de se généraliser en France) des deux mostras évoquées en amont au sein desquelles logiquement Tarkos se retrouvera classé côté *Poésure et Peintrie*, Bérard *Hors-Limites* et Quintane naturellement sera/serait présente dans l'une et l'autre.

2 N. Quintane, « Depuis 1988... », *Java*, Paris, n° 16 (« Attention travaux »), hiver 1997-1998.

3 Par reenacter, on entend refaire avec son corps ou au moyen d'un artefact un acte, à la manière d'un Boris Achour sculpteur, qui très ponctuellement dans son travail par exemple en use, réinterprétant en public une performance peu connue de Chris Burden, *Jaïzu*, sous le nom *Remix* en 2000 ou d'un Blanckart transformiste qui à partir de clichés iconiques se photographie, en Jean-Paul Sartre ou Guy Debord, les incarnant physiquement un temps. Par ailleurs, les *actions peu* de Boris Achour (93-97) par leur impact définitionnel sur l'art contemporain français sont l'équivalent comparable de *Remarques*.

j'ai pas fait poète[1] » – elle publiera d'ailleurs dans le second volume intitulé « Digest » l'année suivante aux éditions P.O.L[2] –, il conviendrait de rejouer cette scène en se demandant rétrospectivement en effet : « Pourquoi (en quoi) NQ n'a pas été performeuse », et au final est devenue/restée poète dans un contexte des plus porteurs et au vu de ses grandes qualités.

Interrogation toute rhétorique, puisque la dite-Quintane y a répondu dans les termes pratiques exacts d'un Echenoz, prompt à ne pas se métamorphoser même après-coup en poète, fussent-ils de ceux, songeant à Alferi-Cadiot (maîtres d'œuvre de la *RLG*), qui « [squattent] le blockhaus qu'avaient investi les romanciers noirs : noyau dur joueur et poche de résistance[3] ». L'aurait retenu, il le précise, d'avoir à en « porter la valise », comparaison qui dans le contexte/œuvre de Quintane prend une valeur particulière, en pensant à ce livre de rage extrême qu'est *Grand ensemble*, sobrement sous-titré, comme s'il s'agissait d'un genre en soi, *concernant une ancienne colonie*[4].

Or le baluchon de la performance ne paraît guère plus engageant à Nathalie Quintane[5] ; anticipant naturellement ma question : « Pourquoi j'ai pas fait performeuse », NQ avait déjà de son côté reenacté cette même interrogation, citant Echenoz, et en en déplaçant les enjeux. En effet, dans la monographie consacrée à Arnaud Labelle-Rojoux, *On va encore manger froid ce soir*, parue en 2008, et dans son texte « Canon

1 J. Echenoz, « Pourquoi j'ai pas fait poète », *Revue de littérature générale*, Paris, P.O.L, n° 1 (« La mécanique lyrique »), 1995.

2 N. Quintane, « Ah », *Revue de littérature générale*, Paris, P.O.L, n° 2 (« Digest »), 1996.

3 J. Echenoz, « Pourquoi j'ai pas fait poète », *op. cit.*, p. 396.

4 N. Quintane, *Grand ensemble, (concernant une ancienne colonie)*, Paris, P.O.L, 2008. – Rares (euphémisme) ont été les poètes et écrivains de sa génération à se saisir dans un souci postcolonial du rapport France/Algérie avec une force pareille ; le livre entretient avec la tradition performantielle un rapport évident, il s'ouvre par une crise d'herpès à la bouche de NQ, renvoyant à une certaine idéologie de l'engagement corporel par l'action. Alain Farah note à ce sujet : « L'histoire de France fusionne avec le corps de l'écrivaine » (*Le Gala des incomparables*, Paris, Classiques Garnier, 2013, p.214) ; on aimerait d'ailleurs comparer *Grand ensemble*, par son aspect composite, à un « paquet » tel que les ethnologues lors des périodes coloniales ont pu en constituer en collectant auprès d'indicateurs des éléments culturels. Ils font d'ailleurs après-coup l'objet d'intenses controverses. *Grand ensemble* serait un « paquet » d'histoire du temps présent, à lire comme un déballage.

5 Pour des raisons, contrairement à Echenoz, sans doute moins rétrospectives que présentes, car les révisionnismes en cours n'ont pas encore totalement déboulonné l'idée d'une performance synonyme de radicalité.

chargé », Nathalie Quintane s'adresse à son camarade performeur/peintre/théoricien/admirateur d'Elvis en ces termes : « Il faudra un jour que j'explique pourquoi j'ai pas fait Girlsband » (encore que *Progressistes* soit signé Bérard/Quintane[1], mais Bérard bien qu'emperruqué parfois ne fonctionne pas comme Dustan), en précisant que si les « girls sont tes héroïnes, les bikers sont les miens[2] ». Dans une incise, elle précise : « Quand le monde de la performance s'est vidé de toute castagne symbolique possible (et de tout enjeu fort) pour devenir un concours de body building intelligent[3] », il paraît judicieux et raisonnable (ce ne sont pas ses termes) de ne pas/ne plus y participer ou alors *a minima*[4] ; position qui est sienne de longue date certainement et dont on peut trouver la trace dans son texte de 2004, « Monstres et Couillons, la partition du champ poétique contemporain[5] », paru sur Sitaudis, où elle relevait incidemment la routinisation (là encore ce ne sont pas ses termes), fléau touchant l'ensemble des auteurs/performeurs issus des années 90-00 soucieux de contrer/mimer et participer légitimement d'ailleurs au consumérisme spectaculaire des imaginaires, au détriment de la potentialité d'une œuvre – ce qui en soi n'est peut-être pas une si grande catastrophe, parce que tel n'est sans doute pas ou plus l'enjeu.

---

1 S. Bérard, N. Quintane, *Progressistes* (CD), Romainville, Al Dante, 2002.

2 N. Quintane, « Canon chargé », dans *On va encore manger froid ce soir – Arnaud Labelle-Rojoux*, catalogue de l'exposition du Musée d'art moderne et contemporain de Nice, Paris, Sémiose éditions et Éditions Loevenbruck, 2008, p. 137.

3 *Ibid.*

4 Ou par personnes interposées : écriture de textes pour Yves-Noël Genod, Blektre, ou plus récemment pour Sophie Perez et Xavier Boussiron et la Compagnie Zerep (avec ces derniers la proximité est ancienne), et quoique liés institutionnellement au théâtre, ils relèvent tous d'un continuum existant performance/art contemporain/poésie/danse.

5 N. Quintane, « Monstres et couillons, la partition du champ poétique contemporain », *Sitaudis.fr*, rubrique « Incitations », 19 octobre 2004, mis à jour en mars 2012. Consulté en avril 2014.

« BRUCE WILLIS PEUT INCARNER, OU NON, BRUCE WILLIS »

Quid alors de la lecture publique (on s'abstiendra de relire *Tomates* pour apprécier éventuellement son point de vue actuel) ? On estimera que ce moment de ritualisation de la chose poétique – l'expression est à dessein légèrement ridicule –, par la modestie de ses effets et ambitions, sa brutalité aussi, préserve quelque chose d'une certaine efficacité au rapport public qui dans le cas d'ailleurs de Nathalie Quintane n'est jamais hypostasié.

À propos de ses années de formation, une continuité pratique relie prestation publique et/ou prépublication principalement en revues de poésie (elle les qualifie d'« organes militants »), ce qui permettrait de retracer alors – cela n'a rien de très original – l'avancement des textes et des projets en cours. Elle évoque ce contexte incidemment dans l'entretien avec Alain Farah « Trois questions pour Nathalie Quintane », à propos de l'écriture de *Chaussure* (anticipée par l'édition par Contre-Pied d'une partie du manuscrit sous ce même titre en 95[1]). Plus précisément, rappelle-t-elle, les passages consacrés à Imelda Marcos lus en public suscitèrent des réactions inattendues pour elle, parlant de « cette espèce d'entraînement de la machine littéraire qui vous amenait à rire de choses pas très drôles[2] », lesquelles l'aurait troublée, contribuant à l'évolution/construction du livre. Sans s'inscrire dans une logique compositionnelle improvisée dont Tarkos use dans certains textes/livres, l'architecture de l'ouvrage en trois parties distinctes énumératives (c'est le principe du livre), mais aussi cumulatives, mériterait d'être analysée au gré de ce qui a pu en être la réception et le *feedback* que suit la lecture ou la prépublication (pour autant qu'on puisse en reconstituer quoi que ce soit). Dans cette optique, *Remarques* avec ses trois parties se rapprocherait plus d'une contribution en revue devenue volume en soi, tandis que *Chaussure* serait pleinement un livre, dans une acception à la Hocquard aussi, éclairant tout autant que le perecquisme de l'ouvrage, sa publication par P.O.L. Certains projets paraissent n'avoir peut-être

1 N. Quintane, *Chaussure (extraits)*, Martigues, Éditions Contre-pied, 1995.

2 « Trois questions à Nathalie Quintane », dans A. Farah, *La Possibilité du choc*, thèse de doctorat, Lyon/Montréal, 2009 p. 296.

pas résisté à leur publicisation (en revue ou par lecture) ; ainsi de la personne comme des poèmes d'Heiner Müller très présents dans les préoccupations de NQ revuiste rien ne ressurgit dans ses livres.

En termes plus généraux, on pourrait parler, au-delà du seul cas Quintane, d'une « autodiction » (variante sur *Fiction et diction* de Genette et à partir du modèle de l'autofiction bien sûr) qui concernerait un ensemble de poètes du milieu/fin 90, performeurs de près ou de loin, dont le processus de constitution en tant qu'auteur passe principalement par l'exécution/lecture/corporalisation de textes qui progressivement font corpus. Régulièrement lus, relus, travaillés parfois à cette fin, améliorés, interprétés, ces fragments, morceaux, textes, poèmes circulent selon des rythmes divers au gré d'une « popularité », reconnue bien souvent à l'aune de la performativité même des auteurs/poètes. Internet qui apparaît puis se généralise, joue certainement aussi un rôle de diffusion.

Un rapprochement pourrait alors être effectué entre le statut provisoire expérimenté de ces textes en cours, inscrits, qui circulent dans les réseaux de poésie, en phase de prépublication le plus souvent en revue d'abord, et, côté art contemporain, celui des objets, traces, « reliques », décors activés lors des performances et qui eux aussi subsistent, évoluent et souvent s'intègrent à un travail sculptural.

C'était un des enjeux de l'exposition à la Villa Arson en 2004 *Ne pas jouer avec les choses mortes* conçue par Éric Mangion (dont NQ est proche) et Marie de Brugerolle que de présenter un tableau suggestif des options de cette sculpture après et avec la performance depuis les années 80[1]. Dans cette perspective, et sous l'influence de la scène californienne, on en vient à concevoir d'ailleurs des objets qui font/peuvent faire aussi l'économie de l'exhibition/manipulation publique (laquelle induit dira-t-on parfois une certaine dose d'obscénité – à distinguer naturellement du trash qui caractérise bien des productions et performances de cette obédience).

L'écrit comme médium serait, pour cette génération de poètes plus ou moins proches de l'art contemporain, l'équivalent d'un objet refaçonné en direct, que son auteur active le temps bref, avec ou sans action, dans un rapport *in progress* de lecture. Le texte mobile et moteur intègre, modifie, se laisse infléchir à la marge ou moduler par sa publicisation

1 *Ne pas jouer avec les choses mortes*, Dijon, Les Presses du réel, collection « Villa Arson », 2009.

oralisée[1] ou en revue, en interaction intime avec le performeur qui revient, reprend ses textes, passages, poèmes constituant, pour certains, des « tubes » qui font sa réputation et finissent d'une certaine manière par progressivement le constituer comme texte lui-même (rejoignant les fantasmes récurrents des corps écrits qui circulent de longue date du côté des avant-gardes). Il ne s'agit plus de *Comment j'ai écrit certains de mes livres* mais de *Comment certains de mes textes m'écrivent-ils ?* La lecture publique « charge » un texte – sans aura va-t-il sans dire et qui cultive à dessein le prosaïsme[2] – d'une expérimentation, d'une énergie qui d'ailleurs quelquefois n'a plus besoin d'être testée ou éprouvée par le *live*. Ces moments de sociabilité poétique permettent la diffusion de travaux et la constitution aussi de figures qu'on qualifierait, vu l'entre-soi, de semi-publiques, entremêlant les médiums, le paratexte[3].

Plus précisément, concernant Nathalie Quintane, concomitamment à la parution/diffusion de ses premiers livres en 97 qui installent rapidement sa réputation, une figure, une image auctoriale se met en place, mais éloignée des canons attendus, usant d'une décontraction volontaire qui vaut aussi autorisation pour elle-même. À la fois pétrie d'autodérision, mais consciente de son rôle historique, elle multiplie et transfère d'autres modes de proximité et directivité que ceux habituellement mobilisables par la littérature. D'une manière proche des arts de la scène (et de la mise en scène de soi), y incluant la subculture rock qu'elle revendique et pratique, elle performe pourrait-on dire une entité qui serait elle-même, recourant aussi aux usages détournés du cinéma, de *Mortinsteinck*, sous-titré « Le livre du film[4] », aux *trailers* de ses livres récents où elle interprète quelques scènes (dans le décor de) et au plus près de sa quotidienneté, suscitant

1 Dans une perspective plus large il conviendrait de rappeler que Michèle Métail, par exemple, parle de publication orale pour certains aspects de son travail qui d'abord en effet n'ont circulé que de la sorte.

2 Dans un ordre d'esprit similaire, ce ne serait quasi qu'en revue qu'on trouverait de la « poésie » de NQ qui en présenterait les « prérequis », versifiés notamment.

3 On rappellera que NQ a fait des études de Lettres. Côté art contemporain, la réception des thèses narratologiques a été immédiate. On peut songer à l'œuvre très 90 de Philippe Thomas ou plus pratiquement au rôle joué par Michel Gauthier, maître d'œuvre de la revue *Conséquences*, auteur entre autres, outre de nombreux textes consacrés à des artistes postconceptuels, de la monographie *Le facteur vitesse* (aux Presses du réel, en 2004) consacrée au *Retour définitif et durable* de Cadiot, et actuellement conservateur au M.N.A.M.

4 N. Quintane, *Mortinsteinck – Le livre du film*, Paris, P.O.L, 1999.

un mixte qui relativise son propre statut post-avant-gardiste, tout en y participant *tongue-in-cheek*[1].

Du même ordre, relèveraient les notices de présentation d'auteur, de son fait, décalées et réitératives, affirmatives. Il faudrait comparer celles successives du site P.O.L, mélangeant onomatopées et franglais, oralisation et traits absurdes marquants/marqueurs. Actuellement, on peut lire à son propos : « Je m'appelle encore Nathalie Quintane. Je n'ai pas changé de date de naissance. J'habite toujours au même endroit. Je suis peu nombreuse, mais décidée[2] ». Jouant avec humour d'une insingulière singularité, ces quelques données vides de sa condition sociale et sexuelle – sans qu'il lui soit nécessaire de proposer, semble-t-il, contrairement aux générations précédentes de poètes-femmes un compromis androgyne ou masculinisé – construisent les biographèmes d'une persistance laquelle fabrique par l'insignifiance même, une reconnaissance, voire une gloire.

Y participeraient quelques images, des photos, notamment ce portrait longtemps resté opératoire, *arty*, en noir et blanc, centré sur le visage seul de Nathalie Quintane soclé, s'érigeant, mais écrasé en même temps, le menton reposant sur une pile de carnets/cahiers, support et possibles matériaux scripturaux antérieurs à la publication peut-être, au regard droit, inexpressif, indifférent dont l'adresse directe au regardeur serait à rapprocher de moult attitudes, ainsi, entre autres, de clichés de Marina Abramovic (le côté noir et blanc accentuant la possible indétermination dans le temps et l'espace) – et on les soupçonne toutes deux d'avoir sur des photos plus récentes un goût similaire pour le même petit pull rouge avec lequel la performeuse star posait durant sa rétrospective *The Artist is Present* au MoMA en 2010[3] ou anorak amarante de NQ déguisée en Inuit (ou presque).

Aussi Nathalie Quintane, ainsi qu'elle l'énonce à propos de Bruce Willis (dans un texte pour un catalogue d'Olivier Blanckart en 2000[4]), peut incarner, ou non, Nathalie Quintane, entrant et sortant à l'image comme dans le texte, de son propre rôle, du moins à sa manière, sursaturant d'indices, de fragments, ces normes particulièrement actives dès lors qu'elles identifient.

---

1 Voir sur le site des éditions P.O.L, rubrique « Catalogue », page consacrée à Nathalie Quintane.

2 *Ibid.* Version en ligne en avril 2014.

3 M. Abramovic, *The Artist is Present*, New-York, The Museum of Modern Art, 2010.

4 *Blanckart*, Bordeaux, Éditions Confluences, 2000.

LA PERFORMANCE AMOUR

On stage, le ton de Nathalie Quintane au phrasé sec et distinctif, son effectuation à voix haute aux inflexions cartoonesques par moments, des procédés, son style oralisant la phrase, unité de base de son système (dans les premiers livres), mi-protocole, mi-processus, sans excès, ni effet de manche, emphrasent la phrase dans l'oral. Elle n'est ni citation, ni exergue, prélèvement ou sagesse, mais sujet d'une auto-expérimentation constante (mini-performance chacune) du corps de l'auteure (geste, *hexis*) qu'on ne distinguera pas du langage et qui engage aussi le lecteur. Elle parvient avec précision à convertir en force et durabilité le souvenir le plus commun sans bouleversement langagier (outre les uns et les autres, on pensera au Voltaire, des *Lettres Philosophiques*, éclectique, drôle pour qui le corps est un champ constant projectif de force).

La performance (l'idée qu'on s'en fait, qu'on en a, l'expérience) dans ce contexte est un instrument parmi d'autres de cognition, de décomposition du réel et de ses structures spatiales, temporelles, expectatives, historiques, siennes et collectives, défamiliarisantes par la familiarisation, qui s'ajoute à d'autres, microcosme d'une forme inquisitrice qu'on peut « repasser ». L'action Quintane est un corps dans un espace de roulé-boulé réflexif constant qui multiverse de la page à son énonciation, mais impose un temps à la réflexion, un arrêt qui permet à la proposition suivante de recombiner et organiser (et elle organise).

Mais finalement n'y aurait-il pas seulement performativité, *enargeia*, plutôt que performance à tout coup : langue vive qui classiquement prendrait et donnerait forme, rivalise et suscite l'image dans ce qui serait l'imagination, quitte à ne plus être si exclusivement contemporaine que cela ? Elle écrit dans *Tomates* : « Or je ne suis pas sûre que le livre soit un Bingo ni une fête. [...] Sa performativité spécifique n'est ni binguiste ni festive[1]. »

L'espace livresque est lui aussi par extension (surtout à ses débuts d'ailleurs) un éventuel terrain possible d'expérimentation, par frémissement, via de légers processus signifiants que le lecteur a à activer – car si

1 N. Quintane, *Tomates*, Paris, P.O.L, 2010, p. 55.

NQ produit des images, on entendra par-là des phrases, elle en prévoit attentivement leur condition d'exposition et de circulation, avec une attention particulière aux abords, accès et incipits.

La page d'ouverture de quasi son premier livre *Chaussure* est dévolue à la performativité et aux situations d'énonciation passée, présente et naturellement future à laquelle le mot/objet/sujet du livre renverra l'auteure, bouclant pour elle de manière liminaire ce livre, que le lecteur de son côté, lui, ne fait qu'entamer.

Jeanne Darc dans la foulée, en 98, à son commencement – on y lit éparses les voix qu'entend Jeanne bergère –, présente la particularité de faire débuter le texte en sautant la page vierge après le faux-titre (ce qu'on ne rapprochera pas du statut de la Pucelle d'Orléans). Cette transgression (très relative) aux règles éditoriales est-elle à relier à la tradition « hors limite » performative, mais tempérée à l'heure où la même NQ, dans la revue *Facial* de Charles Pennequin en 99, signe le quatrain, lucide/désillusionnant : « poète ou pas/mieux vaut ne pas/faire le singe/en pleine rue[1] » indistinguant les contextes artistiques de ceux globalement sociaux et politiques ?

Au début de *Début*, en préalable à cet objet autobiographique à haut risque et ringardisé par son sujet, à savoir l'enfance, Nathalie Quintane propose une série d'évocations stabilisant et comparant son propre projet de ré-expérimentation par écrit du corps qu'elle fut. En ouverture, elle procède en plan de coupe à une douzaine de coups de sonde dans des contextes professionnalisés où le rapport somatique lui semble entretenir des liens avec son entreprise en termes de faisabilité, endurance. L'un d'eux a trait à un performeur, dans sa version artiste de rue ; elle écrit : « Hormis un danseur professionnel reconverti en saltimbanque, debout devant Saint-Sulpice, maquillé en vert, et qui, tenant à la main un cornet, imite la statue de la liberté, il est donné à peu de monde de poursuivre avec tant de constance une discipline spectaculaire[2]. »

Soucieuse de lutter contre un certain relativisme généralisé précisément parce qu'il est au cœur de son expérience du monde – sinon elle n'aurait pas fait sienne cet instrument stratégique et niveleur qu'est la petite phrase dont par excellence on peut lui faire dire une chose et

1 *Facial*, Yvré-L'Évêque, nº 1, 1999.

2 N. Quintane, *Début*, *op. cit.*, p. 11. – Un traitement assez proche se trouve dans la pièce, *Philippe*, 2008, du performeur Fayçal Baghriche, usant dans l'espace public d'un mannequin.

son contraire : « d'un point de vue formel, une affirmation fausse, une affirmation vraie et une affirmation inventée ne présentent aucune différence[1] » le rappelle Carlo Ginzburg –, Nathalie Quintane après avoir fait selon ses termes beaucoup de lectures ou de performances, développé une langue performante de saisie/compréhension/adaptation, joué avec brio de la performativité certaine de l'écriture (malgré tout) lorsqu'elle est au mieux de sa forme, établi et multiplié les points de contact et prolongements avec le réel (celui d'un public, d'une audience), ainsi que traversé les genres (livre de poésie qui cultive le prosaïsme, établit un systématisme sans s'y adonner, roman, pièce de théâtre, chanson, texte de soutien, critique[2]...), scruté avec méfiance certaines dérives de la performance qui auraient pu inutilement la figer – au détriment de l'arrêt lequel est une de ses armes stylistiques et intellectuelles favorites et un réflexe constant –, puis après avoir mené son propre système jusqu'à ce point de rage interne et ce livre-limite qu'est *Grand ensemble*, semble, depuis *Tomates*, en 2010, avoir entamé une série d'écrits qu'on qualifiera d'intervention, lesquels frappent par leur ambition et force et où la performance toute indéterminée et polymorphe qu'elle soit ressurgit.

D'une certaine manière, Nathalie Quintane n'a plus besoin de s'incarner, de jouer ce rôle d'elle : actante, auteure, performeuse, poète, à elle-même – paradoxalement ce serait d'ailleurs dans ses livres, dépassant à chaque fois sa propre convention, qu'on la retrouverait le moins,– ce qui ne l'empêche pas par endroits dans la luxuriance notamment de *Crâne chaud* où l'enjeu est la performance sexuelle et amoureuse (intime), de performer ainsi Stein, Genet, Aurélie Pelloux et d'autres et d'autres, d'énoncer/prononcer Kant (car il s'agit de ne rien lâcher de l'impératif de compréhension, avec les moyens du bord, lesquels (conditions historiques aidant) seront ce qu'ils sont : bordures, délimitations, d'où la propension longtemps de la phrase quintanienne d'ailleurs à catégoriser surtout).

Et à cette surchauffe alimentée, ajoutée la 89e fois, fatale au protagoniste, dans l'arène cette fois de la castration symbolique, mais déjouée par elle, qu'est devenu le marché de la performance, on verra s'accoupler à la

1 C. Ginzburg, « Description et citation », dans *Le Fil et les traces. Vrai faux fictif*, trad. Martin Rueff, Verdier, 2010, p. 24.

2 Son souhait de maintenir des genres assez strict, non sans jouer grandement sur les intitulés et sous-titres à ses livres (et leur contenu), traduit un doute à l'endroit peut-être du syntagme rapidement figé d'Objet Littéraire Non Identifié, dit « OLNI ».

machine, et tandis que de l'ombre de l'Indien surgit André Marcueil, silhouettant Nathalie Quintane en un Jean-Pierre Marielle de mascarade mais durablement traumatique, semble-t-il, un effet du *Surmâle* de Jarry (lequel en redevient un livre de poésie contemporaine bien que paru en 1902, car on n'en pratique que l'incipit : « L'amour est un acte sans importance puisqu'on peut le refaire indéfiniment[1] », et Jarry s'avance face au public lors de la première d'*Ubu roi*). Et en évitant d'indexer ce â commun, à aucun objet, par refroidissements successifs, du sexe à l'amour et au sexe et selon un principe pataphysique des contraires identiques, le désir alors se parolise. En Brigitte Lahaie notamment dont Quintane aspire à l'intromission de son personnage par la personne, sculptrice sociale à jouir de la France 2012, à la voix, parce qu'elle n'est pas toute-phallique des plus performeurs de Jeanne Darc à Ellen Elson, à la radio, appose au-delà d'un principe de plaisir/déplaisir submergeant l'écoute laquelle préfaçait déjà pour le Bleu du ciel d'ailleurs Spicer, s'il en est, en 2006[2].

Avec une différence rythmique qu'on attribuera à certaines techniques de glisse auxquelles, outre les bikers, NQ a toujours été attentive (*cf.* la partie sportive de *Formage*, le plus méconnu de ses meilleurs livres), probablement en stylistique cet équivalent : « À chaque quart de chacune de tes révolutions (qu'on la mesure d'où l'on voudra) tu fais une croix avec toi-même[3] » in *César-Antéchrist*, 1894, qu'est ce bâton-à-physique, et sans crier décompresse *Crâne chaud* spécialement à l'exploit l'exploit (tout occupé peut-être à autre chose) de faire coïncider, ce qui n'est pas possible, car là aussi, de la jouissance orale : la bouche qui s'embrasse elle-même (d'ailleurs le surréalisme n'est même plus un faux-problème). Là-dessus, bien sûr, on l'embrassera.

Jérôme MAUCHE

1 A. Jarry, *Le Surmâle* (1902), Paris, Ramsay / J.-J. Pauvert, 1990.

2 N. Quintane, « Crapauds réels », préface à J. Spicer, *C'est mon vocabulaire qui m'a fait ça* (traduit par Éric Suchère), Bordeaux, Le Bleu du ciel, 2006.

3 A. Jarry, *César-Antéchrist* (1894), Paris, Grasset, 2007.

PRENDRE AU SÉRIEUX (SUR L'IRONIE)

Il n'est pas rare qu'un lecteur, tenant un livre de Nathalie Quintane entre les mains, sourie, ou rie ; il n'est pas rare non plus que quelqu'un assistant à une lecture de Quintane rie ou sourie. La chose a souvent été remarquée, au point d'être devenue l'un des traits caractéristiques de l'écrivain. Il est aussi un peu encombrant, si l'on en croit les déclarations méfiantes de l'intéressée, si l'on se fie à certaines précautions qui affleurent dans les livres : cette drôlerie, si on la confond avec la désinvolture ou la dérision, risque bien de venir parasiter ou occulter ce qui se joue pour de bon dans les textes. Pour autant, le (sou)rire constaté ne serait-il qu'un effet involontaire, suite à la mise en mots de situations ou de choses qui, pourtant, ne prêtent pas à rire ? C'est ce que suggère une voix au début de *Cavale* : expliquant qu'« en réalité tout va toujours mal[1] », elle constate quelques lignes plus loin : « Oh bien sûr, tout ça en phrases fait sourire[2] ». C'est encore ce qui semble dit dans *Tomates*, à propos des détails concernant le lieu où l'on achète les graines (la coopérative militante Kokopelli ou le grand groupe Jardiland) : « Je sais bien que ce type de précision amuse, pourtant le mot Tomate ne doit pas l'emporter sur les autres et leur gravité[3]. »

Certes, la gravité ne doit pas être emportée, mais « Tomate » (qui, au pluriel, donne son titre au livre), « Tomate » et sa précision qui amuse, sont là aussi, en connaissance de cause. Quant au narrateur de *Cavale* (« narrateur douteux », précise la quatrième de couverture), en clamant haut et fort sa propension au *spleen* – « le ciel pèse comme un couvercle sur ma tête qui est également en forme de couvercle[4] » – il semble s'échiner

1 N. Quintane, *Cavale*, Paris, P.O.L, 2006, p. 25.
2 *Ibid.*, p. 26.
3 N. Quintane, *Tomates*, Paris, P.O.L, 2010, p. 17.
4 N. Quintane, *Cavale*, *op. cit.*, p. 26.

à produire le sourire qu'il déplorait dans la phrase précédente (sans que, du reste, sourire et propension splénétique s'annulent l'un l'autre). Le sourire n'est donc peut-être pas la franche rigolade, il se présente là plutôt comme le résultat d'une maladresse (à la fabrication des phrases ou à la lecture), mais il insiste. Des premières remarques aux derniers livres, une virtualité comique – qui, par ses affinités avec l'autocommentaire, le dédoublement, voisine avec l'ironie – est constamment maintenue, en dépit (ou en raison même) des malentendus qu'elle recèle, et révèle. C'est peut-être une composante accidentelle, mais tout (y compris les (sou)rires provoqués) nous porte à lui attacher ici de l'importance.

Soit une remarque : « tout ce qui est au mur est à regarder[1]. » Le constat littéral a aussi une valeur métapoétique : se mettre en face des choses, *tout* considérer, sans hiérarchisation *a priori*.

Soit une autre remarque : « Depuis presque cent ans, on contemple moins de cruches[2]. » S'y retrouve la forme du constat. Mais s'y rencontrent aussi bien des ambiguïtés : le « moins » porte-t-il sur le verbe (capacité à contempler amoindrie) ? sur l'objet (disparition des cruches) ? d'un oubli, par exemple, de Cézanne ou de Braque ? Il y a bien (au moins) un raisonnement, voire une leçon, que l'on peut tirer de la phrase : les objets sont pris dans une histoire, de même que notre rapport à eux (et, conséquence possible, les natures mortes à base de cruches, toutes « mortes » qu'elles sont, ont aussi une histoire). Mais cette éventuelle leçon se trouve comme brouillée par les ambiguïtés de la construction syntaxique. Et puis il y a ces « cruches » : à la carafe s'ajoute l'image de la « personne niaise, bête et ignorante[3] » que désigne aussi le mot selon le dictionnaire. Contempler des cruches : voilà un programme incongru, un peu marrant sur les bords.

Une cruche n'est pas une cruche, une cruche n'est pas qu'une cruche, et voilà que, regardant vraiment ce qui se trouve au mur ou sur la table, l'observation peut tourner à la blague. De ces phrases prélevées dans *Remarques*, on pourrait trouver comme un commentaire à distance dans *Plomb polonais*. Le livre est écrit à partir de deux tryptiques photographiques, l'un de Michel Journiac, *Piège pour un travesti : Arletty*, l'autre d'Urs Lüthi, et l'on y lit : « Je ne choisis pas entre être Letty ou

1 N. Quintane, *Remarques*, Le Chambon-sur-Lignon, Cheynes Éditeur, 1997, p. 26.
2 *Ibid.*, p. 22.
3 *Le Petit Robert*, Paris, Dictionnaires Le Robert, 2014.

Arlüthi ; je le (les deux) suis. Soit une leçon en forme de blague ; soit une leçon en forme de constat[1]. » Du constat à la blague, il n'y a pas tant rupture que continuité : la blague, « forme » possible du constat, est la doublure de la remarque. Les choses n'étant pas toujours identiques à elles-mêmes, les désignations étant flottantes, la possibilité d'un ratage dans l'observation, ou simplement d'un décalage où viendrait se loger le comique, est inhérente à la remarque. Ne pas choisir, être les deux : puisque « tout ce qui est au mur est à regarder », alors il faut tenir compte de ces moments où une gourde n'est pas (qu')une gourde, Journiac est Journiac *et* Arletty, *et*, dans le regard que *je* porte sur lui, il est aussi Urs Lüthi que *je* regarde en même temps, de même que « je le (les deux) suis ».

LE CONSTAT LITTÉRAL ET SON DOUBLE

De cette non-coïncidence des choses à elles-mêmes naît la possibilité d'un écart comique : le réel ne vient jamais seul, il est doublé, redoublé par les mots, les discours, les représentations, éventuellement figées en stéréotypes, tout ce qui vient recouvrir Jeanne d'Arc, Saint-Tropez, l'enfance, etc. Face à cela, la stratégie du constat apparemment naïf est une possibilité qui semblerait à même de saisir une singularité en laissant de côté les simulacres et les contrefaçons : « Quand je marche, il y a toujours l'un de mes pieds qui a disparu derrière moi » ; « On peut faire avancer une pomme en la poussant doucement, rarement une poire[2]. » De tels énoncés peuvent basculer du côté d'une naïveté lucide ou d'une imbécillité risible : cela relève de la responsabilité du lecteur. On a souvent noté une certaine affinité entre cette pratique du constat (apparemment) nu chez Quintane et l'« idiotie » telle que la conçoit Clément Rosset[3] : il rappelle qu'étymologiquement *idiot* signifie

1 N. Quintane, *Plomb polonais*, Bordeaux, Éditions Confluences / FRAC Aquitaine, 2013, p. 28.

2 N. Quintane, *Remarques*, *op. cit.*, respectivement p. 42 et 34.

3 C'est ainsi au prisme de l'idiotie que Jean-Yves Jouannais propose de lire Nathalie Quintane (*L'Idiotie. Art, vie, politique – méthode*, Paris, Beaux-Arts Magazine / Livres, 2003, p. 90).

« simple, particulier, unique ». « Idiotes » désignent par extension « toute chose, toute personne » qui « n'existent qu'en elles-mêmes », « incapables d'apparaître autrement que là où elles sont et telles qu'elles sont », « incapables [...] de se *refléter*, d'apparaître dans le double du miroir[1] ». Ainsi considérée, l'idiotie apparaît pour Rosset comme une conduite possible pour saisir la singularité des choses et la fondamentale « *insignifiance du réel*[2] », pour se dégager des représentations qui viennent le doubler, l'occulter et qui, dans « la perception ordinaire » qu'on en a, font oublier « le principe d'identité selon lequel A = A[3] ». Ce contact « vivace et rugueux » avec le réel qui se manifeste dans l'attitude idiote permettrait aussi selon Rosset d'accéder à une forme d'« allégresse », traduction d'un « *amour du réel*[4] » et de la diversité de ses formations.

Il y a en première approche dans cette conception une certaine adéquation avec ce qui se joue chez Quintane : l'allégresse (y compris dans la vivacité associée au terme) qui accompagne la confrontation rugueuse aux choses, l'effort pour se déprendre des représentations préconstruites. Le rôle que joue la tautologie, entendue comme conquête plus que comme énoncé donné d'avance, pourrait également aller dans le sens d'une « pratique » de l'idiotie : pour parvenir à « St-T = St-T », il faut attendre la page 85 de *Saint-Tropez*. Et encore cette équation n'est-elle qu'hypothétique : « La réalité Saint-Tropez est une balle impénétrable[5] ». « La chaussure s'appelle chaussure » est de même une phrase qui vient presque en conclusion de *Chaussure*. Voici cette phrase dans son entier : « La chaussure s'appelle chaussure, ainsi que toutes autres sortes de noms, comme la rose[6]. » Car les roses aussi peinent à être des roses, cultivées, enjolivées, renommées comme elles le sont ; d'où la nécessité de réaffirmer qu'*a rose is a rose* – et de le faire encore et encore : *a rose is a rose is a rose*. Mais à nouveau l'ambiguïté vient se glisser au cœur de l'affirmation (apparemment) tautologique – la phrase citée peut tout aussi bien signifier que, comme « toutes autres sortes de noms », la rose

Voir également Alain Farah, *Le Gala des incomparables – Invention et résistance chez Olivier Cadiot et Nathalie Quintane*, Paris, Classiques Garnier, 2013, p. 169 et suivantes.

1 C. Rosset, *Le Réel – Traité de l'idiotie* [1997], Paris, Minuit, collection « Double », 2004.
2 *Ibid.*, p. 13.
3 *Ibid.*, p. 46.
4 *Ibid.*
5 N. Quintane, *Saint-Tropez – Une Américaine*, Paris, P.O.L, 2000, p. 85.
6 N. Quintane, *Chaussure*, Paris, P.O.L, 1997, p. 140.

« s'appelle chaussure ». Du reste, à lire le petit poème qui suit de peu, il n'est pas sûr qu'il faille se réjouir que « la chaussure s'appelle chaussure » en toute circonstance, « même après un typhon, / même avant un typhon », « d'heure en heure[1] ». La tautologie est certes un énoncé intéressant mais elle ne vient pas servir un « principe d'identité » (Rosset) qui serait plus vrai que les altérations et déformations qui sans cesse font et défont les choses : « Saint-Tropez est Saint-Tropez par d'autres mots[2] », et notamment à travers ces mots qui viennent redoubler la ville par toutes les représentations qu'ils en charrient.

> Même à n'être jamais allé à Saint-Tropez, elle vous modifie. [...]
> C'est que le temps d'y penser n'est pas un temps indifférent et qui serait comme de ne penser à rien – sous prétexte que vous n'êtes pas encore allé à Saint-Tropez. « Une ville de midinette » n'est pas une pensée vide. « Saint-Tropez » semble appeler « midinette » sans effort dans le cours de la conversation, mais cette périphrase acquiert, à être dite, une souplesse, un corps, finalement assez voisins de *doigts de rose*, pour Aurore[3].

C'est bien contre ces pensées (pas incidentes, mais rendues consubstantielles à « Saint-Tropez ») que l'équation littérale « St-T = St-T » doit se reconquérir. Mais cette reconquête se mène à partir de telles pensées, et *avec* elles, de sorte que cette équation ne saurait se confondre avec la réaffirmation d'un « principe d'identité », et peut plutôt se concevoir comme le constat d'une perpétuelle altération. Si principe d'identité il y a chez Quintane, il renvoie surtout à la rigidité des désignations et aux assignations qui en découlent : « votre nom (qui ne change pas) autorise à vous demander des comptes du temps où vous vous appeliez de même[4]. » D'où l'intérêt de poser « Saint-Tropez = Digne » ou « Saint-Tropez = Las Vegas », et d'aller dans le même livre explorer l'Amérique (*Saint-Tropez – Une Américaine*).

1 *Ibid.*, p. 143.
2 N. Quintane, *Saint-Tropez – Une Américaine*, *op. cit.*, p. 85.
3 *Ibid.*, p. 84.
4 N. Quintane, *Début*, Paris, P.O.L, 1999, p. 72.

« ÇA NE COLLE PAS » : IRONIE DU OUI *ET* NON *VS* IRONIE CORRECTIVE

La drôlerie, chez Quintane, aurait ainsi à voir avec l'ironie au sens où celle-ci prend acte que les choses ne sont pas (que) ce qu'elles semblent être : elle constitue une attitude anti-idéaliste, prend acte de la variation des êtres, des choses et des désignations dans le temps. Elle est assez proche en cela de la description de Richard Rorty, qui propose de voir dans l'attitude ironique une manière de tenir compte de la contingence et de congédier la métaphysique[1]. Pour le narrateur de *Cavale* par exemple, négliger cette non-coïncidence du réel à lui-même est une forme de croyance où l'incarnation et ses ratages – pourtant indéniables – ne viendraient en rien ébranler l'adhésion (la foi) : « Je suis dans un monde vraiment spirituel : tout adhère et pourtant ça ne colle pas[2]. » D'où, *a contrario*, une attitude qui refuse son adhésion irréfléchie et constate les débords, les écarts, les béances entre le réel et ses doubles (qui sont encore du réel). Prendre note de ces écarts – les *remarquer* – et en tirer profit serait alors la possible définition d'une attitude ironique à la fois acceptable et secourable :

> Quel que soit l'âge, on se représentait la pêche, pêchant ; c'était cela, le plaisir, et sans doute n'y en avait-il jamais eu d'autre, que de se voir en pêcheur japonais dans un paysage japonisant, en pêcheur grec dans un paysage antique, en Rahan assomant au poing une grosse carpe. On continuait à pêcher sans soupçon, levant des bars à la sortie des égouts. Non seulement c'était possible, mais il ne pouvait en être autrement. [...]
> Moi, j'ironisais, je doublais ma pêche, je notais ici une tache bleue, là une nageoire contrefaite, je balançais la prise : Tiens, je te le laisse çui-ci, il est farci au mercure !, je ramenais rien[3].

L'ironie a donc à voir avec le fait que « ça ne colle pas », que les choses ne sont pas (que) ce qu'elles sont : ironiser consiste à tenir compte de ces réalités apparemment incompatibles et qui pourtant coexistent, à « maintenir

1 « J'appelle ironiste [...] quelqu'un qui est suffisamment historiciste et nominaliste pour avoir abandonné l'idée que ses croyances et désirs centraux renvoient à quelque chose qui échapperait au temps et au hasard. » (*Contingence, ironie et solidarité* (1989), Paris, Armand Colin, 1993, p. 15-16).

2 N. Quintane, *Cavale*, *op. cit.*, p. 172.

3 *Ibid.*, p. 70.

ensemble[1] » ce qui paraît contraire et opposé, bref, à renoncer à une unité idéale du réel pour en reconnaître la contingence. Le principe d'identité étant largement un leurre, reste à pouvoir jouer de « l'écart ironique » qui naît lorsqu'on « affirme l'un *et* l'autre, le oui *et* le non[2] », ainsi que le définit Pierre Schoentjes. Cette ironie du « ça ne colle pas » choisit d'en tenir compte, refuse d'ignorer ces dédoublements et, précisément, « double » sa pêche, regardant ce qui habituellement apparaît comme falsification, dévoiement, *kitsch*. S'attachant au réel *et* à ses doubles, l'ironie *est* le sérieux[3].

C'est, de ce fait, au rebours de toute une tradition ironiste, *contre* une « admiration ironique universelle » que « Saint-Tropez est à considérer », « parce qu'il n'est plus rien attaché de sérieux, ou de neutre, à Saint-Tropez[4] » : si rire il y a, à l'évocation par exemple des noms de Brigitte Bardot, Max Pecas ou des « midinettes », il vient révéler la participation du lecteur à cette « admiration ironique universelle ». Ailleurs, dans *Crâne chaud*, le rire moqueur pourrait affleurer parce qu'un personnage qui s'appelle Brigitte, et qui a pour modèle explicite une ancienne actrice de films X, dans une même phrase parle de double pénétration et cite Michel Foucault[5] ; ou encore, parce que dans une réflexion sur l'image animée, soudain *Vidéo-gag*[6] côtoie *Une question de vie ou de mort*, de Mickael Powell et Emeric Pressburger[7]. Évidemment, ces (éventuels) rires ne sont pas si univoques : outre le ricanement qu'inspire la chose dérisoire, il est possible qu'une satisfaction naisse de voir coexister des registres habituellement séparés, de constater qu'il n'y ait pas à choisir entre haut et bas, entre désir et cérébralité (« Crâne » *et* « chaud »), entre cinéma d'auteur et émission de télévision, etc. – plaisir de l'élément incongru, qui résiste aux entreprises d'homogénéisation, aux réflexes

1 N. Quintane, *Un Embarras de pensée*, Paris, Argol, 2008, p. 79-80.

2 P. Schoentjes, *Poétique de l'ironie*, Paris, Éditions du Seuil, collection « Points », 2001, 94.

3 Alain Farah note : « S'il y a une difficulté d'articulation dans le travail de Quintane, elle provient de ce paradoxe : c'est sur la drôlerie (autant au sens d'étrange que d'humoristique) que se construit le sérieux de l'œuvre » (*Le Gala des incomparables*, *op. cit.*, p. 180). C'est précisément à cette difficile articulation et au dépassement de cet apparent paradoxe que ces pages entendent travailler.

4 N. Quintane, *Saint-Tropez – Une Américaine*, *op. cit.*, respectivement p. 26, 27 et 21.

5 N. Quintane, *Crâne chaud*, Paris, P.O.L, 2012, p. 88.

6 Du nom d'une émission de télévision longtemps diffusée le samedi après-midi, qui montrait des extraits de films tournés au caméscope par les téléspectateurs. L'essentiel était constitué de chutes de chats, enfants, cyclistes, motards, etc.

7 N. Quintane, *Mortinsteinck*, Paris, P.O.L, 1999, p. 46.

de dérision. Il n'en reste pas moins que ce rire éventuel n'a pas pour fonction de consacrer une complicité qui s'établirait contre Saint-Tropez (Brigitte Lahaie ou *Vidéo-gag*), dont les noms seraient à eux seuls des indices de comique. Il révèle plutôt l'urgence qu'il y a à prendre au sérieux ces réalités dégradées, le rire potentiel du lecteur étant le symptôme de cette déconsidération. Dès lors, « il n'y a pas de second degré » selon l'expression de Bernard Marcadé, et nous (écrivain, lecteurs) voilà « *compromis* » avec ces objets (dé)considérés (et par là même reconsidérés) : une observation au second degré s'appuierait « sur une conception exclusive et alternative du monde ("*ou bien* imbéciles, *ou bien* intelligents") », quand il s'agit de constater que face à de telles choses nous sommes « à la fois intelligents *et* imbéciles[1] »).

L'ironie du oui *et* non telle que la pratique Quintane s'oppose donc dans une large mesure aux formes plus communément répertoriées de l'ironie – ironie corrective, maniant la louange pour le blâme, tournant en dérision les objets auxquels elle s'attaque, « antagoniste » au « discours sérieux[2] », qui se laisse relativement facilement enclore dans une figure (l'antiphrase), avance des énoncés à même de faire sourire un lecteur complice qui les annulera pour (r)établir le « bon sens ».

L'interprétation ironique des textes est donc tantôt tant un possible désirable (les choses ne sont pas comme je croyais : j'en ris !), tantôt un risque de voir ramener ces textes à une entreprise de dérision généralisée[3]. Dans ce cas, ils constitueraient un discours autoritaire délimitant

1 B. Marcadé, *Il n'y a pas de second degré – Remarques sur la figure de l'artiste au* XX*e siècle*, Nîmes, Éditions Jacqueline Chambon, 1999, p. 10. Dans ces lignes, Bernard Marcadé parle en particulier de *Bouvard et Pécuchet* : la contamination de Flaubert par ses personnages est pour Marcadé le paradigme de cette compromission qui, de Duchamp à Gilbert & George et Polke en passant par Warhlol ou Louise Bourgeois, caractérise la figure de l'artiste au XXe siècle.

2 P. Hamon, *L'Ironie littéraire*, Paris, Hachette, 1995, p. 59. Comme on le verra plus loin, l'ironie chez Quintane s'en prend aussi au sérieux, qui « croit à l'adéquation des mots aux choses » (*ibid.*, p. 60). Mais elle ne me semble pas se constituer chez elle en « discours », qui se désignerait un « discours antagoniste », dont on pourrait repérer une poétique stable : l'ironie est plutôt une stratégie de visée du réel et de refus d'assignation.

3 Nathalie Quintane parle ainsi des rires dans la salle lors d'une lecture publique : « Dans *Chaussure*, je m'étais amusée : il y avait cette machinerie charmante, concrète et fantaisiste, qu'on pouvait suivre, de page en page, ou plutôt en sautant des pages, quelque chose de joyeux, j'espère, et puis à un moment j'ai écrit une page sur Imelda Marcos, autant dire sur une salope, j'ai écrit cette page sur ses godasses, je l'ai lue en public, et tout le monde riait, parce que les gens avaient pris l'habitude de rire quand je lisais mes premiers textes,

les contours du « bon » sens en endossant une « identité rhétorique » : « même si vous affirmez un contraire (nous ne tenons pas dans les limites que vous nous indiquez, nous plantons des carottes sans leader, etc.), ces phrases-là tracent un contour, renvoient à une Histoire repérable, défont la nébuleuse, confirment le nom qu'on a trouvé pour vous[1]. » Dans ses formes les plus solidement attestées, l'ironie est évidemment un outil d'assignation voire d'aliénation.

DÉFAIRE L'ESPRIT DE SÉRIEUX

Contre une ironie qui délimite, tranche, partage les rieurs des naïfs, il s'agit de faire percevoir ce qui ne se laisse pas désigner facilement, ce qui rend complexe le constat frontal : plutôt que d'endosser une « identité rhétorique[2] » qui finalement assigne à une place bien délimitée, mieux vaut rester une « nébuleuse » aux contours mal définis (selon le mot, rappelé dans *Tomates*, employé par « les services de M. Alliot-Marie » pour désigner le « groupe de Tarnac[3] »). L'ironie, entendue cette fois comme dédoublement, affirmation de ceci *et* de cela simultanément, apparaît comme un moyen d'accéder à une qualité d'« équivoque[4] » – celle, déjà rencontrée plusieurs fois dans les énoncés apparemment platement constatifs – qui, si elle présente par définition des ambiguïtés, a pour elle de ne pas prétendre désigner « le bord même, tranchant, précis, de la réalité[5] ».

Revenons sur la proximité de *Question de vie ou de mort* et de *Vidéo-gag*. *Mortinsteinck* (le livre) revient sur la citation d'un gag de l'émission

---

cette espèce d'entraînement de la machine littéraire, qui vous amenait à rire de choses finalement pas drôles, c'était tout de même spécial. » (« Trois questions pour Nathalie Quintane », entretien de février 2008, dans Alain Farah, *La Possibilité du choc : invention littéraire et résistance politique dans les œuvres d'Olivier Cadiot et Nathalie Quintane*, thèse de doctorat, Lyon/Montréal, 2009, p. 296).

1 N. Quintane, *Tomates*, *op. cit.*, p. 53.

2 *Ibid.*, p. 52.

3 *Ibid.*

4 *Ibid.*, p. 134.

5 N. Sarraute, *Portrait d'un inconnu* (1949) dans *Œuvres complètes*, Paris, Gallimard, collection « Bibliothèque de la Pléiade », 1996, p. 111.

dans *Mortinsteinck* (le film, réalisé par Stéphane Bérard, film auquel Nathalie Quintane a participé, dont le livre se présente comme une sorte de *making of*) :

> On pense, on craint, quand on prépare un bœuf bourguignon, de ne pas vraiment cuisiner un bœuf bourguignon, quand on écrit de la poésie (vers, champs, blocs, ou lignes, ou phrases, ou propositions) de ne pas être en train d'en écrire, quand on fait un film, de ne pas être suffisamment *dans le cinéma* – ou trop, ce qui revient au même, la posture consistant à vouloir à tout prix se situer dans la Nouvelle Cuisine, l'Anti-Poésie, ou le Non-Cinéma, produit des effets identiques, puisqu'elle présente l'assignation à un lieu, et l'obligation conséquente qu'aurait ce qu'on fait d'y entrer, ou de ne désirer qu'y être, comme un impératif. [...]
> Or, le film (le livre) peut se construire avec ce qui *a priori* n'aurait pas même dû y figurer, avec ce qui le dénature, le fausse, le contrefait. Ces éléments « hétérogènes » ne disparaissent pas, ne sont pas assimilés, ils se proposent et demeurent lisibles, tels quels. Ils font du livre, du film, une chose déplacée, trop maladroite pour entrer dans le cadre général des fictions, pas assez incorrecte thématiquement et formellement pour intégrer celui des productions expérimentales. Le film n'est pas insolent, il est incongru. L'un de ses éléments est la séquence type *vidéo-gag* (fuite en VTT et chute), ce que le gag devient quand il est involontaire (amateur), pauvre parce que réduit à sa dernière extrémité (la chute), générant un rire « sale » – ceux qui tombent frôlent souvent l'accident grave ou la mort[1].

Face aux assignations (culinaires, identitaires, esthétiques), face, même, au désir d'être assigné (d'être dans le vrai), l'incongruité apparaît comme une réponse possible. De ce congé donné aux illusions du « vrai » émergent liberté de pensée (ne pas être hanté par l'idée du bœuf bourguignon originel) et de mouvement (aller voir du côté de la Bourgogne *et* de la Nouvelle cuisine, *et*, pourquoi pas, du *fast food*) qui émerge dans le congé donné à la question du « vrai » (de l'original, de l'originel, de l'idéal).

Le goût pour l'incongruité, la confusion des registres ont aussi à voir avec le burlesque, ce que Quintane appelle à propos d'Alain Rivière un « déficit de *sprezzatura*[2] ». Souvent, par exemple, la remarque paraît s'arrêter un peu tôt, avant que quelque chose ait été dit : « Quand je me prépare à passer sous un tunnel, je regarde dans ce tunnel » ; « Quand j'approche d'un pont, je regarde ce qui passe sur le pont[3]. »

---

1 N. Quintane, *Mortinsteinck*, *op. cit.*, p. 45-46.
2 N. Quintane, *Un Embarras de pensée*, *op. cit.*, p. 49.
3 N. Quintane, *Remarques*, *op. cit.*, p. 14.

Voilà des phrases qui tendent vers le constat sec, mais on peut trouver que « c'est un peu court » (pour s'en faire des maximes, par exemple). Il y manque un certain degré de généralité – « Les fous et les sottes gens ne voient que par leur humeur[1] ». Ou encore : « Le plus grand défaut de la pénétration n'est pas de n'aller point jusqu'au but, c'est de le passer[2]. » Alors que dans la maxime, la relance de la phrase est l'occasion d'une pointe, elle comporte plus souvent le risque d'une chute dans la remarque : « En regardant par le trou d'une serrure, je vois sans être vue, sauf si quelqu'un est derrière moi[3]. » Au moins autant qu'avec la maxime, la remarque aurait peut-être des affinités avec l'écriture fragmentaire et les constats parfois aporétiques des *Pensées*. La conclusion lapidaire de la pensée 636 (« C'est une chose horrible de sentir s'écouler tout ce qu'on possède ») est d'ailleurs citée dans *Les Quasi-Monténégrins*, de même que le début de la pensée 470 (« Tout notre raisonnement se réduit à céder au sentiment »), dont la fin (non citée par Quintane) conclut à l'impossibilité de distinguer entre fantaisie et sentiment : « Il faudrait avoir une règle. La raison s'offre, mais elle est ployable à tous sens. Et ainsi il n'y en a point[4]. » Chez Quintane toutefois, on ne déplore pas l'incapacité à discriminer la fantaisie du sentiment et de la raison.

Cette possibilité d'une chute burlesque est une manière de se prémunir de la tentation de la belle forme, en défaisant l'esprit de sérieux : impossible de « s'y croire », comme on dit, quand « ça ne colle pas » à ce point. Mieux vaut alors renoncer à la maîtrise – le trait d'esprit, l'acte manqué, le mouvement brusque et inattendu au sein même d'une phrase, ont à voir avec ce rapport dégrisé mais plutôt joyeux avec les choses. Les hésitations, bifurcations, ramifications, reprises et autres épanorthoses contribuent également à maintenir un mouvement, une vibration, et à éloigner le risque d'une phrase qui veuille « se voir plus belle en son miroir », « se dresse toute seule face aux embruns, et se coule, et se roule, et martèle, et retombe sur ses

1 F. de Larochefoucauld, *Maximes et réflexions diverses*, Paris, Gallimard, collection « Folio classique », 1976, maxime 414, p. 111.

2 *Ibid.*, maxime 377, p. 106.

3 N. Quintane, *Remarques*, *op. cit.*, p. 52.

4 Nathalie Quintane, *Les Quasi-Monténégrins* suivi de *Deux frères*, Paris, P.O.L, 2003, p. 56 ; les citations des *Pensées* sont extraites de l'édition de Michel Le Guern, Paris, Gallimard, collection « Folio », vol. II, 1977, respectivement p. 153 et 96-97.

pieds par trois fois[1] » pour finalement se figer en effet de style. Aux raidissements d'une « identité rhétorique appartenant à une tradition répertoriée dont l'ironie est le régime intrinsèque[2] », Quintane oppose une souplesse joueuse, attentive aux variations et singularités du réel.

AU RISQUE DU MALENTENDU

L'usage critique du rire et d'une certaine ironie consiste donc à produire du tremblement, de l'incertitude – de l'« équivoque » : « si [ceux qui lisent] voulaient vraiment être plus libres, ils attendraient des livres d'autres langues, pas forcément plus inventives, mais au moins plus équivoques[3]. » La dimension critique de l'écriture résiderait dans les questions à maintenir ouvertes, dans les liens indécis qu'elle esquisse. Une telle stratégie multiplie les risques de malentendus : même si cela peut s'avérer ponctuellement efficace, la question n'est pas de simplement retourner un discours adverse (logique antiphrastique de l'ironie corrective), mais de souligner la porosité des positions et des discours – de faire percevoir une « nébuleuse », de produire « un embarras de pensée » contre les catégories trop communément répandues. Dans *Début*, par exemple, une séquence assez longue, censée reproduire le discours de « ma mère » (dont il est dit à la page précédente qu'elle est secrétaire) « à ses actionnaires[4] », reprend ainsi à son compte certains tics d'un discours managérial qui se serait lui-même approprié « les découvertes des sciences humaines du vingtième siècle, psychanalyse, sociologie, sémiologie, etc.[5] » pour exalter l'esprit de corps et la concorde dans l'esprit d'entreprise. On ne sait trop à la lecture d'où proviennent ces mots proférés par la mère face à des actionnaires qui paraissent imaginaires. La confusion est d'autant plus grande que ce discours exalte lui-même une pratique ironique qui dissout les positions établies et les désignations rigides :

1 N. Quintane, *Un Embarras de pensée*, *op. cit.*, p. 19.
2 N. Quintane, *Tomates*, *op. cit.*, p. 52.
3 *Ibid.*, p. 134.
4 N. Quintane, *Début*, *op. cit.*, p. 100.
5 *Ibid.*, p. 102.

> L'ironie de vous-même que vous portez devant, en réunion, comme ici moi (doigt), personne d'autre ne peut la porter à votre place et elle est un gage de fierté, de contentement, non contentement béat, mais consenti, nulle pseudo-spontanéité là, vous vous êtes décidés pour le sens de l'humour. Quelle négociation réussit sans ? Blocage des deux côtés, élargissement de sa propre position, conquête, alors où sont les cloisons ? Vivez-vous séparément ? Les places fortes se multiplient quand il faudrait échanger, s'ouvrir. Où voyez-vous un chef d'entreprise ? Vous gardez un vieux mot et vous le prenez au mot. Il n'y a pas de président directeur gal ! Partout est dispatchée sa fonction, président directeur gal cet analyste, président directeur gal ce gestionnaire, président directeur gal ce ressources humaines, président directeur gal ce maintenance (du doigt, du doigt, du doigt). Où est le président directeur gal quand il est en tous et dans les cœurs[1] ?

La « nébuleuse », ici, se construit au profit d'un « président directeur gal » omniprésent et omnipotent à force d'éroder les contours. Valorisant une posture ironique, il gomme – au moins discursivement – les différences de position sociale et conforte sa propre position : la mystification est certes perceptible (cette concorde dans le travail se fait au bénéfice de quelques-uns, qui ne sont pas tous), mais elle est troublante, dans la mesure où ce que cette voix produit recoupe en partie ce que fait le texte, qui lui aussi brouille les contours, rend indistinct le point d'énonciation, remet en cause les positions par des dédoublements ironiques.

La stratégie ironique n'est donc pas magique : si elle permet d'interroger les discours adverses, elle n'empêche pas les récupérations en retour. L'équivoque est peut-être la moins mauvaise des solutions, mais elle présente également des risques, que le texte n'élude pas[2].

---

1 *Ibid.*

2 J'ai suggéré plus haut, en citant *Portrait d'un inconnu*, ce que la « nébuleuse » de Quintane pouvait avoir de commun avec le « tropisme » de Sarraute : l'une et l'autre soulignent la richesse de ce qui complexifie la réalité, résiste aux désignations rigides, constitue un défit aux préconstruits et un garde-fou contre les séductions de la belle forme. Mais si, pour Sarraute, la nomination est presque toujours du côté de l'assignation et du discours d'autorité, le constat précis, la tentative de désignation exacte font pour Quintane contrepoids aux confusions mystificatrices.

APRÈS LA PERTE, UNE JOIE DÉGRISÉE

De fait, la distance joueuse s'acquiert à partir du constat que le terrain est déjà perdu, occupé par d'autres (ici, le « président directeur gal ») : pour « garder tout[1] », il faut avoir renoncé à faire le départ entre le « vrai » (bœuf bourguignon, cinéma, poème) et ses reconstitutions, contrefaçons. Dans la rubrique « Scandale et dérision » de *Mortinsteinck*, on peut lire :

> (XIXe) Passée la déception – elle est encore la marque du regret qu'il n'y ait rien de spécifiquement narratif à narrer, de particulièrement poétique à filmer, de spécifiquement métaphysique à considérer –, reste à construire une approche à la fois plus distancée et joueuse (joyeuse), parce qu'elle inclut la défaite et l'ironie de cela dans une forme[2].

On ne sait trop si ce paragraphe relève du « scandale » ou de la « dérision ». Tout en se situant dans la lignée de l'ironie romantique, il semble bien néanmoins dire aussi quelque chose du fonctionnement même de *Mortinsteinck*. Il suit de peu, justement, le passage consacré à « l'horizon rêvé où l'on fait du vrai bœuf bourguignon, de la poésie, du cinéma[3] » : la forme ironique se situe dans l'après-coup du renoncement, signale qu'une perte a été enregistrée, qu'on en a pris acte, mais aussi qu'elle a été surmontée.

De fait, les disparitions sont légion chez Quintane, qui en relève les traces. Membre fantôme (« On ampute une jambe morte[4] »), Quasi-Monténégrins quasi complètement disparus, frères évanouis laissant « une place sans rien – rien que de la place[5] », spectre de l'Algérie, auquel *Grand ensemble*, qui se clôt sur une série d'épitaphes, « donne un corps » par « une pratique de la langue, cruelle et drôle[6] », fantôme de l'empire colonial encore, qui dans *Crâne chaud* vient éveiller des fantasmes[7], etc. :

1 N. Quintane, *Mortinsteinck*, *op. cit.*, p. 25.
2 *Ibid.*, p. 49.
3 *Ibid.*, p. 46.
4 N. Quintane, *Chaussure*, *op. cit.*, p. 103.
5 N. Quintane, *Les Quasi-Monténégrins*, suivi de *Deux Frères*, Paris, P.O.L, 2003, p. 114.
6 N. Quintane, *Grand ensemble*, Paris, P.O.L, 2008, quatrième de couverture.
7 « C'est le *fort-da* de la colonisation : un jour un empire, le lendemain plus rien – ou plus qu'un souvenir d'empire qu'on cherche à plat ventre sous les meubles. » (*Crâne chaud*,

les textes s'attachent à recueillir les restes de ce(ux) qui a (ont) disparu, et que la mémoire a fortement tendance à négliger – par effacement ou par encombrement. Contre la dérision ou la négligence, il s'agit de prendre en charge ce qui est considéré comme quantité négligeable, déchet, ce qui est en train de disparaître ou que littéralement on traite comme de la merde. D'où peut-être l'insistance du registre excrémentiel pour dire « nos traces : des coulées, des pelotes, des fientes[1] » ; les fantômes eux-mêmes peuvent se pister par là : « Ils laissent des traces, ils font des figures. Les uns chient, les autres se vomissent par la bouche des médiums[2] ». « Elle, la merde[3] », comme Saint-Tropez, Jeanne d'Arc, la guerre d'Algérie, la pornographie, est aussi à reconsidérer, et peut bien alors constituer un paradigme pour l'écriture, lorsqu'on ne se veut plus triomphant(e) : l'écriture « est indubitablement reliée à la déféc(a)tion (je persiste à me tromper, à une lettre près [...]), l'économie littéraire est intestinale autant que testimoniale, particulièrement pour celles et ceux qui ne peuvent (ou ne veulent) jurer sur leurs couilles (*testis*[4]). »

Alors, la « forme » qui inclut « la défaite » et son ironie ne risque-t-elle pas d'être emportée par cela – pourrissement nauséabond, poids des absents ? De fait, chez Quintane, comme souvent, l'ironie jouxte la mélancolie. Mais il s'agit, justement, de la garder à distance, ou plutôt de la métaboliser en fantaisie. « Tout ce qui est au mur est à regarder », certes, mais à force de chercher la remarque et de vouloir conquérir la tautologie (le mur = le mur, ou ailleurs l'arbre = l'arbre), il y a risque de tomber dans l'abattement apathique, à la manière d'*Un homme qui dort* : « Il te semble que tu pourrais passer ta vie devant un arbre, sans l'épuiser, sans le comprendre, seulement à le regarder : tout ce que tu peux dire de cet arbre, après tout, c'est qu'il est un arbre ; tout ce que cet arbre peut te dire, c'est qu'il est un arbre, racine, puis tronc, puis branches, puis feuilles[5]. » Voilà un contre-modèle bien proche, et pour s'en prémunir tout est question de rythme. Comme ralentissement excessif, arrêt complet, c'est un repoussoir : la « contemplation d'un

op. cit., p. 109).

1 N. Quintane, *Jeanne Darc*, Paris, P.O.L, 1998, p. 35.

2 N. Quintane, *Descente de médiums*, Paris, P.O.L, 2014, p. 27.

3 N. Quintane, *Début*, *op. cit.*, p. 70.

4 N. Quintane, *Un Embarras de pensée*, *op. cit.*, p. 45.

5 G. Perec, *Un Homme qui dort* (1967), Paris, Gallimard, collection « Folio », 1990, p. 41.

mur » doit être brève, « car nous ne sommes pas dans *La Nausée*, de Sartre, dans *L'Homme qui dort*, de Perec, etc., un mur est un mur et ne me grève d'aucune mélancolie particulière[1] ».

C'est dans *Formage* que la proximité entre l'hébétude mélancolique et les ressources de la contemplation littérale ou fantaisiste se côtoient au plus près : dans la première partie (dite « sportive »), « chien jaune » le « vif » est « renforcé dans son être[2] », trouve dans la vitesse les ressources d'une combativité joueuse (« on trouve toujours un biais pour attaquer de front ce qu'il nous intéresse d'attaquer[3] »). Mais cette vitesse est elle-même une manière d'échapper au « grand malheur », qui « vous laisse assis, recueilli, sur un canapé[4] » : elle se déploie d'autant plus qu'elle cherche à échapper à l'abattement mélancolique. La deuxième partie (« politique ») offre comme un négatif de la première : Monsieur Ro (dont, certes, « la douleur demeure[5] »), est comme frappé de stupeur verbale (il ne dit plus qu'« Orangina »), mais cet « accident, (ou erreur, ou fantaisie) », est aussi, pour peu qu'on y prête attention, une manière d'« *intervenir*[6] », somme toute assez efficace, pour rompre le ronron de la communication ordinaire. Madame Ro est celle qui y prête attention, et qui pourrait faire basculer l'accident en fantaisie – ce qui ne la préserve pas d'« apprendre qu'elle est triste[7] ». Malgré tout, dans un ensemble marqué par l'aphasie, la fantaisie semble à portée de main (et n'a pas quitté le récit). Ces possibles basculements affleurent encore dans la troisième partie, « polonaise », qui propose une sorte de reconstitution d'un passé commun aux personnages des deux premières parties) : à la recherche d'une Pologne décidément introuvable – « QUE LA POLOGNE SOIT LA POLOGNE[8] » est peut-être utopique (comme St-T = St-T) –, il y a moyen de ne pas être consterné, au contraire de trouver là de l'énergie :

---

1 N. Quintane, *Une Oreille de chien*, Nolay, Éditions du Chemin de fer, 2007, p. 27.

2 N. Quintane, *Formage*, Paris, P.O.L, 2003, p. 21.

3 *Ibid.*, p. 34.

4 *Ibid.*, p. 42. C'est là peut-être que la contemplation à la Sartre, à la Perec, relation ralentie mais active aux choses, peut être secourable. Chien jaune s'entêtait dans l'idée « de ne pas dormir », « alors qu'il suffirait de régler la bonne accélération » : « À l'instant – à l'instar de ces héros de roman ou du cinéma, contemplant un arbre, contemplant un mur blanc, contemplant un motif de la tapisserie –, il est comblé. » (*Ibid.*, p. 43-44).

5 *Ibid.*, p. 111.

6 *Ibid.*, p. 91.

7 *Ibid.*, p. 125.

8 *Ibid.*, p. 163.

« La Pologne pas là est encore stimulante. Un pays pas détectable peut être un modèle[1]. » Ce qui manque vient en surimpression doubler ce qui est, et dans ces lacunes peut se loger une béance joyeuse : le fait que « ça ne colle pas » pourrait donner lieu à la déploration mélancolique. Résolument, Quintane y voit l'occasion d'affirmer une fantaisie.

SYMPATHIE PAS SYMPA

S'attacher, comme le fait Quintane, à circonscrire la mélancolie à une « poche » qui « ménage un peu de perspective[2] », plutôt qu'elle n'accable, suppose de savoir rompre avec les pesanteurs, paralysies des névroses et oublis collectifs – *Grand ensemble* en témoigne exemplairement. Le pendant de cette dynamique contre-mélancolique, qui traverse les textes de Quintane, c'est l'incertitude du lien établi.

Le lecteur de Quintane est appelé à l'éprouver, à qui il est souvent signifié qu'il ne peut compter sur des appuis solides pour se frayer un chemin dans le texte. Certes, toute lecture suppose la création d'un lien de l'ordre de la sympathie. Mais celui-ci est signalé bien souvent par sa fragilité. La sympathie, « myriades de fils élastiques », « métaphore gruyère, comté, édam », suppose la possibilité d'une rupture : « La sympathie existe. On s'attache à quelqu'un puis lentement s'en détache[3]. » Et certes, pour que livre il y ait, il faut bien construire quelque chose qui ressemble à cette sympathie. Mais ce n'est pas toujours de bon cœur qu'est construit ce lien, on nous le fait bien sentir : « Voilà un bon paquet de pages qu'en racontant cette histoire je tâche de me concilier des lecteurs – du moins ceux qui ont tenu à ne pas s'en tenir à l'horoscope[4]. » *Formage* n'est pas une exception : bien souvent la nécessité de la sympathie est affirmée en même temps que sa tout aussi nécessaire dissipation, et rien n'est moins assuré qu'une éventuelle communauté dans la lecture. L'avertissement le plus net sans doute a lieu au début d'*Une Oreille de chien* :

1 *Ibid.*
2 N. Quintane, *Cavale*, *op. cit.*, p. 107.
3 N. Quintane, *Formage*, *op. cit.*, respectivement p. 39 et 40.
4 *Ibid.*, p. 83-84.

> Je déjeune, je dîne et je dors. Vous aussi, je l'espère. Ces quelques points communs devraient nous permettre de continuer encore quelques pages ensemble. Cela dit, vous pouvez me quitter où bon vous semble, je n'en ferai pas une maladie. De mon côté, ne comptez pas sur moi pour vous traîner encore pendant trois cents pages : je n'aime pas les lecteurs-sparadraps qui vous collent sans distance et dont vous ne pouvez vous dépatouiller. Si vous voulez bader hébétés dans une histoire, ce n'est pas cela qui manque à l'étal des librairies[1].

Ailleurs, dans *Cavale*, la dissipation du lien de sympathie est autrement qualifiée de « dépense » – « Il faut que d'ici émane une sympathie. [...] On entre dans une histoire fragmentaire par fragments ; on aime un personnage incomplet incomplètement mais on l'aime quand même. On ne garde pas ses sentiments pour soi ou pour la prochaine fois, on les dépense[2] » : la dissipation du lien est rupture *et* plaisir.

Sortir d'une communion où « tout adhère » pour éprouver que « ça ne colle pas » (et qu'on peut néanmoins y trouver du plaisir) suppose de fabriquer un lecteur qui lui-même n'adhère pas complètement, et sait qu'il n'est pas installé dans un *nous* confortablement inclusif : la sympathie précaire des livres de Quintane n'est pas « sympa », elle « [tend] l'ambiance, annule la gentillesse *a priori*[3] ». « Disséquer *nous*, vérifier des formules, relever les contextes (quitte à finir dos au mur[4]) » : le lecteur est invité (fermement) à éprouver les ambiguïtés de toute communauté (qui se construit aussi par exclusions – et cela peut-être par l'exclusion de lui, lecteur), à faire l'expérience qu'une communauté (un collectif) n'est pas un donné mais un travail continu – sauf à se bercer d'illusions et à ignorer les violences y afférentes.

À vrai dire, il ne lui est pas laissé beaucoup de marge. Si le lecteur fait basculer le texte dans la dérision, c'est son affaire – et l'exigence de sérieux rappelée ailleurs le renverra à cette tentation du « degré second », dans laquelle il lui faut bien reconnaître alors qu'il est tombé. Mais par moments, il est plus ou moins plaisamment appelé à participer : « cessez cette moue hypocrite : quand ça pue, ça pue ; teu teu teu teu, restez là je vous prie, un peu de morale, il y a, désolé de vous l'apprendre, une

1 N. Quintane, *Une Oreille de chien*, *op. cit.*, p. 18-19.
2 N. Quintane, *Cavale*, *op. cit.*, p. 48-49.
3 N. Quintane, *Formage*, *op. cit.*, p. 84.
4 N. Quintane, « Astronomiques assertions », dans *« Toi aussi, tu as des armes »*, Paris, La Fabrique Éditions, 2011., p. 189.

éthique du lecteur[1]. » Difficile en de pareils cas de se tenir à distance dégagée du texte (auquel par ailleurs on est malgré tout invité à ne pas trop adhérer). Le lecteur de Quintane se trouve maintenu dans un inconfort, une « situation délicate[2] » où il risque sans cesse de regretter ce qu'il a d'abord éprouvé (ce « rire sale » qu'elle se risque parfois à susciter) ou formulé à partir du texte.

L'ironie antiphrastique suppose la solidification d'un *nous* dans « une communion qui se fait partiellement et sélectivement sur le dos d'un autre[3] ». Contre cette confiance que donne l'entre-soi, Quintane emprunte à une autre tradition ironiste, qui se plait à souligner les contingences de la narration. C'est plutôt sur le mode du « Que vous importe[4] ? », souriant mais à peine poli, que le lecteur de Quintane est invité à rentrer dans le jeu (seulement s'il y tient). Les décrochages dans l'énonciation, les trous dans le décor, viennent rappeler que « ça ne colle pas » : « D'après des mémoires, que j'ai de bonnes raisons de tenir pour suspects, je pourrais peut-être suppléer à ce qui manque ici, mais à quoi bon[5] ? ». D'où les arrêts brusques, les bégaiements du texte où les personnages ont l'impression eux aussi de participer à une fiction pas très bien ficelée (« Salut, Luc, fit Antonia, un peu gênée par le redoublement de la syllabe[6] »), les courts-circuits où soudain l'on se trouve pris dans la fabrique de la fiction – comme à la page 43 de *Début*, qui anticipe sur sa suite : « Un chien aboie (c'est le même qui mange mon sandwich à la page 64[7]) ». (De fait, à la page 64, un chien mange un sandwich). Comme la phrase bifurque, le récit pique des pointes de vitesse, multiplie les « faux barrages » (*Grand ensemble*), les débuts (*Début*), les interruptions, les changements de régime : dans la conduite de la fiction, dans la construction d'un lien incertain, on

1 N. Quintane, *Cavale*, *op. cit.*, p. 62.

2 Quintane emploie l'expression à propos de *Jumelles*, de Pierre Alferi, qui fait partie des livres (précieux à ses yeux) « qui placent le lecteur dans une situation délicate (délicate, irritante, intenable), dont le cœur est la préparation d'un piège qui fait de l'anticipation des réactions du lecteur pris à ce piège l'un des motifs, voire l'enjeu, de la littérature. » (*Tomates*, *op. cit.*, p. 90).

3 P. Hamon, *L'Ironie littéraire*, *op. cit.*, p. 125.

4 D. Diderot, *Jacques le fataliste et son maître*, dans *Contes et romans*, édition de M. Delon, Paris, Gallimard, collection « Bibliothèque de la Pléiade », 2004, p. 669.

5 *Ibid.*, p. 882.

6 N. Quintane, *Antonia Bellivetti*, Paris, P.O.L, 2004, p. 65.

7 N. Quintane, *Début*, *op. cit.*, p. 43.

retrouve quelque chose de l'attitude du narrateur de *Cavale*, ironisant, « [doublant sa] pêche », désignant l'artifice (la « nageoire contrefaite »).

L'ironie profite « de l'affaiblissement de la mimésis pour se développer[1] » : proliférant sur les incertitudes, cette ironie-là ménage certes des déroutes mais aussi des surprises joueuses, faisant du défaut (contrefaçon, objet manquant), l'occasion de formes, constats, form(ul)ations, désirs, changements de direction inattendus – de « fantaisies » : face aux défections et déceptions, quelqu'un continue à remarquer le réel dans sa diversité, à n'en faire qu'à sa tête et qu'à sa guise. Dont acte (qui, malgré les pichenettes à lui adressées, vaut pour le lecteur encouragement).

Benoît AUCLERC

1 P. Schoentjes, *Poétique de l'ironie*, *op. cit.*, p. 60.

UNE « CRITIQUE INTÉGRÉE » DES *NOUS*

> Tu dis *nous*. Suis-je *dedans* ? Étant donnée l'ambiguïté du français, cela ne va pas de soi. Et si je ne dis pas *dedans*, puis-je dire *avec* ? puis-je dire *entre* ? *parmi* ? *selon* ? *vers* ?
>
> Discutons prépositions[1].

Dans deux courts textes théoriques parus en 2011[2], Nathalie Quintane s'attaque à la question de l'énonciation, et plus particulièrement à l'usage du pronom *nous*. Elle explicite le problème dans l'introduction de la « Critique des *nous* » :

> Ce texte part d'une expérience de lecture : un *nous* qui m'avait choquée, d'abord parce qu'il m'excluait ; ensuite, et plus sûrement, parce qu'il m'incluait – on n'est jamais très sûr, en français, de ce qu'un *nous* vous inclue ou vous exclue : s'il m'exclut (notre groupe s'adresse à toi qui n'en fait pas partie), c'est qu'alors au moins il me semonce ou qu'il m'ignore ; s'il m'inclut (tu fais partie de notre groupe, cela va sans dire), c'est qu'il m'embarque, trouvant ça tout naturel, ayant collationné suffisamment de preuves, arguments, poutres et plafonds pour que je trouve ça tout naturel à mon tour, et s'arrangeant – s'il est délicat – pour qu'on reste indécis quant à *qui embarque qui*[3].

Quintane écrit ici sur des textes qu'elle qualifie de « critique politique », de Jean-Luc Nancy, Jean-Marie Gleize et Christophe Hanna. Or, il se trouve que la plupart de ses textes à elle sont marqués par une instabilité

---

1 N. Quintane, « Astronomiques assertions », dans *« Toi aussi, tu as des armes »*, Paris, La Fabrique, 2011, p. 188.

2 *Ibid.*, et N. Quintane, « Critique des *nous* », dans *Cahiers critiques de poésie*, Marseille, CIPM, n° 22, octobre 2011, p. 5-9.

3 N. Quintane, « Critique des *nous* », *op. cit.*, p. 5.

énonciative, que l'on peut lier à une instabilité générique. En effet, les genres définissent en partie des cadres pour l'énonciation – on attend, par exemple, les première et deuxième personnes au théâtre. Comme les livres de Quintane se cantonnent rarement dans un genre, l'énonciation y joue de manière à la fois plus libre et plus critique. Non seulement y trouve-t-on des *nous* tour à tour exclusifs et inclusifs, sans compter ceux pour lesquels le doute est permis, mais le *je* contenu dans ces *nous* n'y est pas toujours de même nature : il peut être référentiel (*je* = l'auteure), fictionnel (*je* = le personnage), ou encore gnomique, comme en philosophie (*je* = n'importe qui). Et encore, quand je dis « *je* = l'auteure », *je* simplifie, puisque ce *je* auctorial prend différentes dimensions selon qu'il est celui de l'essayiste, comme dans *Tomates*, ou de la narratrice (du narrateur ?), dans *Cavale* par exemple. Quintane formule donc un projet littéraire critique : « éclater le pronom *nous* comme on dissèque une grenouille[1] », mais à l'intérieur de la langue – « Mon propre travail fait que je suis plutôt pour une "critique intégrée[2]" », écrit-elle en conclusion de « Critique des *nous* ». Je me propose ici d'examiner une partie de l'œuvre quintanienne, pour voir comment et dans quelle mesure éclatement il y a. *Nous* représente-t-il une ou plusieurs personnes ? Est-il référentiel ou fictionnel ? À quel point le lecteur est-il embarqué ? Qu'est-ce que cela implique, esthétiquement et politiquement ? On ne s'attachera pas à toutes les occurrences de *nous* dans les textes, mais surtout aux moments de transitions d'un pronom à l'autre : en somme et en termes linguistiques, c'est à une critique des énallages[3] de pronoms que l'on s'attelle ici. La première partie observe des *nous* que je qualifierais de choraux ou théâtraux, dans deux passages des *Quasi-monténégrins* et *Une oreille de chien*. La deuxième partie réfléchit à l'usage des *nous* référentiels qui tendent à « embarquer » le lecteur, dans *Tomates* et *Grand ensemble*, deux textes à thématique politique, où la question du caractère inclusif du « nous » se pose de manière visible. Enfin, la troisième partie s'attache aux deux livres qui posent la question de l'énonciation de la manière la plus variée et la plus explicite : *Formage* et *Crâne chaud* peuvent se lire comme des entreprises de démolition des pronoms mettant en jeu la première personne.

1 N. Quintane, « Astronomiques assertions », *op. cit.*, p. 189.

2 N. Quintane, « Critique des *nous* », *op. cit.*, p. 9.

3 Fontanier définit l'énallage comme suit : « échange d'un temps, d'un nombre ou d'une personne contre un autre temps, un autre nombre ou une autre personne. » (cité par B. Dupriez, *Gradus – Les Procédés littéraires*, Paris, 10/18, 1984, p. 175).

DES COMMUNAUTÉS ILLUSOIRES

J'aimerais lire ici en regard deux passages extraits des *Quasi-Monténégrins* et d'*Une oreille de chien*, apparentés par le thème – la délinquance – et par la forme : des tirades scandées, marquées par les parallélismes grammaticaux et l'anaphore de *nous*. *Les Quasi-Monténégrins* est une fiction radiophonique qui se présente comme un faux documentaire sur un peuple récemment disparu. Le chœur des enfants s'adresse à Charly (« *type chœur antique rappé* », précise la didascalie) :

> Oh mais père
> tu ne seras donc pas là
> la langue de la loi ne pénétrera pas notre enregistrement
> nous ne respecterons plus les règlements
> c'est la perte des repères à perpet'
> nous aurons des zéros
> nous irons en retenue
> nous passerons de sanctions
> pédagogiques
> en sanctions disciplinaires [...]
> nous dealerons en bas des marches
> nous instaurerons des zones de non-droit
> nous y défierons les forces de l'ordre
> et les représentants de la République [...]
> nous ne serons pas anarchistes
> nous n'admirerons pas les situ-ationnistes[1]

Dans *Une oreille de chien*, Nathalie Quintane décrit et commente la vie dans la ville de V., suite à une résidence d'artiste. Tout au long de son exposé prétendument anthropologique, elle s'interroge sur ce qu'on attend d'une description urbaine. « Il y a des sous-thèmes dont on ne peut faire l'économie. Le thème étant la ville de V., je ne ferai pas l'économie du sous-thème de la violence[2]. » Quelques lignes plus loin, le paragraphe bascule à la première personne du pluriel :

---

1 N. Quintane, *Les Quasi-Monténégrins*, Paris, P.O.L, 2003, p. 73-75.

2 N. Quintane (avec Nelly Maurel) *Une oreille de chien*, Nolay, Les Éditions du chemin de fer, 2007, p. 30.

> Nous brûlons une poubelle à V. Nous brûlons un vélo à V. Nous salissons un mur. Nous effrayons une personne de plus de soixante ans. [...] Nous portons un tee-shirt *Alain Krivine.* Nous volons les tulipes des parterres municipaux pour les replanter dans nos jardins. [...] Nous sommes prêts à en découdre avec l'inspection académique de V. [...] Nous délaissons *sciemment* le centre-ville afin que les petits commerces déposent leur bilan les uns après les autres et que la grande distribution l'emporte. Nous trions *volontairement* mal nos déchets [...]. À pied, nous ne respectons pas les passages piéton[1].

Ces deux passages sont structurés autour d'un *nous* choral/théâtral, dont le premier est explicitement fictionnel, tandis que l'extension du second reste indéfinie – d'autant plus que ce pronom n'est quasiment pas utilisé dans le reste du texte. Dans les deux cas, le texte est marqué par une ironie qui sape la vraisemblance de la communauté représentée. Dans le chœur des enfants, la délinquance annoncée au futur est la conséquence de l'absence du père. L'enchaînement des clichés sur la délinquance et ses causes, ainsi que la tension entre ce qui est évoqué et les personnages qui sont censés prononcer le discours, sont à l'origine de l'ironie du passage. Ce qui est produit, c'est un portrait des « délinquants » tels qu'ils sont d'habitude décrits par ceux qui les stigmatisent et les méprisent, – mais, ici, mettant en jeu la première personne (*via* le *nous*). L'effet critique du texte vient de ce que ce discours est habituellement produit à la troisième personne du pluriel – c'est d'ailleurs ce qui arrive dans *Tomates*, on y reviendra plus bas. Le « chœur » délinquant d'*Une oreille de chien* n'est pas attribué clairement à un groupe de locuteurs. Le *nous* arrive ici sans crier gare. Il se produit ce qu'on appelle en stylistique une énallage de pronom. C'est *je* qui parlait, *nous* prend le relais le temps d'un paragraphe, et le dialogisme organisé entre *je*/*vous* reprend au paragraphe suivant. Qui est *nous* dans ce passage ? Alors que l'anaphore laisse attendre un *nous* unique tout au long du texte, le contenu du discours empêche d'identifier un groupe homogène : on imagine que ce ne sont pas les mêmes qui brûlent des poubelles, portent des tee-shirts *Alain Krivine*, volent des tulipes et vont « en découdre » avec l'Inspection académique. La succession des *nous* et des actes de délinquance évoqués peut représenter n'importe qui – on note d'ailleurs que la référence au lieu (« V. ») disparaît des dernières phrases du texte. L'auteure s'y inclut-elle ? Y sommes-nous (lecteurs) ?

1 *Ibid.*, p. 32.

On peut voir un embarquement dans cette tirade, mais si embarquement il y a, il est provisoire et imaginaire : l'indicatif présent peut s'entendre comme un conditionnel – ce conditionnel dont usent les enfants dans leurs jeux de rôles (« On dirait qu'on brûlerait des poubelles à V. »). Il n'y a ni critique ni glorification de la violence, qui est plutôt ridiculisée par l'effet de liste et le caractère véniel des actes évoqués.

Dans les deux textes mentionnés, la critique du nous fonctionne de manière discrète : la stabilité et l'homogénéité supposés par l'anaphore de ce *nous*, « choral », sont des leurres, illusoire est la communauté qui parle d'une seule voix.

DES EMBARQUEMENTS PROBLÉMATIQUES

Dans *Tomates* et *Grand ensemble*, les deux livres les plus explicitement politiques de Quintane, le *nous* est référentiel plutôt que fictionnel : la première personne autour de laquelle se construit ce *nous* est celle de l'auteure. Ce sont en effet deux livres écrits principalement à la première personne (du singulier), et dans lesquelles le *je* est doté d'une réalité biographique et physique. Les communautés qu'elle convoque n'ont pas toutes la même extension, et chaque fois la question de l'embarquement (du lecteur, de la lectrice) se pose.

Tomates commence par un portrait de l'auteure en jardinière amateure. C'est à partir de cette image initiale que se développent à la fois un autoportrait et des réflexions politiques sur différentes formes de révoltes. Ce qui est intéressant dans *Tomates*, c'est que la première personne du pluriel est thématisée avant que d'être énoncée. L'auteure parle d'elle-même comme appartenant à un groupe : « je sais, par expérience, être un cobaye assez bon, et réagir, de près de loin, comme tout le monde, dans le milieu numériquement faible auquel j'appartiens[1]. » Cette question de la minorité est explicitée un peu plus loin :

> Ce n'est pas parce que nous avons quarante-cinq ans ou cinquante-cinq ans ou soixante-cinq ans que nous ne voulons plus vivre une vie intense ou que

1 N. Quintane, *Tomates*, Paris, P.O.L, 2010, p. 8.

> nous ne voulons plus écrire des textes intenses. Ou les lire ; j'achetai, en 2008-2009 surtout, un nombre considérable de livres politiques historiques, tentant peut-être de compenser ma minorité numérique en la bardant de ces livres, les livres de littérature n'ayant pas suffi, *Princesse de Clèves* épiphénomène ne changeant rien à la nature spectrale, diminuante, disparaissante, de tous les romans et de l'efficace littéraire en général, minorité de tous les côtés, minorité parce que je lis des livres, minorité parce que c'est de la littérature, minorité parce que lisant des livres et en écrivant je suis tout de même née d'employés, eux-mêmes nés d'ouvriers, minorité parce que, bien que mesurant un mètre quatre-vingts, je suis une femme, et que j'ai de grands pieds, minorité parce que j'habite à la campagne, et que la campagne est une chose bizarre, comme l'a bien suggéré Benjamin de Tarnac en décrivant les flics de la police scientifique s'égaillant tout heureux dans les champs et visitant le poulailler et disant que la campagne c'est pas mal et décidant peut-être au retour de planter des tomates[1].

Ce premier *nous* du livre convoque une certaine communauté d'écrivains d'une certaine génération. Pas d'embarquement du lecteur pour le moment donc, et l'énallage de pronom fait repasser rapidement à la première personne du singulier. Si je la cite aussi longuement, c'est parce que ce rare autoportrait situé, sous la forme d'une série d'assertions à la première personne, inscrit l'auteure dans une succession de groupes qui se recoupent partiellement, pour former le groupe très minoritaire de femmes écrivains de grande taille et avec de grands pieds, issues d'un milieu modeste et habitant à la campagne. Le pronom « nous » n'apparaît plus mais les contours d'un ou de plusieurs nous possibles sont dessinés. Ce pronom ne réapparaît qu'une soixantaine de pages plus loin, à la faveur d'une discussion sur le « peuple ». Quintane cite un passage d'Auguste Blanqui qui affirme que le peuple « est muet ». L'auteure discute cette affirmation : « il est muet – à moins que les autres soient sourds[2]. », puis engage une discussion avec un écrivain philosophe contemporain, Jean-Paul Curnier, visiblement démophobe mais néanmoins ami de Quintane qui lui fait une grande place dans ce livre. À ce dernier qui affirme que « **le peuple n'existe plus**, c'est l'individualité sérielle de masse qui l'a remplacé[3] », Quintane répond exactement le contraire, avant de justifier sa thèse par un raisonnement par l'absurde. Je le cite avec quelques coupes.

1 *Ibid.*, p. 10-12.
2 *Ibid.*, p. 74.
3 J.-P. Curnier, cité dans *Tomates*, *op. cit.*, p. 75.

1. Si le peuple n'existe plus, alors il n'y a pas eu d'émeutes (révoltes) en banlieue.
1.1. Ou alors, c'est que nous pensons que les émeutiers (révoltés) des banlieues n'appartiennent pas au peuple, ne manifestent pas un peuple.
2. Si nous pensons que les émeutes des banlieues ne manifestent pas l'existence d'un peuple, c'est qu'elles sont le produit d'une série d'individus simplement énervés et qu'on calmera à l'eau froide.
3. Si nous pensons que ces émeutes ne sont pas des mouvements populaires, alors ne les appelons pas émeutes, car l'émeute est un mouvement populaire.
4. Nous regrettons que ces émeutes soient spontanées, non organisées. L'émeute, c'est une insurrection qui a échoué. Par conséquent, les émeutiers des banlieues ont échoué (selon nous). D'ailleurs, ils sont dans l'échec (scolaire d'abord, émeutier ensuite).
5. Les émeutes ont eu lieu, pas l'insurrection – qui vient. Nous préférons l'insurrection qui va venir aux émeutes qui ont effectivement eu lieu – sans nous. [...]
10.3. Nous pensons qu'une pensée construite par une succession de propositions logiquement enchaînées fait penser. À voir[1].

Le *nous* utilisé ici est celui du raisonnement philosophique. Il embarque locuteur et interlocuteur. Cependant, ici, l'interlocuteur premier c'est Jean-Paul Curnier, et non le lecteur qui n'a rien demandé. Si je m'arrête sur ce passage c'est parce qu'à la première lecture, il m'a fait froncer les sourcils. Exactement l'agacement que décrit Quintane dans l'introduction de sa « Critique des *nous* » citée plus haut. Pourquoi tout ce discours sur le peuple à la troisième personne ? Qui est ce *nous* ? Qui parle à qui, ici ? En relisant le passage avec ce qui le précède et le suit, les sourcils se détendent, je vois bien que Quintane fait un usage critique du pronom, et surtout qu'elle ne souscrit pas aux affirmations énoncées, puisqu'elle a écrit juste au-dessus que le peuple existe, et que la proposition 10.3. montre que *nous* ne contient pas forcément *je* – puisque c'est bien *je* qui dit « À voir ». Cependant, Quintane utilise *nous*, et pas *tu* ou *il* pour critiquer la thèse de Curnier. C'est bien qu'elle suppose que ce dernier n'est pas le seul à penser ce qu'il pense. Les propositions 4 et 5 renvoient par exemple à tous ceux qui sont fascinés par *L'Insurrection qui vient*, mais qui ont écrit ou pensé que les émeutiers des banlieues n'étaient pas assez politisés, que leur action étaient vaine, etc. En le ramenant à quelques affirmations simples, Quintane montre les limites de ce discours auquel elle n'adhère pas[2]. Le

1 N. Quintane, *Tomates*, *op. cit.*, p. 76-79.
2 Elle se sent cependant suffisamment proche de celui qui le tient pour lui laisser le développer dix-huit pages durant en annexe.

froncement de sourcils est sciemment provoqué, donc – que le lecteur souscrive à la thèse de l'un ou de l'autre. Il n'y a guère d'autres *nous* dans ce livre, mais il s'attache en revanche tout entier à réfléchir sur les formes des textes politiques – au XVIIIe siècle, et de nos jours. Le passage au *nous* peut se lire comme une étape de cette réflexion en acte.

Grand ensemble avait déjà engagé une réflexion sur l'énonciation dans un texte à thème politique, quoique d'une façon plus discrète et moins métalinguistique. Comme dans *Tomates*, la première phrase de *Grand ensemble* ancre l'écriture dans la corporéité de l'auteure : « À la suite d'un herpès occurré à la lèvre supérieure en février deux mille trois et particulièrement défigurant, je décidai d'écrire un texte intitulé *L'Année de l'Algérie*[1]. » Le livre se développe essentiellement à la première personne du singulier (l'auteure) et à la deuxième du pluriel (les lecteurs, ses contemporains). Cependant l'énonciation n'est pas stable dans ce livre particulièrement polyphonique. Ainsi les occurrences de *nous* n'ont-elle pas toujours la même extension :

> Vous connaissez sans doute cette PHOTO DE VIERGE ÉPLORÉE BOUCHE OUVERTE prise vraisemblablement en Algérie [...] vous vous souvenez assez clairement peut-être de la PHOTO DE VIERGE ÉPLORÉE BOUCHE OUVERTE, sorte de PIETÀ vue à la TV faisons un effort, pour nous rappeler la photo de vierge éplorée bouche ouverte, non, pas celle du petit Palestinien (oui) celle de la femme éplorée ouvrant de chagrin la bouche pouvons-nous ajouter[2]...

L'apparition de la première personne du pluriel dans le verbe à l'impératif est un procédé rhétorique : l'énallage marque l'embarquement, il n'y a plus l'auteure d'un côté et les lecteurs de l'autre, mais l'auteure et les lecteurs qui se rappellent ensemble ; la première occurrence de *nous*, dans « pouvons-nous ajouter », est déjà un petit peu différente puisque celle qui ajoute cela reste l'auteure, mais on (lecteurs) a à peine eu le temps d'y faire attention que déjà la phrase repasse au *vous* initial.

On trouve également dans *Grand ensemble* un *nous* distant, celui de la voix des autres et des clichés, notamment dans le passage intitulé « Rappel » : sur une petite dizaine de pages sont égrenés les clichés les plus éculés sur l'Afrique en général et sur l'Afrique du Nord en particulier. L'accumulation des clichés tout au long du discours a pour

---

1 N. Quintane, *Grand ensemble*, Paris, P.O.L, 2008, p. 9.

2 *Ibid.*, p. 13.

effet de l'encadrer par des guillemets virtuels : ce *nous*-là est ironique, inséré dans un tissu de phrases qui forment un bêtisier. Il n'en est pas moins compromettant.

L'enchaînement d'un *vous* (lecteurs) à un *nous* inclusif identifié au début du livre, se produit de nouveau dans la partie intitulée « Grand Récit 4 ». Le sujet est Jane Birkin chantant « pour les victimes du tremblement de terre d'Alger et environs[1] ». Deux questions sur sa posture et sur celle de Jane Fonda plus tard, et les lecteurs se trouvent directement interpelés :

> Vous-mêmes n'avez-vous pas senti votre cou mélancoliquement s'incliner au fur et à mesure du déroulement du texte qui pourtant n'est pas en rouleaux ? Nous ne nous immolons pas devant la DST. Nous ne nous battons pas la poitrine jusqu'au sang. Mais la compassion s'exerce au-delà de nos frontières : l'Algérie, pour ainsi dire, c'est la France[2].

Le passage au *nous* correspond ici clairement à l'équation je+vous= nous. Le « vous » était celui des lecteurs. *Nous*, c'est la communauté politique qui se soucie des injustices sans être encline au sacrifice physique. Le *nous* est ici inclusif et connivent. Il est au cœur d'une sorte d'autoportrait collectif, sur un aspect bien précis : le rapport à la violence coloniale et postcoloniale. Ce *nous*, dans lequel se trouve embarqué le lecteur, suggère la continuité entre sentiment compassionnel et violence coloniale.

Dans *Grand ensemble* et *Tomates*, les *nous* apparaissent marginalement, mais on les remarque parce qu'ils ne sont jamais équivalents, et que leur extension ne va pas de soi : il faut noter enfin que l'usage du *nous* est toujours temporaire – c'est que la communauté qu'il représente n'est pas stable et ne prétend pas l'être.

DES ÉNALLAGES CRITIQUES

C'est dans *Formage* et *Crâne chaud* qu'à dix ans d'intervalle se manifeste de la manière la plus explicite le soupçon entretenu par Quintane à l'égard des pronoms : *Formage* effectue un parcours du *nous* référentiel

1 *Ibid.*, p. 134.
2 *Ibid.*, p. 135.

(auctorial) au *nous* fictionnel ; *Crâne chaud* est bien plus un texte du singulier que du pluriel, mais la construction du *je* ne fait pas l'économie des autres pronoms.

« Formage » est un terme technique qui signifie « donner une forme » à du métal, du plastique, du tissu ou du verre ; dans *Le Médecin malgré lui*, il est prononcé par Sganarelle à la place de « fromage[1] ». Quintane prend ce mot technique pour désigner « à tous les sens du terme, un livre de formations[2] ». Le livre se présente en trois parties, appelées « partie sportive », « partie politique », et « partie polonaise ». En simplifiant, on peut dire que chacune est construite comme un portrait d'un ou plusieurs personnages. La troisième personne y domine, la première du singulier tenant surtout un rôle narratorial. « Nous » est dans la première partie d'abord un substitut élargi du « je »

> Le craquement des cailloux sous le pneu était important il y a encore dix ans. On en aurait écrit des pages. Mais nous ne sommes plus dans l'artisanat de la sensation[3].

Nous est ici une communauté faite d'écrivains et de lecteurs qui partagent des références intellectuelles et esthétiques implicites. C'est dans la partie « polonaise » que l'usage du « nous » prend une autre dimension. Le premier intertitre de cette partie est : « CHIEN JAUNE, ROGER : UN PASSÉ POUR DEUX » – chien jaune et Roger étant respectivement les personnages centraux des parties I et II. La partie commence à la troisième personne, et tourne autour de « D » et de son ami. Une énallage dès la deuxième page vient supprimer la voix narratrice : passage au *nous*, c'est désormais l'ami de D qui raconte :

> La force de caractère de D l'avait entraîné à devancer sa famille dans le choix de couleurs ridicules (jaune).
>
> *
>
> La marche était notre activité principale parce que nous n'avions pas beaucoup de tickets et qu'on peut toujours faire semblant de conduire un autobus en marchant. [...] Le déshonneur était lointain, il se passerait quelque chose avant qu'on l'atteigne, D et moi[4].

---

1 Un extrait de la pièce est reproduit à la fin de *Formage*, Paris, P.O.L, 2003.
2 *Ibid.*, quatrième de couverture.
3 *Ibid.*, p. 35-36.
4 *Ibid.*, p. 129-130.

Le passage de la troisième à la première personne n'est pas définitif : on observe une alternance (non régulière), et un passage métalinguistique vient souligner avec humour ce balancement entre deux pronoms : « Pour améliorer la construction de son personnage – ce qui consiste toujours à s'augmenter en quelque part –, D s'était approprié le trouble obsessionnel compulsif d'un oncle ingénieur[1]... ». L'énallage a pour effet une dénaturalisation du statut de narrateur. Ensuite, si le personnage désormais narrateur semble désormais rester identique à lui-même tout au long de la partie, les *nous* qu'il emploie désignent des entités différentes. Ainsi, après l'ami « D », les passages sous-titrés « NOUS DEUX (1) », « NOUS DEUX (2) » et « NOUS DEUX (3) » présentent – c'est la seule fois dans l'œuvre de Quintane – des « nous » conjugaux. L'expression renvoie évidemment au titre d'un magazine populaire français créé en 1947 et consacré d'abord au roman-photo sentimental. L'ironie liée à l'intertexte journalistique est présente dès le sous-titre et son triplement. Le premier « NOUS DEUX » oscille entre imparfait, conditionnel présent et futur de l'indicatif : « je l'aurais rencontrée dans un bus[2]... », « Elle ne coupera plus les carottes en rondelles mais les émincera quand elle se sera aperçue que je les préfère ainsi à la poêle et grillées[3] ». La partie « NOUS DEUX (2) » est sous-titrée « *morceaux subis* » et déroule une succession de souvenirs à l'imparfait : l'un des deux protagonistes endosse le récit et, *via* le *nous*, parle aussi pour l'autre (« elle »). Le *nous* change de référent, mais continue de désigner une entité conjugale figée. Les *nous* conjugaux de cette « partie polonaise » sont pas définition *a priori* exclusifs et fictionnels. Cependant, certaines occurrences semblent réinjecter une dose d'instabilité dans le pronom.

> Nous ne cultivions pas des tomates pour les manger mais pour cultiver des tomates – car nous n'amendions pas la terre pour que des plans poussent mais pour sentir l'engrais s'effriter sous nos doigts[4]

On peut lire le passage comme une métaphore de l'écriture selon Quintane : ce qui compte c'est le processus. L'insistance par le parallélisme de construction – « pas...pour...mais pour... » (deux fois) – nous

1 *Ibid.*, p. 132.
2 *Ibid.*, p. 143.
3 *Ibid.*, p. 146.
4 *Ibid.*, p. 169.

met sur la voie de cette interprétation. En outre, l'écho de *Tomates* et de l'autoportrait de l'auteure en jardinière tire le « nous » vers le référentiel auctorial – pour le lecteur des années deux mille dix, s'entend.

La dernière phrase du livre procède de nouveau de l'énallage avec un passage du *je* personnage au *nous* – auctorial ?

> Je peux aussi vous donner une idée exacte de ma vie en regardant dans ma main :

Suit un dessin représentant des lignes d'une main, puis :

> (nous ne promotionnâmes pas les lignes des pieds parce qu'elles étaient moins faciles d'accès[1]).

Le néologisme grandiloquent « promotionnâmes » achève de miner le pronom « nous ». Ainsi dans *Formage* aucun *nous*, qu'il soit fictionnel ou référentiel, qu'il renvoie à une, deux ou plusieurs personnes, n'échappe au soupçon généralisé qui caractérise l'écriture quintanienne.

Comment dire *nous* après *Formage*, peut-on se demander un rien naïvement ? Dans *Crâne chaud*, un livre sur l'amour comme « sentiment sexuel », Quintane poursuit sa « critique des *nous* » et l'augmente d'une critique des *je*. C'est un livre discursif : « je » parle, s'adressant à *vous* – lecteurs. Lorsque *nous* apparaît, il est en italiques et il fait l'objet d'une glose. « Les derniers développements – dans ce qui *nous* concerne (nous = vous et moi) – mettent un point d'honneur à opérer la jonction entre notre art (la littérature, admettons) et le moment présent[2] ». Référentiel et inclusif, le premier *nous* de *Crâne chaud* désigne une communauté déterminée par la situation de communication : celle qui écrit et ceux qui lisent. À ce modèle fait écho la communauté provisoire de l'émission de radio : Quintane évoque à plusieurs reprises l'émission de sexologie de Brigitte Lahaie, dialogue avec Brigitte, imagine des questions et des réponses. Ce modèle communicationnel est rappelé et renforcé dans l'expression « nous tous qui sommes ici[3] » : le déictique « ici » désigne moins un lieu – ou alors c'est l'espace ouvert par le livre – qu'un moment, celui de la lecture. Le fait que l'emploi du *nous* ne va pas de soi est dramatisé

1 *Ibid.*, p. 202.
2 N. Quintane, *Crâne chaud*, Paris, P.O.L, 2012, p. 9.
3 *Ibid.*, p. 30.

dans un dialogue au chapitre 8. Le point de départ est une réflexion à propos d'une amie dont le manque d'argent déterminerait les conditions de couchage (au sens du sommeil et au sens sexuel) :

> On peut comprendre qu'elle n'ait pas de sommier et qu'elle dorme sur un matelas par terre et que nous dormons souvent et couchons sur des matelas par terre.
> Au début des années 1980, où nous couchions déjà sur des matelas par terre, nos motivations pouvaient sembler plus alambiquées. Venant du fond de cet âge-là, je dirais :
> Nous, jeunes gens de l'Europe thatchérienne puis post-thatchérienne, qui est le monde dans lequel nous sommes toujours, n'avions pas de sommier[1].

Suit un développement de deux pages à la première personne du pluriel sur l'idée que le matelas par terre était motivé par le désir de se démarquer des parents et du mode de couchage occidental en général, et par imitation du futon japonais.

> [...] nous sommes pratiques, nous sommes les jeunes gens pratiques qui vivons dans dix mètres carrés, de quoi placer un matelas mousse, bientôt troué de-ci de-là par la piètre qualité de la mousse et quand on la déplace on voit l'humidité, on voit le sol subaquatique marqué par les bulles et les traces de l'éponge, sous-marine surface traversée par une colonie de fourmis, une punaise beige piquetée de blanc, un cafard peut-être, en route pour le petit coin cuisine, l'évier coincé par la mansarde, sur lequel plié en deux on lave un bol, brun du thé bouillant qu'on a bu, ayant coupé le chauffage.
> – On n'a rien dit.
> – Rien.
> – On n'a pas dit pourquoi on dormait sur des matelas par terre[2].

Le passage présente deux énallages de pronoms : de *elle* à *nous* puis de *nous* à *on*. Le dialogue fictif final vient mettre en scène non sans humour le problème du *nous* et du *on* : que ces pronoms embarquent et incluent parfois contre le gré de celui ou celle qui écoute/lit. Le *on*, plus polyvalent et impersonnel par définition, embarque moins fort. C'est le « on n'a rien dit » qui vient *a posteriori* souligner le rapt, qui avait commencé à la première personne du pluriel, avec extension explicite et large : « Nous, jeunes gens de l'Europe thatchérienne puis post-thatchérienne ».

1 *Ibid.*, p. 70-71.
2 *Ibid.*, p. 70-73.

La réflexion sur l'énonciation dans ce texte aboutit également à une critique des *je*. *Je* ne reste certes pas indiscuté dans le reste de l'œuvre, mais c'est ici que le questionnement est le plus explicite. Le solécisme rimbaldien « je est un autre » était déjà cité au passage dans *Formage* : « *Je suis* est insécable, à moins de déclarer par un tour de passe-passe que Je est autrui[1]. » La formule « je est » réapparaît dans le sommaire final de *Crâne chaud* : « Je est une fleur, je est une herbe, je est un gros chat en rut[2]. » Surtout, on voit à plusieurs reprises *je* s'emparer de la voix d'un personnage dont on ne sait plus bien qui il/elle est. Le *je* est mis pour *on*, en quelque sorte. Le chapitre 15 commence par le récit à la première personne d'un départ : « Tout à fait abattue l'an dernier, je suis partie pour la montagne[3] […] ». Les accords sont au féminin, alors on imagine que « je » est la même que celle qui parle depuis le début, et puis arrive un fanstasme de sexe avec une chèvre et voilà que « je » est doté.e d'un sexe masculin. Le processus d'androgynisation[4] de la première personne se poursuit à la page suivante, avec des accords féminisés par un point : « C'est ainsi que je n'eus pas – gêné.e pourtant par tout le reste […] à prendre de décision radicale, vivre isolé.e dans une maison inventée[5]… » Si le pronom « je » peut prendre parfois une valeur impersonnelle, comme dans l'aphorisme ou le raisonnement philosophique, ce qui étonne ici c'est qu'on est dans un récit, où l'on pourrait s'attendre à ce qu'il soit stable : narrateur ou narrateur personnage une bonne fois pour toutes. Si je ne peux ici dresser la liste exhaustive des changements de pronoms dans le texte, et leur effet sur l'énonciation, j'aimerais terminer en citant un passage qui souligne l'importance de cette question de l'énonciation dans *Crâne chaud*. Il est question de « Brigitte » (Lahaie, toujours) : « Je l'ai rencontrée. Son émission m'a donné l'idée de ce texte (de ce je), et je l'ai rencontrée[6]. » Si le thème annoncé du livre est « l'amour » comme « sentiment sexuel », la parenthèse qui met en parallèle « ce texte » et « ce je » attire l'attention sur un autre sujet du livre, qui serait la possibilité du « je » : l'idée que la première personne d'un texte est toujours à redéfinir, et que son identité est toujours provisoire.

---

1 N. Quintane, *Formage*, *op. cit.*, p. 30.
2 N. Quintane, *Crâne chaud*, *op. cit.*, p. 217.
3 *Ibid.*, p. 126.
4 Androgynisation plutôt que neutralisation : l'un *et* l'autre, plutôt que *ni* l'un *ni* l'autre.
5 *Ibid.*, p. 131.
6 *Ibid.*, p. 184.

Avec ce parcours dans six livres de Quintane, on a vu que sa critique des *nous* était en marche bien avant qu'elle s'attache à la rendre explicite. Le *nous* n'y est jamais central ou stable, il apparaît pour une phrase ou dix pages, formant des communautés imaginaires provisoires, exclusives (le chœur des enfants) ou inclusives (les « délinquants » de V.). Dans *Tomates* et *Grand ensemble*, les occurrences de *nous* sont du type qui embarque, et cet embarquement est généralement très provisoire, précisément parce que l'auteure se méfie des groupes et n'en présuppose pas de stable[1]. Les *nous* fictionnels de *Formage* viennent mettre en cause le pronom avec le plus d'efficacité. Ce qui reste du *nous* dans *Crâne chaud*, et le rapt qu'il permet, est critiqué dans le texte même : « on n'a rien dit ». Le rapport conventionnel entre un *je* représentant de l'auteur, et *vous*, pour les lecteurs, est ainsi mis à bonne distance. Ce qui est problématique dans le *nous* n'est pas seulement s'il embarque et qui il embarque, mais c'est l'identité du *je* qui y est compris. S'il y a « critique intégrée » des *nous* dans l'œuvre de Quintane, elle touche également le *je*.

Florine LEPLÂTRE

1 Voir la fin de *Un Embarras de pensée*, livre consacré à Alain Rivière (Paris, Argol, 2008), p. 110 : « Ce livre dit l'effort de dire *je* à un *il* en pensant *nous*, un *nous* qui ne serait ni de simple amitié (même si elle compte), ni d'école (en raison de ce que nous avons écrit précédemment, en raison de notre persévérance errante à ne pas faire revue, ni collectif, ni groupe, ni bande, sans pour autant chanter l'individu puisque nous désirons ne rien chanter), un nous accueillant en même temps qu'extrêmement paranoïaque. »

« MINORITÉ DE TOUS LES CÔTÉS »

La question du genre chez Nathalie Quintane

Interroger l'œuvre de Nathalie Quintane au sujet du genre (masculin/féminin) n'est pas évident. La question paraît à première vue entraîner les textes vers un terrain qui n'est pas le leur, dans la mesure où elle a d'abord pour effet d'attirer l'attention sur le fait que l'auteur est une femme. Or, rien, dans les textes, ne renvoie à l'exploration du *féminin*[1]. C'est ce qu'on peut d'ailleurs comprendre du geste de Quintane dans un dossier de *La Nouvelle Revue française* consacré au « féminisme en 2010 », auquel elle livre « Trois pièces ». L'une d'entre elles est constituée d'un échange de mails. Le premier est une invitation à fournir des textes inédits pour une anthologie intitulée « Couleur femme », produite à l'occasion de l'édition 2010 du « Printemps des poètes ». La réponse – un refus ferme, sous les dehors d'une pirouette – tient en une ligne : « Je vous remercie pour votre proposition mais là, vraiment, je ne peux pas : je ne suis pas une femme[2] ». L'humour de cette réponse a d'autant plus d'efficace que sa formulation contient en elle-même sa justification : en littérature, en poésie, *a fortiori* depuis que « Je est un autre », être une femme ou un homme ne compte pas. Pourtant, ce « je ne suis pas une femme », un autre énoncé, presque contemporain, le contredit à la lettre. On le lit dans *Tomates*, où il s'articule à un propos plus large :

> [...] minorité de tous les côtés, minorité parce que je lis des livres, minorité parce que c'est de la littérature, minorité parce que lisant des livres et en écrivant je suis tout de même née d'employés, eux-mêmes nés d'ouvriers, minorité parce que, bien que mesurant un mètre-quatre-vingts, *je suis une*

1 Ici et dans la suite du texte, concernant les termes « masculin » et « féminin », on utilise les italiques pour signaler les occurrences renvoyant spécifiquement à des qualités ou à des valeurs construites, et les démarquer des occurrences qui réfèrent aux catégories grammaticales ou qui ont un sens relationnel.

2 N. Quintane, « Trois pièces », dans *La Nouvelle Revue française*, Paris, Gallimard, n° 593, avril 2010, p. 162.

> *femme*, et que j'ai de grands pieds, minorité parce que j'habite à la campagne, et que la campagne est une chose bizarre [...][1]

D'abord, cette apparente contradiction nous amène à prendre en compte la dimension pragmatique des énoncés cités, et donc à envisager, sous la question du genre, des choix et des contraintes, des postures, des stratégies, et non des déterminations biologiques ou sociologiques. Ensuite, elle souligne l'absence, dans l'œuvre de Quintane, d'un discours univoque et figé qui surdéterminerait à la fois sa pratique et notre lecture. De cette contradiction on pourrait donc faire un point de départ.

Ce qu'elle souligne d'emblée est que refuser d'être lu en tant que femme, pour suggérer que l'écriture est « asexuée[2] », n'est pas le signe d'une indifférence *a priori*. Ce refus est chargé d'enjeux, il traduit déjà un certain rapport au genre, désigne une position non donnée d'avance, mais à inventer dans l'écriture. Il s'agit donc de mesurer quelle(s) force(s) de résistance, dans un sens presque mécanique, l'œuvre de Quintane oppose au genre, qui non seulement organise des rapports sociaux, mais aussi produit des normes, des représentations, des valeurs[3]. Sans prétendre livrer aucune lecture systématique, ni reconstituer un improbable propos d'ensemble dans une œuvre qui aime au contraire déplacer, digresser et embrouiller, on se propose de suivre quelques pistes, en tâchant d'articuler étroitement la question du genre aux enjeux poétiques propres à l'écriture de Quintane.

1 N. Quintane, *Tomates*, Paris, P.O.L, 2010, p. 11-12. Je souligne.

2 Dans « Trois pièces », Quintane rapporte le propos de la sportive Catherine Destivelle : « *Quand je grimpe, je suis asexuée ; je ne me pense ni fille ni garçon* » (*op. cit.*, p. 164).

3 Que le discours littéraire soit également concerné par le genre (défini comme système social, politique et culturel), c'est ce qu'une part importante de la critique féministe en France depuis les années 1970 a cherché à mettre au jour. On peut se référer à la synthèse d'Audrey Lasserre : « La volonté de savoir : présentation du numéro », *LHT*, *Y a-t-il une histoire littéraire des femmes ?*, dossier publié le 1er janvier 2011 [en ligne]. URL : http:/www.fabula.org/lht/7/index.php?id=209, consulté le 12.01.2014. Concernant plus spécifiquement le champ poétique, mentionnons également « La place problématique des femmes poètes », de Christine Planté (dans M. Reid (dir.), *Les femmes dans la critique et l'histoire littéraire*, Paris, Honoré Champion, 2011, p. 55-72).

LE GENRE DE LA GRAMMAIRE

En tant qu'écrivain, c'est d'abord au genre de la grammaire[1] que Quintane a affaire – et c'est de lui qu'elle joue. On le verra par la suite, ces jeux sont frappants au niveau énonciatif, mais ils ne s'y limitent pas, loin de là.

On pourrait commencer par remarquer que le genre grammatical ne passe pas toujours inaperçu dans les textes de Quintane, ce qui signifie que son écriture rend quelquefois visibles ses manifestations, notamment en privilégiant le dysfonctionnement, la dissonance. Un énoncé comme « Le maire est blonde[2] » par exemple appelle un commentaire : l'accord au féminin d'un adjectif rapporté à un substantif masculin produit une sorte d'accroc dans la phrase. L'accord est ici à contre-emploi ; mais l'incongruité syntaxique excède le plan strictement linguistique : c'est bien à des représentations, elles-mêmes liées à une situation historique, que l'énoncé, ironiquement, nous renvoie. Une analyse conduisant à une conclusion analogue pourrait être développée à propos de l'expression « hommes célèbres » suivie d'une énumération incluant des noms féminins[3]. Dans les deux cas, la dissonance recherchée rend visible la prépondérance du masculin, dans les usages langagiers, pour désigner des positions de pouvoir. Dans un autre ordre d'idées, on relève des formes telles que « jardinière » ou « plombière[4] », dans lesquelles c'est au contraire la féminisation qui est problématique. La première est en usage, comme variante féminine du nom de métier ; mais le substantif féminin « jardinière » comporte par ailleurs plusieurs sens spécifiques, notamment celui de « récipient [...] où l'on fait pousser les plantes », qui vient immédiatement à l'esprit. Quant au couple de substantifs

1 Au sujet des relations entre le genre grammatical et le genre tel que défini plus haut, on peut se référer au texte d'une conférence de Yannick Chevalier, intitulée « Approches linguistiques du genre (gender) », accessible sur *La clé des langues* (ENS Lyon / DGESCO) [En ligne]. URL : http://cle.ens-lyon.fr/plurilangues/approches-linguistiques-du-genre-gender--214114, consulté le 12.01.2014.

2 N. Quintane, *Mortinsteinck*, Paris, P.O.L, 1999, p. 17.

3 *Ibid.*, p. 21.

4 N. Quintane, *Cavale*, Paris, P.O.L, 2006, p. 108 et *Grand ensemble*, Paris, P.O.L, 2008, p. 127.

« plombier/plombière », le dictionnaire[1] précise : « le féminin semble inusité ». Les deux formes attirent donc l'attention sur l'asymétrie du masculin et du féminin, qu'il s'agit moins de corriger que d'exaspérer.

L'utilisation d'un large panel de dispositifs typographiques marquant la variation morphologique entre le féminin et le masculin – parenthèses dans *Début* ou *Cavale*, barre oblique dans *Grand ensemble*, ou point dans *Crâne chaud* – participe également de ce jeu avec la langue. Quintane recourt à ces procédés de façon ponctuelle en les détournant de leur objectif originel ou de leur emploi habituel. Ainsi dans *Cavale*, le narrateur[2] nous apostrophe au sujet de l'image qu'il donne de lui-même :

> [...] n'allez pas, s'il vous plaît, me caricaturer en l'un(e) de ces vieill(ieux)es ménagèr(e)s, en l'un(e) de ces râleu(r)se(s) d'européen(ne)s n'ayant jamais connu la misère, la famine, la disette, le noir et blanc, et qui piétinent aux caisses, et qui apostrophent l'hôtesse de caisse, et qui piétinent les parcs publics en jetant des croutons aux canards (...)[3]

On est ici dans le domaine du cliché : le narrateur s'imagine être réduit à une figure type que les lecteurs sont supposés reconnaître. C'est en tout cas le cadre interprétatif vers lequel nous aiguillent le terme « caricaturer » et la construction syntaxique autour du démonstratif, qui incite à puiser dans une imagerie commune. Mais cette lecture se trouve sensiblement perturbée par l'utilisation des parenthèses. La mise en présence des formes masculines et féminines introduit du jeu dans l'agencement rigide et surdéterminé que constitue le cliché. Cet effet est d'ailleurs renforcé par la désinvolture avec laquelle le dispositif typographique est appliqué : tantôt les parenthèses signalent la forme féminine conformément à ce qui est attendu (« un(e) », « ménagèr(e)s »), tantôt elles contiennent la forme masculine (« vieill(ieux)es »). Mais si l'on y regarde de plus près, ce qu'on est

---

1 *Le Petit Robert. Dictionnaire de la langue française*, Paris, Dictionnaires Le Robert, 1997.

2 Dans *Cavale*, sous-titré « Roman », hormis dans les « 21 débuts », l'énonciation est en majeure partie prise en charge par un personnage identifié comme masculin, qui, s'il ne *raconte* pas à strictement parler, du moins évoque sa propre « cavale ». Bien sûr, le passage analysé ci-après tend à interroger cette identification en genre. On verra d'ailleurs par la suite que, pour certains textes en particulier, les jeux énonciatifs sur le genre, imposant la logique de l'instabilité, rendent problématique la désignation des instances énonciatives ou narratives par des termes marqués en genre (tels que « énonciateur/énonciatrice », « narrateur/narratrice »).

3 N. Quintane, *Cavale*, *op. cit.*, p. 90.

censé reconnaître est en fait impossible : le substantif « ménagère » est féminin – et le stéréotype qu'il supporte l'est aussi ; si « ménager » figure dans le dictionnaire, c'est en tant qu'adjectif, et il n'a alors plus le même sens. Le retranchement de la finale « e » n'engage donc pas une simple modification du genre, mais un changement de nature et de signification, qui met en péril la compréhension de la phrase et son effort pour convoquer des représentations communes : on se représente bien, en effet, une « vieille ménagère », mais qu'est donc un « vieux ménager » ? Objet d'un détournement ludique par l'écriture, le dispositif typographique est utilisé de façon maximale : déstabilisant le sens de l'énoncé, il exacerbe les effets sémantiques liés au phénomène de l'accord.

À travers ces jeux, dans lesquels l'humour tient une large place, le genre grammatical se révèle largement impliqué dans les représentations, en même temps qu'il constitue une voie d'accès, un terrain privilégié pour l'exercice d'une acuité critique en action, à distance de toute utopie linguistique, car celle du *Trien* (qui ne possède qu'un seul genre), effleurée dans *Les Quasi-Monténégrins*, n'en est pas vraiment une[1].

« UN CONTRESENS QUI FINIRAIT PAR GRIPPER LA MACHINE[2] » ? GENRE ET STÉRÉOTYPES

« Devant moi, un carré jaune bordé de noir représente une silhouette noire en robe tenant par la main une autre silhouette plus petite[3] » : l'énoncé est exemplaire de *Remarques*, dont il est tiré. Par une écriture volontairement plate, descriptive, le texte ignore la signification de l'objet – une pancarte signalétique –, pour mieux faire apparaître l'objet lui-même : ce qui se donne alors à voir est le caractère

1 La langue « quasi » dont il est question dans le texte de Quintane est un emprunt au *trien* inventé par Vincent Labaume, comme nous l'apprend une « Note sur la langue "quasi" par son inventeur ». Il s'agit d'une langue impossible, impraticable (*Les Quasi-Monténégrins*, Paris, P.O.L, 2003, p. 98-102).

2 N. Quintane, *Formage*, Paris, P.O.L, 2003, p. 72.

3 N. Quintane, *Remarques*, Le Chambon-sur-Lignon, Cheyne éditeur, coll. « Grands fonds », 1997, p. 11.

stéréotypé du symbole. Un peu comme l'instance énonciative de *Remarques* observant cette image accrochée à l'arrière d'un autocar, ou comme Antonia Bellivetti tombant par hasard sur une revue des années 1960 consignant les règles de la bonne conduite féminine[1], en plusieurs lieux de l'œuvre de Quintane, on est mis en présence de représentations stéréotypées et de discours normatifs qui ont trait au genre. Or, défaire les clichés, dégager les objets de leur gangue symbolique, voire mythique, constitue une préoccupation majeure de l'écriture de Quintane.

C'est ce qu'elle tente plus particulièrement dans *Saint-Tropez*, en prenant pour objet « un lieu pâteux », pareil à un « un grand bloc insécable[2] », surchargé de connotations, figé dans sa propre représentation mythique. Le thème de la facticité (facticité du « mythe[3] », mais aussi facticité des existences tropéziennes) y est assez constamment associé à une féminité stéréotypée, qui est l'emblème de la ville, sa réduction métonymique : Saint-Tropez, « c'est les cartes postales avec les filles toutes nues dans l'eau[4] » ; ce sont les « fille de dos seins nus devant cascade », « fille brune minaudant avec boa », « fille à cheval dans pinède[5] » ressassées par le texte. C'est d'ailleurs à travers le cas de l'association entre le nom de la ville et la périphrase « ville de midinette », comparée à l'épithète homérique devenue lieu commun, qu'est démonté le fonctionnement du cliché, qui prétend dire une réalité donnée alors qu'il ne fait qu'informer notre vision :

> « Saint-Tropez » semble appeler « midinette » sans effort dans le cours de la conversation, mais cette périphrase acquiert, à être dite, une souplesse, un corps, finalement assez voisins de *doigts de rose*, pour Aurore.
> Et comme alors sérieusement vous voyez les doigts roses de l'aurore saluer en hauteur, ainsi se succèdent dans les rues tropéziennes les midinettes, ces jeunes filles qui se contentent d'une dînette à midi, et plus aucune femme de dix-huit à vingt-cinq ans ne vous paraît capable d'avaler un plat de résistance[6].

1 N. Quintane, *Antonia Bellivetti*, Paris, P.O.L, 2004, p. 146.
2 N. Quintane, *Saint-Tropez – Une Américaine*, Paris, P.O.L, p. 77.
3 Le terme « mythe », qui désigne ici la cristallisation d'une représentation à la fois simplifiée et amplifiée de la ville, est celui qu'emploie Quintane dans le projet de candidature à l'obtention d'une « Bourse Stendhal », figurant dans *Saint-Tropez* (*op. cit.*, p. 72).
4 *Ibid.*, p. 74.
5 *Ibid.*, p. 54.
6 *Ibid.*, p. 84.

En visant *Saint-Tropez*, *via* l'exposition de ces clichés féminins qui la symbolisent, le texte côtoie un vieux lieu commun misogyne, parfois investi par la littérature et des arts :

> Déjà Mme de Cambremer préfère aux plantes du Midi et à Monte-Carlo les bords de mer *tristes* et *sincères* de la Normandie [...]
> À la vie factice de Paris (ses représentations théâtrales fausses, ses films de cinéma trompeurs, ses femmes maquillées) s'oppose, bien que les femmes continuent à s'y maquiller, la villégiature mais la normande, moins théâtrale et moins cinématographique que la carlotine[1].

Or, la référence au personnage de la marquise de Cambremer, dont les positions esthétiques sont données par le roman proustien comme l'expression d'un désir aristocratique de se distinguer du goût bourgeois, marque d'emblée l'enjeu proprement sociologique de l'alternative évoquée. Dans la suite du texte, au fil d'une démonstration faisant dialoguer Mme de Cambremer – maquillée à Deauville – et Claude François – triste à Saint-Tropez –, le texte renvoie dos à dos deux clichés, conteste leurs axiologies respectives, démontant par la même occasion l'argumentaire moral et esthétique qui oppose l'authentique à l'artifice, la profondeur à la surface. Ce passage apparaît donc comme une mise au point : il ne s'agit pas de condamner Saint-Tropez et sa cohorte de midinettes, ni de substituer aux discours stéréotypés une vue « sincère » sur la ville, car une telle vue n'existe pas en dehors des discours qui la promeuvent. Un des moyens mobilisés par l'écriture est au contraire d'intégrer les discours sur Saint-Tropez, de les aggraver par répétition[2]. La séquence finale du texte illustre bien ce travail de la répétition. Le point de départ est constitué de deux syntagmes juxtaposés : « des filles toutes refaites » et « des femmes en tailleur/escarpins[3] ». Ils renvoient à deux images stéréotypées de la séduction féminine : d'un côté, l'hyper-érotisation, de l'autre, le calcul. Sur une page entière, ces énoncés sont répétés, repris avec des variations, peu à peu transformés, outrés, jusqu'à ne plus référer qu'à des fragments de corps grossis, caricaturaux :

---

1 *Ibid.*, p. 58.

2 De fait, le texte est en partie tissé de citations, dont l'auteur signale l'origine à la fin du livre.

3 *Ibid.*, p. 87. Ces syntagmes sont tirés des paroles d'un locuteur rapportant ses nuits tropéziennes, avec une fascination mêlée de réprobation (p. 88-91).

> D'un côté, des lèvres provisoirement non naturelles, visibles la nuit. De l'autre, un pied excessivement cambré, à la recherche d'un mocassin d'émir. D'un côté, des lèvres sublimes susurrent *Euromaster*[1].

Travaillée par l'écriture, fragmentée, rendue dissonante par l'exploitation systématique du cliché de départ, l'image finale n'a plus grand-chose à voir avec lui, ou plutôt, elle ne semble plus pouvoir fonctionner comme cliché.

Grand ensemble, texte opérant un retour critique sur la démarche commémorative de « L'Année de l'Algérie », s'ouvre sur l'évocation d'une photographie d'Hocine Zaouar, parfois intitulée « La madone de Bentalha », représentant une femme en pleurs à la suite du massacre de sa famille en Algérie en 1997. À partir de cette photographie abondamment médiatisée, dont la portée documentaire est supplantée par la référence à la figure chrétienne de la madone, le texte met en évidence la survivance actuelle d'un regard colonialiste sur l'Algérie. La déconstruction du cliché féminin de la madone[2] est donc inséparable d'une critique des rapports de domination dans un contexte postcolonial. Les deux démarches sont assez constamment liées dans le texte, et le rapport aux clichés y est plus directement politique que dans *Saint-Tropez*, nettement plus grave aussi. Mais comme il n'est pas question d'« en rajouter », de « larmoyer sous une apparente tenue typiquement poétique[3] », c'est encore à l'ironie qu'il revient de déconstruire les représentations :

> Une femme terroriste : double difficulté. Une femme terroriste infirmière : triple difficulté. Une femme donne la vie, une femme terroriste donne la mort : contradiction. Une infirmière soigne les gens, une infirmière terroriste les fait sauter : contradiction. Une femme infirmière terroriste tue donc deux fois en une, puis se tue ensuite : impossibilité de la juger ; impossible, impossible, impossible[4].

En parodiant le discours logique, le texte feint de dévoiler des contradictions, pour mieux mettre en évidence les limites des schémas

1 *Ibid.*, p. 87.

2 On retrouve le cliché de la madone dans « Faux barrages 2 » et « Grand récit 4 » : « Jane (Fonda, Birkin) peut-elle adopter une pose autre que celle de la madone concernant l'Algérie, le Vietnam, le Pérou [...] ? Vous-même n'avez-vous pas senti votre cou mélancoliquement s'incliner au fur et à mesure du déroulement du texte qui pourtant n'est pas en rouleaux ? » (*Grand ensemble*, *op. cit.*, p. 134-135).

3 *Ibid.*, p. 130.

4 *Ibid.*, p. 125-126.

imposés : une infirmière terroriste est moins en effet « impossible » que proprement incompréhensible parce qu'elle défie un certain ordre du discours et de la pensée dominants, en même temps qu'elle naît d'une situation insoutenable. Dans la suite du texte, selon une stratégie formelle comparable à celle étudiée dans *Saint-Tropez*, le texte reprend des bribes de discours, comme par exemple l'opposition, topique dans le discours ambiant, entre les occidentales « libérées/affranchies » et les orientales opprimées. Cette image figée, le texte la déploie, la développe, la confronte à elle-même, jusqu'à paraître embrouiller totalement la question :

> Une femme occidentale peut être plus facilement terroriste qu'une autre parce qu'elle peut être plus facilement plombier qu'aucune autre, et que terroriste est le métier d'un homme à l'origine berger paisible. Alors comment se fait-il que les femmes terroristes soient jusqu'à preuve du contraire plus facilement orientales ? C'est que les Occidentales n'ont, à l'addition, pas suffisamment de raisons de devenir terroristes, car ne pouvoir devenir plombier qu'en pensée n'offre pas une raison de révolte suffisante pour se barder de dynamite et se jeter contre des autobus[1].

Insensiblement, le sujet se déplace – car on ne peut parler de l'infirmière terroriste « impossible » sans parler aussi de l'improbable « plombière » occidentale, c'est-à-dire d'une situation politique et d'un ensemble de représentations, où se croisent rapports de genre et rapports de classe : « quand vous êtes femme d'affaires, vous êtes un vrai homme, alors que quand vous êtes plombier, vous n'êtes pas vraiment un homme, ou alors peu enviable[2] ».

« Gripper la machine » : cette expression, tirée de *Formage*, pourrait s'appliquer à ce que tente l'écriture de Quintane, *via* des opérations de déstabilisation touchant notamment aux stéréotypes et aux représentations balisées du *féminin*. Mais si ces opérations gagnent à être éclairées par cette expression, c'est aussi parce qu'elle est empruntée à Madame Ro, l'épouse du personnage aphasique de *Formage*, qui, d'abord figurante « conciliante », accède progressivement au premier plan du texte pour y porter un message politique[3].

1 *Ibid.*, p. 127.
2 *Ibid.*, p. 127.
3 Madame Ro gagne en importance en inventant le concept du « tuning de situation », auquel elle confère une portée politique : « Lorsqu'on lui opposait le caractère purement

« PARTIE SEXUELLE (RÉCOMPENSE[1]) »

Dans les développements sur l'infirmière terroriste évoqués plus haut, l'acmé du travail de déplacement et de confusion coïncide avec ce qui se donne à lire comme un dérapage du discours vers la thématique sexuelle, un écart stupéfiant. On passe en effet brusquement de l'évocation d'une situation sociale à celle d'un scénario pornographique :

> Une femme occidentale ne peut être plombier qu'en pensée car c'est la seule façon de ne pas se salir [...]. Taches, d'accord, mais dans des circonstances bien précises. Exemple ? dans des circonstances sexuelles : arrive plein de cambouis, en uniforme de plombier. Ensuite, douche. Douche de sperme, d'accord, mais ensuite douche avec de l'eau et du savon et on frotte[2].

À travers ce passage, se fait jour le fonctionnement particulier de la thématique sexuelle, étroitement solidaire de la question du genre : elle surgit volontiers inopinément et, toujours un peu déplacée, elle porte la confusion à son plus haut degré. Sans doute pour cette raison même, elle n'est jamais très loin du politique. Dans *Crâne chaud*, Quintane en tente une exploration systématique, en s'attachant à définir ce qu'elle appelle le « sentiment sexuel », mais on la rencontre déjà dans les textes antérieurs.

Il est question dans *Crâne chaud* du « beau sexe masculin », « appendice aux formes si variées qu'on se demandait bien pourquoi on en avait déterminé un genre et un seul[3] » : significativement, la thématique sexuelle s'invite souvent par la description anatomique ou l'évocation des organes – manière d'approcher les choses sans détour, précisément, loin de toute poétisation du corps, comme dans ce passage de *Tomates* :

---

décoratif, et au fond inoffensif, du tuning de situation, elle disait que le décoratif pur, ce qu'on voit sans le voir, était précisément dangereux, parce qu'il diffusait insidieusement un contresens qui finirait par gripper la machine – insidieux, insidieuse, insidieusement, étaient devenus ses mots de prédilection » (*Formage*, *op. cit.*, p. 71-72).

1 *Ibid.*, p. 156.

2 N. Quintane, *Grand ensemble*, *op. cit.*, p. 128. Ce passage, qui souligne les liens entre domination politique et fantasme sexuel, annonce les pages de *Crâne chaud* sur Jean Genet et « l'érotique du rapport entre le Palais et le bidonville » (*Crâne chaud*, Paris, P.O.L, 2012, p. 102-105).

3 N. Quintane, *Crâne chaud*, *op. cit.*, p. 37.

> En passant un index sur des bourses, on peut en suivre les irrégularités, la chair de poule qui s'exprime là, les fanons qu'elles présentent lorsqu'elles ne sont pas pleines et qui en font des balles de ping-pong posées dans des sacs et qu'on soupèse au creux d'une paume, à la fois molles et compactes comme les petites boules cachées des seins d'enfance, vers dix ou onze ans, et puis leur facture plus affirmée quand elles se gonflent – pas d'orgueil, c'est un processus tout à fait naturel ; ce qui ne signifie pas que c'est mécanique, pas du tout, cela ne se fait pas sans soi, sans son cerveau, sans sa participation [...[1]]

L'intérêt pour l'organe ne borne pas la perspective à la seule fonction : rien ne se fait « sans soi, sans son cerveau, sans sa participation », c'est-à-dire aussi sans le langage ; d'ailleurs, cette description elle-même, prolongeant celle des tomates qui donnent au livre son titre, n'est pas sans faire penser à la « figue de paroles » pongienne[2]. Que le langage soit au premier plan, un épisode de *Formage* en fait la démonstration, dans une « Partie sexuelle » :

> Chacun débutait en pensant que ce n'était pas de son domaine ou pas pour tout de suite – les organes ne sont pas faits : autant tourner en rond du gras du doigt sur la toile cirée ; il faut, en exercices d'abord distanciés, réintrojecter deux à trois mille ans de codes de caresses et vocabulaire : *boules* si vous êtes lingère, *con* si vous êtes marquis, *poireau* si vous êtes braqueur, *chatte* si vous êtes postier, *moule* si vous êtes ingénieur, *vit* si vous êtes acousmaticien, *bite* si vous êtes pâtissier, *tarte aux poils* si vous êtes directeur [...].
>
> La sensibilité s'exacerbe et finit par éclater à cinquante ans quand, assis à la terrasse d'un café, yeux clos par le soleil, sentant l'effluve, j'entrai en érection. L'abondance de poils à la base du vit mettait en valeur sa longueur[3].

Tout se passe, dans l'ordre du texte, comme si l'énumération des métaphores argotiques pour dire le sexe déclenchait l'éveil du personnage, actualisant dans le récit l'opérativité spécifique du langage que le texte cherche à cerner. Or, le « vocabulaire » déployé ici, précisément parce qu'il relève de l'argot, est parodiquement présenté par le texte comme un lexique technique, puisqu'il est distribué selon une logique

1 N. Quintane, *Tomates*, *op. cit.*, p. 96-97.
2 F. Ponge, *Comment une figue de paroles et pourquoi*, Paris, Flammarion, 1977. L'allusion nous rappelle que la figue est, au début du texte de Ponge, comparée à des « bourses molles », puis à des « gros tétins couleur de pierre sèche » (p. 59). Ces images disparaissent ensuite au profit du motif de la « tétine ».
3 N. Quintane, *Formage*, *op. cit.*, p. 156.

de spécialisation socioprofessionnelle. Cet agencement particulier de l'énumération, ainsi que l'emploi d'un terme technique relativement pointu, « réintrojecter[1] », invitent à penser l'incidence des mots sous la forme d'une opération d'ingénierie langagière. Ce passage et les pages suivantes affirment une vision radicalement dénaturalisée des sexes et de la sexualité, qui donne son unité à une série de remarques *a priori* énigmatiques. Ainsi par exemple, la différence des sexes est non pas évoquée sous l'angle du donné anatomique, mais d'emblée sous celui des possibilités – asymétriques – qu'ils ont de se changer en l'autre, de se réinventer :

> Un sexe masculin coincé entre deux jambes ne se voyait pas. Inutile, sans prothèse, de chercher à adjoindre au mont féminin une quantité suffisante en forme de bâton[2].

L'évocation des morphologies respectives des sexes masculin et féminin est un prétexte pour parler de leur possible transformation. Il n'est d'ailleurs question, dans ce passage, que de forme, d'artifice, d'invention, de technique, et la vision la plus essentialiste de la sexualité est renvoyée à son statut de représentation dérivée d'une invention technique : « On parlerait moins de mécanique sexuelle si on n'avait pas inventé la vis et l'écrou[3] » – manière de dire que sexes et sexualités sont inséparables des inventions, des images et du langage qui leur donnent sens.

Affaire de langage, la thématique sexuelle est un terrain éminemment littéraire, en même temps que politique – la lecture d'*Un captif amoureux* de Jean Genet dans *Crâne chaud* le confirme notamment. L'écriture de Quintane semble y rencontrer des questions qui font écho aux préoccupations les plus centrales de sa poétique, en particulier celle de la norme. Ce qui se dit sur la sexualité, notamment, se formule à l'écart des normes hétérosexuelles. Cette remarque tirée de *Mortinsteinck* pourrait ainsi s'appliquer à une bonne partie de l'œuvre :

1 Ce terme est dérivé du substantif « introjection » qui désigne en psychanalyse un « processus inconscient par lequel l'image d'une personne est incorporée au moi ou au surmoi » (*Le Petit Robert. Dictionnaire de la langue française*, Paris, Éditions Le Robert, 2006). L'ajout du préfixe *re-* souligne, sinon exacerbe, la dimension technique du terme.

2 *Ibid.*, p. 157.

3 *Ibid.*, p. 158.

> Noter que toutes les séquences de nature * ou à prétention telle s'éloignent assez strictement de la définition généralement admise du rapport à caractère hétérosexuel type (un homme une femme)[1].

Il n'est pas anodin d'ailleurs que Jean Genet soit, avec Brigitte Lahaie, le principal interlocuteur du « je » dans *Crâne chaud*. On peut aussi souligner que la première scène de sexe évoquée dans ce même livre est tirée de *Try*, de Dennis Cooper, et qu'elle raconte la relation sadomasochiste entre Roger, un des personnages centraux, et Osamu, un adolescent[2]. Mais ne se fiant pas trop à la provocation, à ce qu'il peut y avoir d'ostentatoire dans la représentation d'une prétendue « expérience-limite », dont les effets après tout peuvent être dégonflés, mis à plat par un problème de traduction[3], le texte de Quintane recherche l'inattendu. Les transformations de la voix énonciative, incertaine, hésitant entre le masculin et le féminin, ou voulant être les deux à la fois, y participent. Le « je » peut ainsi rapporter, au féminin, l'expérience érotique d'un massage du cuir chevelu dans un salon de coiffure, puis se retrouver, au masculin cette fois : « Dans l'action, baisant cet homme que j'aime et dont je suis passionnément amoureux, est venu un temps d'ennui, quelques secondes, peut-être une demi (seconde)[4] ». Et lorsque le « je » d'abord avancé au féminin raconte sa rencontre avec une chèvre au cours d'une randonnée, jouant avec le *topos* pornographique de la zoophilie, on ne sait plus vraiment à qui on a affaire :

> J'enfonçais mes doigts dans le tapis blanc des poils jusqu'à toucher la peau, rêche ; je comptai les bornes de la colonne vertébrale, je descends vers ses

1 N. Quintane, *Mortinsteinck*, *op. cit.*, p. 97. Dans le texte, l'astérisque renvoie au mot « sexuelles » en bas de page. Notons que ces dernières remarques valent aussi d'une certaine manière pour *Antonia Bellivetti*, si l'on tient compte de l'argumentaire que développe l'adolescente pour rassurer son amie Jardine qui lui dit : « voilà j'suis... j'crois bien quej'suis lesbienne » (*op. cit.*, p. 22).

2 N. Quintane, *Crâne chaud*, *op. cit.*, p. 19-21. La traduction en français de *Try* (1994) est parue chez P.O.L en 2002.

3 Le texte de Quintane en effet « bute » sur un problème de traduction, posé par un quatrain d'une chanson de *Slayer* cité dans le roman de Dennis Cooper. Le texte s'interroge : « Ce quatrain réduit-il la cordelette de cheveux-bâillon en touffe, tombée sur le carrelage d'un salon de coiffure ? La traduction-réduction transforme-t-elle le beau cul d'Osamu en cul quelconque ? » (*Ibid.*, p. 21).

4 N. Quintane, *Crâne chaud*, *op. cit.*, p. 135.

> pis en les effleurant d'un doigt, j'écarte délicatement le pourtour poilu, j'enfonçai lentement mon gland et ma queue dans le plus doux territoire, j'entends mon ventre taper rythmiquement son train, je monte tandis qu'elle frappe du sabot, je monte je lui parlais, je lui dis ne bouge pas, je lui dis je viens, je tapai de plus en plus vite de plus en plus fort elle frappa du sabot, cela montait maintenant, montait et pour un peu jaillit mais je me retirai à temps. Je me retirai et j'éjaculai dans les cailloux du chemin, en filaments blancs reliés les uns aux autres[1].

Voilà bien trois « *rapports imprévus*[2] » – soit autant de transformations du « je », où s'affirment simultanément la liberté offerte par l'espace souple du texte et les possibilités d'éprouver le « sentiment sexuel » en dehors de toute assignation identitaire. La relation des textes à la norme sexuelle et leur rapport aux attendus et aux conventions formelles obéissent à une logique commune : pour l'une comme pour l'autre, c'est dans l'imprévu, avec la charge humoristique qu'il recèle, que se loge l'énergie subversive de l'écriture de Quintane.

Il apparaît que l'exploration de la thématique sexuelle offre un terrain privilégié à cette écriture : elle s'y déploie, à l'intérieur d'un domaine radicalement dénaturalisé, en travaillant à (se) déplacer constamment, à l'instar du sexe de la narratrice[3], dont elle découvre qu'il n'est pas là où elle croyait :

> Tandis qu'elle [la coiffeuse] lavait et massait mon crâne, j'ai senti nettement ma chatte se déplacer : elle se déplaçait *en suivant ses mains*, si bien que je suivais mentalement ma chatte tout autour de mon crâne, vers le haut, à droite en descendant, plus bas, encore plus bas, nuque, un peu plus à gauche, là, et là, etc.[4]

---

1 *Ibid.*, p. 129.

2 *Ibid.*, p. 134. Le texte reprend où *Mortinsteinck* s'arrête, puisqu'il y est question, avant que l'idée ne soit finalement abandonnée, de tourner une scène sexuelle avec un mouton, faute de personnages féminins. C'est d'ailleurs l'occasion d'affirmer que « les termes définissant l'activité sexuelle changent selon les époques, les pays et les civilisations » (*op. cit.*, p. 98).

3 Dans la mesure où la question du sexe est ici thématisée, on emploie le féminin, qui ne vaut toutefois que provisoirement, comme on l'a vu. Le choix du terme « narratrice » cherche à rendre compte de la présence d'une instance textuelle intermédiaire, en partie fictionnelle, davantage qu'elle ne suppose une appartenance au discours narratif.

4 N. Quintane, *Crâne chaud*, *op. cit.*, p. 32-33.

JE DOUTEUX : GENRE ET ÉNONCIATION

Les analyses précédentes le soulignent, le dispositif énonciatif joue un rôle crucial dans *Crâne chaud* : le texte repose en grande partie sur ce « je » multiforme qui inscrit formellement une singularité, une sorte d'investissement personnel, mais qui, en contrepartie, ne se laisse jamais définitivement identifier. « Je est une fleur, je est une herbe, je est un gros chat en rut[1] » : cette phrase, réécriture comique du précepte poétique rimbaldien, nous invite à voir ce qui se joue du côté de l'énonciation en général ; car, dans un contexte linguistique où, comme l'écrit Monique Wittig, « chaque locuteur, s'il en est une, [est forcé de] proclamer son sexe physique (sociologique)[2] », les choix énonciatifs en disent long sur le rapport au genre.

Il serait vain de chercher à décrire de façon systématique ces choix, tant les textes de Quintane sont rétifs aux catégories d'analyse traditionnelles. À la lecture, on est tout de même frappé par la présence presque constante d'un pronom « je » jouant le rôle d'instance énonciative ou narrative, et plus ou moins référable à l'auteur. Sans entrer ici dans l'analyse de la construction progressive d'une figure auctoriale à l'intérieur des textes, on soulignera que le genre grammatical féminin du « je », constitue un pivot de cette construction, au même titre que le brouillage des cadres génériques traditionnels. Le plus souvent, les marques énonciatives du féminin sont laissées visibles, et ce dès les premiers textes. Dans *Remarques*, on peut ainsi lire : « L'été, après être restée assise en terrasse, je retrouve souvent, imprimé derrière mes cuisses, le dessin de la chaise[3] » ; dans *Chaussure* : « Quand j'ai parlé en marchant, et que je m'arrête, j'ai l'impression d'être allée plus vite, ou d'avoir couvert une plus grande distance, que si je m'étais tue[4] ». Les effets de cette inscription grammaticale du féminin se trouvent prolongés par des énoncés à teneur biographique ou présentés comme tels, qui mettent en scène un personnage féminin, sorte de projection

1 *Ibid.*, p. 217.
2 M. Wittig, *La Pensée straight* [2001], Paris, Éditions Amsterdam, 2007, p. 106.
3 N. Quintane, *Remarques*, *op. cit.*, p. 43.
4 N. Quintane, *Chaussure*, Paris, P.O.L, 1997, p. 42.

fictionnelle de l'auteur. C'est au début de *Cavale* que ce mouvement se marque le plus nettement :

> Une belle dorade ! voilà ce que j'aimerais vous offrir ! Je serais habillée en dame anglaise, avec un volant et avant l'heure du thé [...]
> Ou en *american girl* ? fière et sportive [...]
> MAIS JE SUIS LÀ AVEC UN ÉNORME SILURE DANS LES BRAS. Je suis cambrée sous son poids. Sa tête et sa queue dépassent largement. Mon pantalon a des poches aux genoux et je porte un tee-shirt qui me descend jusqu'aux mollets. Je ne suis même pas peignée. Ma frange donne l'impression que j'ai un tout petit front. J'ai de grands pieds, dans une basket dont le bout est ouvert[1].

Ce mouvement est d'autant plus remarquable qu'il ne se stabilise jamais vraiment, car il est contrebalancé, perturbé par des passages entre le féminin et le masculin. Dans *Cavale*, on assiste à un passage de relais assez net : l'instance féminine des « 21 débuts[2] » laisse place, dès la deuxième partie, à un personnage masculin rapportant sa course à travers la Californie et la Normandie. Dans *Crâne chaud* en revanche, on l'a vu, ces glissements entre le féminin et le masculin sont moins des passages de relais que de brusques volte-face affectant le « je » et perturbant la transposition référentielle.

L'inscription du féminin est également rendue problématique par l'utilisation de procédés typographiques, déjà évoqués, qui tendent à neutraliser le genre grammatical de l'instance énonciative. Singulièrement, c'est dans *Début*, sous-titré par la mention générique « autobiographie » qu'on relève un premier emploi de ce procédé : sept courts textes numérotés, formant une séquence, portent comme intitulé « Petit(e)[3] ». Notons qu'il rend spectaculaire un souci de faire alterner le masculin et le féminin, lisible à d'autres endroits du texte[4]. La mise entre parenthèses de la finale

1 N. Quintane, *Cavale*, *op. cit.*, p. 9-10. C'est aussi dans *Cavale* qu'on peut lire cette mise au point : « Que quand j'écris, je donne de la voix, ou "une voix", c'est une vue de l'esprit. On est dans la transposition. Et il faut faire ensuite un second gros effort de transposition pour imaginer qu'on a là ma voix ou celle des oncles » (p. 27). Les jeux sur le féminin et le masculin participent de ces opérations de transposition.

2 Ces vingt-et-un débuts sont présentés par la quatrième de couverture comme « la réserve théorique et pratique du livre ».

3 Cinq séquences se succèdent : « Début », « Petit(e) », « C.E.S.1 », « Mange », « Crise », que complète une dernière partie intitulée « Père/mère/travail ».

4 Dans « Début 2 », les pronoms « il » et « elle » sont employés en alternance.

féminine produit, d'un point de vue sémantique, des effets multiples : elle opère à la fois une neutralisation de la forme et une virtualisation du référent – les deux constituant des opérations problématiques au regard de l'énonciation autobiographique. On peut y voir l'indication formelle de ce que les expériences de l'enfance qui se disent ici sont indifférentes aux déterminations de genre. On peut y voir également une recherche du neutre, à mettre au compte de la « singularité au plus haut point[1] » qui définit l'énonciation littéraire selon Deleuze. En faisant coexister les variantes masculine et féminine, l'écriture dit son désir de ne pas trancher, prenant à contresens la logique référentielle de l'autobiographie : le texte travaille à suspendre une caractérisation identitaire, rendant ainsi disponible l'expérience restituée, et réintégrant la fiction comme une dimension de l'expérience vécue, de la réalité. Le même flottement, la même indécision se lit dans ce passage de *Crâne chaud* :

> C'est ainsi que je n'eus pas – gêné.e pourtant par tout le reste : la ville, l'éloignement, le loyer cher, le tas des corrections, la contrainte d'avoir à bêcher un jardin pour mieux manger, manger des tomates moins vides, moins aqueuses – à prendre de décision radicale, vivre isolé.e dans une maison inventée de fond en comble sans métier sans argent [...][2].

L'utilisation du point introduisant la finale féminine en fin de mot est une allusion à des pratiques visant à produire des « formes ostensiblement génériques[3] », mais ici encore le procédé est détourné de ses utilisations conventionnelles puisqu'il s'applique à un énoncé à la première personne. Or ce détournement, potentiellement parodique, est en même temps une forme de radicalisation, puisqu'il modifie les conditions dans lesquelles le « je » lui-même s'énonce en français. Cette stratégie permet de mettre en œuvre un « je » affranchi, détaché du genre, car après tout, dit Quintane, « est-ce que la grammaire est biologique[4] ? ». Elle invente en somme un « je » neutre, indifféremment masculin ou féminin, personnel mais visiblement dépersonnalisé.

Formulant un des défis de *Crâne chaud*, Quintane écrit : « Il n'est pas donné au *je* d'un texte d'avancer comme une actrice, de fluer

1 G. Deleuze, *Critique et Clinique*, Paris, Minuit, coll. « Paradoxe », 1993, p. 13.
2 N. Quintane, *Crâne chaud*, *op. cit.*, p. 131.
3 Y. Chevalier, « Approches linguistiques du genre (*gender*) », *op. cit.*
4 *Crâne chaud*, *op. cit.*, p. 137.

comme une voix dans un appartement, depuis une radio[1]. ». D'une certaine façon, ce défi déborde le contexte de *Crâne chaud*, et l'énoncé pourrait s'appliquer plus généralement à la mise en œuvre de ce « je » douteux rencontré dans les textes. Dans cette entreprise, le genre est au premier plan, mais s'il est important à ce titre dans la poétique de Quintane, il joue également un rôle dans le positionnement de l'écrivain.

« BREF, C'EST UN LIVRE DE POÉSIE PAS SPÉCIALEMENT POÉTIQUE[2] » (REMPLACEZ « POÉSIE » PAR « FEMME »)

Parmi les vingt remarques livrées par Quintane sous le titre « Depuis 1988… » dans la revue *Java* en 1997, l'année de la parution de son premier livre, on peut lire : « Lectures publiques : 8 femmes sur 10 lisent un texte sur le sexe. Hommes : 2 sur 10[3]. » Cette observation traduit une certaine sensibilité aux effets de genre dans le champ poétique contemporain (et plus généralement aux rouages des institutions promouvant la culture et la poésie contemporaine). Cette sensibilité ne se dément pas dans la suite de l'œuvre. Ainsi, dans *Tomates* :

> C'est un festival où on n'a programmé que des femmes, comme si les bailleurs de fonds avaient voulu faire ratatout : atout, un festival de poésie/performance ; ratatout, que des femmes. Le festival a lieu sur deux soirs (essayez de tenir plus avec cette contrainte de n'inviter que des femmes, poètes, et performeuses par-dessus le marché[4]).

Soulignant au passage la rareté des femmes dans le champ, Quintane se livre ensuite au démontage critique de la manifestation en question,

1 *Ibid.*, p. 211.
2 Cette phrase est tirée de la quatrième de couverture de *Chaussure*.
3 « Depuis 1988… », *Java*, n° 16 (« Attention travaux ! »), 1997 (cité par Alain Farah dans *Le Gala des incomparables. Invention et résistance chez Olivier Cadiot et Nathalie Quintane*, Paris, Classiques Garnier, collection « Études de littérature des XXe et XXIe siècles », 2013, p. 39).
4 N. Quintane, *Tomates*, *op. cit.*, p. 31.

où les performeuses « sont mises pour » des « fantômes » qui seuls intéressent au fond l'institution culturelle[1].

Ces deux observations traduisent un état de fait. Mais plus pragmatiquement, à deux moments distincts du parcours de Quintane, elles marquent la nécessité de se situer sur la scène contemporaine en tant que femme ou, pour le dire autrement, de négocier avec ces effets de genre. Or le simple fait de les pointer est déjà affirmer une posture critique, en se démarquant de l'idée d'une poésie *au féminin*. Dans un court texte paru en 2011 dans un numéro de *Formes poétiques contemporaines* intitulé « Poète, nom féminin », Quintane critique d'ailleurs très explicitement cette idée, qui est pour elle la contrepartie de l'entreprise anthologique évoquée en introduction : « En poésie et ailleurs, mettre des femmes est une conduite qu'on achète par la réduction *elliptique et langagière* "femme" – ainsi, "couleur femme[2]" ». Et cette observation s'inscrit dans la perspective plus large d'une critique de la catégorie de « femme », qui se formule en référence à Monique Wittig : « En 2002 pas plus qu'en 2010, en poésie pas plus qu'ailleurs, il n'y a de femmes. Ceci par extension motivable de la phrase de Wittig, déjà motivée pour les lesbiennes : Les lesbiennes ne sont pas des femmes. Extension : Les femmes ne sont pas des femmes[3] ». Le choix de ne pas féminiser le substantif « écrivain[4] » va également dans ce sens. Dans les textes, on l'a vu, les jeux énonciatifs font place au féminin grammatical mais s'opposent à toute stabilisation. Quant au personnage auctorial qui se dessine au fil des textes, incertain et variable, il s'écarte avec humour des codes de la féminité conventionnelle. Les premières pages de *Cavale*, déjà citées,

1 *Ibid.*, p. 33. La question du genre n'est pas l'enjeu prépondérant de ce démontage critique, qui vise en premier lieu l'idéologie sous-jacente à l'événementiel culturel. Mais le critère du genre y révèle du même coup son caractère de prétexte médiatique.

2 N. Quintane, « Mettre des femmes », dans *Formes poétiques contemporaines*, n° 8 (« Poète, nom féminin »), 2011, p. 121.

3 *Ibid.*, p. 121. Quintane cite ici « La pensée straight », paru pour la première fois en 1980 (dans *La Pensée straight*, *op. cit.*, p. 61). Notons qu'on entend là un écho à la proposition « Je ne suis pas une femme » mentionnée en introduction, mais dans un agencement qui généralise la négation, et la motive *via* la référence à Monique Wittig, sans toutefois en expliciter clairement le sens.

4 Dans *Une oreille de chien* par exemple, on lit : « Un écrivain célèbre français non encore décédé explique qu'elle ne comprend pas qu'on s'extasie autant, dans le sud, sur la clémence du climat et qu'elle n'est pas comme les grenouilles, à monter à l'échelle au moindre rayon de soleil » (*Une oreille de chien*, illustration par Nelly Maurel, Nolay, Les éditions du Chemin de fer, 2007, p. 18).

jouent sur cet écart en livrant un autoportrait déconcertant de l'auteur, ployant sous un silure – autoportrait qui se conclut sur ce détail : « J'ai de grands pieds, dans une basket dont le bout est ouvert. » Or la mention des grands pieds ne cesse de revenir. Elle apparaît formulée en termes d'écart à une norme corporelle dans *Tomates* : « minorité parce que, bien que mesurant un mètre quatre-vingts, je suis une femme, et que j'ai de grands pieds ». Les deux détails font également retour dans *Crâne chaud*, lorsque la narratrice précise que « [s]es grands pieds, [s]a haute stature[1] » peuvent expliquer la ressemblance avec l'acteur Jean-Pierre Marielle, suggérée par un ancien compagnon.

Or, *Chaussure* le dit bien, regarder ses pieds c'est aussi ne pas s'absorber sans distance dans la contemplation des « Oiseaux dans le Ciel[2] », refuser une posture et des objets définis comme « poétiques », c'est-à-dire « lyriques ». C'est, pour le dire autrement, prendre position par rapport au champ poétique contemporain, à ses valeurs dominantes, à ses critères de légitimation, mais aussi par rapport aux clichés sur les poètes et la poésie qu'il génère ou alimente. On est ainsi tenté de faire le rapprochement entre la déclaration littéraliste de la quatrième de couverture de *Chaussure* en 1997 et la réponse adressée aux auteurs de l'anthologie *Couleur femme* du « Printemps des poètes » en 2010 : les deux négations (« pas spécialement poétique », « je ne suis pas une femme ») disent bien le refus de ces deux valeurs ajoutées : le supplément du poétique et la différence du *féminin*. Les partis pris poétiques et critiques de Quintane la situent aux antipodes des poncifs sur la littérature *féminine*, supposée lyrique, intimiste, centrée sur le corps, peu formaliste. Ils se placent également à bonne distance des discours qui mobilisent la catégorie du *féminin*, dans un sens métaphorique, pour définir la poésie ou le poète[3].

---

1 N. Quintane, *Crâne chaud*, *op. cit.*, p. 90. Il n'est pas indifférent que ces particularités physiques soient attribuées à une figure féminine qui se dessine dans le texte, presque sous la forme d'un personnage : c'est pourquoi on emploie ici la forme féminine « narratrice », en dépit de l'indécision qui caractérise l'ensemble du texte.

2 Au sujet de ses débuts, Quintane écrit : « En publiant *Chaussure* à la fin des années 1990, je n'ai pas publié *Oiseaux dans le Ciel* – puisque j'ai écrit *Chaussure* » (« Astronomiques assertions », dans *« Toi aussi, tu as des armes ». Poésie et politique*, Paris, La Fabrique, 2011, p. 175).

3 Comme le remarque Christine Planté, citant Dominique Fourcade et Jean-Michel Maulpoix, « Tout un courant de la poésie française fait place aujourd'hui à une pensée de la différence des sexes, voire à une revendication du féminin, et c'est particulièrement

Toutefois, à bien y regarder, on n'a jamais affaire à un renversement terme à terme, les oppositions duelles sont défaites, souvent par le biais de l'humour : par exemple, en marquant sa préférence pour l'intellect sur les affects catalogués comme émotions, l'auteur de *Remarques* se démarque d'une écriture lyrique et en même temps investit un domaine qui passe pour être *masculin* ; mais elle refuse nettement d'y assumer une position discursive autoritaire ou intimidante, préférant jouer d'un rapport « idiot » au monde, d'un empirisme élémentaire[1].

JEANNE DARC, BRIGITTE LAHAIE : DEUX PATRONS ?

Il y a donc une autre façon de formuler le rapprochement entre le rapport au genre et le rapport à l'institution poétique (ou plus largement littéraire) : tous deux manifestent un même refus des assignations. Ce refus est explicitement exprimé dans *Mortinsteinck*, où Quintane renvoie dos à dos le désir d'écrire à l'intérieur des définitions légitimes de la poéticité et la posture d'avant-garde consistant à vouloir se situer dans « l'Anti-poésie ». Elle propose au contraire de jouer sur l'imprévu, le décalage :

> Or, le film (le livre) peut se construire avec ce qui *a priori* n'aurait pas même dû y figurer, avec ce qui le dénature, le fausse, le contrefait. Ces éléments « hétérogènes » ne disparaissent pas, ne sont pas assimilés, ils se proposent et demeurent lisibles, tels quels. Ils font du livre, du film, une chose déplacée, trop maladroite pour entrer dans le cadre général des fictions, pas assez incorrecte thématiquement et formellement pour intégrer celui des productions expérimentales[2].

Les personnages de Jeanne d'Arc, rebaptisée Jeanne Darc, et de Brigitte Lahaie (dans *Crâne chaud*) participent en quelque sorte de cette « chose déplacée », en ce qu'ils déconcertent les attendus et les modes

---

manifeste dans les réflexions sur le lyrisme » (« Quand *Je* est un(e) autre », dans C. Planté (dir.), *Masculin/féminin dans la poésie et les poétiques du* XIX*e siècle*, PUL, 2002, p. 81).

1 Cette remarque s'appuie sur les analyses d'Alain Farah sur les modalités de l'idiotie comme « résistance » au poétique dans *Remarques* (*Le Gala des incomparables*, *op. cit.*, p. 165).

2 N. Quintane, *Mortinsteinck*, *op. cit.*, p. 46.

de déchiffrage. Or, si le genre est loin d'être le seul vecteur des représentations qui construisent ou entourent ces deux figures et auxquelles s'attaque l'écriture, il constitue néanmoins un enjeu notable, un axe important du travail de déstabilisation mené par Quintane. D'abord, les deux figures sont *a priori* marquées par le genre, au sens où le *féminin* (dans deux versions certes différentes) en est un des traits les plus voyants. L'histoire et le mythe de Jeanne d'Arc sont en effet surdéterminés par son genre, puisque tous leurs éléments s'y rapportent, à commencer par son surnom – La Pucelle. Le texte de Quintane le souligne en faisant allusion aux examens de virginité subis par la jeune fille : « Et voilà qu'entre mes jambes ils font leur procès[1] ». La figure de Brigitte Lahaie, ancienne actrice de films pornographiques, pourrait renvoyer de son côté à une féminité exacerbée, sur-érotisée. Mais en même temps, les deux personnages résistent ostensiblement à toute assignation définitive. Jeanne Darc, habillée en homme, devenant soldate, porte une féminité problématique, que le texte travaille à rendre manifeste :

> – Et il fallut que je rende compte de mes gestes.
> – En particulier, la raison pour laquelle vous avez coupé vos cheveux.
> – Ils s'accrochent dans le casque.
> – Il y a là une volonté de changer de *personne*, par un caractère sexuel secondaire.
> – Avec le frottement du casque, ils s'arrachent par poignées.
> – La nuque rasée !
> – *C'était plus rapide de me couper les cheveux que d'attendre que ceux de tous les soldats poussent*[2].

Quant à Brigitte Lahaie, elle anime aujourd'hui « Lahaie, l'Amour et Vous », une émission radiophonique très écoutée, dans laquelle elle donne des conseils à ses auditeurs. C'est à ce titre, et parce qu'elle incarne, aux yeux de Quintane, une certaine sagesse pragmatique, qu'elle constitue une figure centrale de *Crâne chaud*. Figures d'emblée un peu troubles ou complexes, Jeanne d'Arc et Brigitte Lahaie deviennent, sous la plume de Quintane, indéchiffrables.

Or ces deux figures ont aussi en commun d'intéresser l'écrivain en tant que modèles – et ce à deux moments distincts de l'œuvre. Très explicitement dans *Crâne chaud*, Brigitte Lahaie constitue un modèle

1 N. Quintane, *Jeanne Darc*, Paris, P.O.L, 1998, p. 64.
2 *Ibid.*, p. 60.

méthodologique et politique parce qu'elle se réfère à « ce qui est, et non à ce qui devrait être[1] » avec patience et pédagogie : « son émission m'aura en quelque sorte fourni un patron possible de construction progressive d'une intelligence commune – au passage me tirant d'affaire[2] », écrit ainsi Quintane. De façon moins explicite, la figure de Jeanne Darc, dont se saisit l'auteur dans son troisième livre, un an seulement après *Remarques*, a aussi quelque chose d'un modèle. À travers la réappropriation de cette figure dont la « vie est ici repassée », semble se jouer la possibilité de « sortir des histoires » et des rôles féminins stéréotypés, pour entrer dans « une fable pointue où les jeunes filles n'épousent pas un caïd, ni ne bâtissent un empire à base de poils de mouton[3] ». Mais c'est aussi un certain goût pour la guerre et la stratégie que l'auteur revendique ici – et elle le fait, c'est loin d'être anodin, en s'appropriant une figure féminine ambiguë, étrange et sacrée[4]. Entre *Jeanne Darc* et *Crâne chaud*, les enjeux ont changé et on a affaire à deux façons très différentes de négocier avec le genre ; mais ces démarches ont en commun de jouer avec lui, de chercher à récupérer ce qui paraît *a priori* trop pris dans le stéréotype (notamment féminin), peu légitime, marginal à l'égard des valeurs poétiques admises comme de la posture « anti-poétique ». On pourrait ainsi les mettre en regard avec cette question que Quintane pose ironiquement au sujet des généalogies littéraires et des stratégies de légitimation, faisant référence à Sei Shonagon : « Dans un pays où tout le monde rêve d'être Proust ou Antonin Artaud, quel écrivain voudrait se placer dans la continuité d'une pute médiévale même pas française[5] ? ».

[...] minorité de tous les côtés [...]

La question du genre – ici et de façon représentative au regard de l'ensemble de l'œuvre, avancée mais non isolée – intervient dans

1 N. Quintane, *Crâne chaud*, *op. cit.*, p. 162.

2 *Ibid.*, p. 184.

3 N. Quintane, *Jeanne Darc*, *op. cit.*, p. 46. On met ici en avant la question du genre, mais on peut souligner que Jeanne D'Arc est également une figure offerte à toutes les appropriations idéologiques, et récupérée, depuis les années 1980, par l'extrême-droite française.

4 Cette interprétation est empruntée à Alain Farah (*Le Gala des incomparables*, *op. cit.*, p. 203).

5 « Trois questions pour Nathalie Quintane », A. Farah, *La possibilité du choc : invention littéraire et résistance politique dans les œuvres d'Olivier Cadiot et de Nathalie Quintane*, thèse de doctorat, École normale supérieure de Lyon / université du Québec à Montréal, 2009, p. 211.

l'énumération de paramètres définissant une situation minoritaire. Mais il ne s'agit pas que de décrire, de déplorer ou de dénoncer un état de fait sociologique, qui en tant que tel ne dirait rien de la pratique de l'écriture, ni de la position de l'écrivain. L'humour semble permettre au « je » qui s'invente dans l'énonciation littéraire de s'approprier pleinement cette situation et, dans le même temps, opère sa mise à distance : assumant le risque ainsi couru de laisser croire à une absence de sérieux, il résiste au mouvement d'appesantissement et de figement d'un discours qui se prendrait au sérieux. Davantage qu'un état de fait, Quintane met ainsi en avant un point de vue, qui serait le revers positif de l'impossibilité de faire nombre, de faire autorité : « débutante minoritaire[1] » – l'expression résume assez bien quelque chose de constant dans la posture de Quintane, et qui, s'exerçant sur le genre en retour, tend à rendre ses modes d'emploi officiels illisibles.

Chloé JACQUESSON

1 *Ibid.*, p. 16.

TRANSPOSER ET RESSAISIR

Le quotidien et ses discours chez Nathalie Quintane

Il semble que la pensée réflexive a presque toujours privilégié comme sujet d'enquête des entités abstraites et des concepts idéaux (comme une divinité ou des formules mathématiques). Ce n'est que tard dans son histoire qu'elle a dirigé son attention envers des objets physiques et concrets. Dans ce cadre, elle a d'abord montré une prédilection pour ces réalités existantes en soi, voire en dehors d'un sujet, puis, plus récemment, a pris en charge le quotidien et ses objets – dont la quiddité réside dans leur mode d'existence relationnel, fonctionnel (ils existent dans la vie d'un sujet) et ergonomique, dans leur ancrage dans un espace-temps, dans leur obsolescence (souvent programmée) ; du téléphone portable au grille-pain, tout artéfact y passe, ou presque[1]. La philosophie semble donc avoir cru pendant longtemps que la vie quotidienne allait de soi, qu'elle existait, philosophiquement parlant, du côté de l'*aìsthēsis* (perception) plus que de la *nóēsis* (intellection).

C'est au moins depuis les années 50 du XXe siècle que la quotidienneté s'impose comme objet inédit de théorisation. À la constitution d'une épistémologie, d'une phénoménologie, voire d'une esthétique du quotidien, ont contribué de façon majeure un certain nombre de penseurs dont le parcours relève à la fois d'une reconception théorique et d'interactions entre différentes disciplines (sociologie, anthropologie, ethnologie, littérature…). Cette histoire est désormais connue. Si on a vu en France un début de cette réflexion chez Henri Lefebvre, c'est la pensée de Maurice Blanchot sur le même sujet et ses considérations autour de la « fausse évidence », de la « surprésence », voire de la « visibilité

1 Rappelons-le, avec Blanchot : « Le quotidien est humain. La terre, la mer, la forêt, la lumière, la nuit ne représentent pas la quotidienneté, laquelle appartient en premier lieu à la dense présence des grandes agglomérations urbaines » (Maurice Blanchot, « La parole quotidienne », *L'Entretien infini*, Paris, Gallimard, 1969, p. 362).

ordinaire » du quotidien, qui marquent encore les réflexions actuelles[1]. Une contribution capitale a été donnée par Michel de Certeau qui a pensé la révélation du quotidien à partir de la jonction de celui-ci et des pratiques sociales descriptibles selon des usages (ou consommations) productifs[2]. Plus récemment, une série d'ouvrages a non seulement fait le point sur la question du quotidien et ses alentours (le banal, l'ordinaire, l'épiphénoménal, le cliché…) mais a aussi résumé les travaux antérieurs afin de relancer la recherche d'après différentes perspectives. Bruce Bégout, par exemple, réinterroge le quotidien à partir du constat blanchottien de son invisibilité et invite à la redécouverte de cet espace en tant qu'authentique problème philosophique mais aussi comme la chaîne et la trame de notre *praxis* ordinaire[3]. Michael Sheringham consacre au quotidien une étude comparative qui interroge son sujet aussi par le biais de la littérature, proposant des lectures de tout un pan des écritures contemporaines[4]. Barbara Formis enfin interroge les rapports entre l'ordinaire et l'esthétique en soulignant combien l'insertion d'objets et/ou de gestes communs dans l'art ne transfigure pas tant ces mêmes gestes et objets plus qu'il ne détermine une reconfiguration de notre conception de l'art[5].

On pourrait formaliser les rapports de l'art (de l'art littéraire en particulier) au quotidien, en dégageant deux traitements ou attitudes esthétiques, antithétiques. D'une part (modèle A), il y a des textes d'où se dégage ouvertement une acception négative et dysphorique du quotidien. Cette approche réitère une vieille idée selon laquelle la vérité est toujours enfouie dans les profondeurs (du monde, du « réel », de l'inconscient…), et que la littérature, comme toute forme d'art, ne peut poursuivre cette vérité qu'en mettant à distance et fuyant toute la panoplie des manifestations les plus anodines, idiotes et insignifiantes de la vie quotidienne. On retrouve un exemple de cette posture dans ces mots de Ionesco : « Une des raisons principales pour lesquelles j'écris,

1 H. Lefebvre, *Critique de la vie quotidienne*, t. 2 *Fondements d'une sociologie de la quotidienneté*, Paris, L'Arche, 1961.

2 Voir M. de Certeau, *L'Invention du quotidien*, t. 1 (*Arts de faire*) [1980], Paris, Gallimard, 1990.

3 B. Bégout, *La Découverte du quotidien*, Paris, Allia, 2005.

4 M. Sheringham, *Traversées du quotidien* [2006], traduit de l'anglais par M. Heck et J.-M. Hostiou, Paris, PUF, 2013.

5 B. Formis, *Esthétique de la vie ordinaire*, Paris, PUF, 2010.

sans doute, c'est pour retrouver le merveilleux de mon enfance, au-delà du quotidien[1]. » Face à cette littérature qui prône et poursuit l'au-delà du principe du quotidien, on observe une autre tendance (modèle B) qui, au contraire, propose une idée euphorique et positive du quotidien. Ce groupe réunit des textes très différents entre eux, voire appartenant à des esthétiques fort éloignées, et qu'il vaut mieux, pour cette raison, partager en des sous-ensembles.

Un premier sous-groupe (B') rassemble ces œuvres où le quotidien se trouve comme promu. De cette impulsion/élévation témoigne, en art par exemple, une certaine peinture flamande des XVIe et XVIIe siècles, où les objets sont comme projetés hors du temps ou figés à un instant de leur existence, disposés selon une plastique de sorte qu'ils incarnent un idéal (désincarné) de beauté[2]. On retrouve cet effet, *mutatis mutandis*, dans des textes aussi variés que des poèmes du *Parti pris des choses* de Ponge (de par leur clôture et leur ciselage formels), la prose d'*Autobiographie des objets* de François Bon[3], ou encore les récits de *La Première Gorgée de bière* de Philippe Delerm[4], qui isolent des moments ordinaires du magma indiscernable du quotidien et en fait la source de sensations rares, enfouies et exquises. On pourrait synthétiquement désigner ce rapport de l'art (littéraire et/ou autre) au quotidien à travers l'idée d'une adéquation ou d'une équation entre le quotidien et la beauté, où l'épiphénomène ne vaut pas en soi sinon qu'il *est* la beauté.

On assiste ailleurs (sous-groupe B'') à l'utilisation de ces objets du quotidien dont l'existence oscille, jouant parfois de leur indiscernabilité formelle, entre un espace artistique et un espace ordinaire. Ce problème, emblématique de l'esthétique analytique, a été envisagé dans la philosophie de Nelson Goodman par la notion de « différence esthétique », permettant d'instaurer une légitimation institutionnelle de l'objet commun. Goodman pense cette différence en termes de fonctionnement, c'est-à-dire d'implémentation, et affirme donc que l'objet ordinaire fonctionne comme œuvre d'art au moment où il quitte sa fonction pratique (vice-versa, un tableau de Rembrandt devient un objet pratique si on l'utilise pour boucher un trou dans un mur). Pour

1 E. Ionesco, *Antidotes*, Paris, Gallimard, 1977, p. 314-315.

2 Sur la peinture flamande du XVIIe siècle et la quotidienneté, voir T. Todorov, *Éloge du quotidien*, Paris, Adam Biro, 1993.

3 F. Bon, *Autobiographie des objets*, Paris, Seuil, 2012.

4 P. Delerm, *La Première Gorgée de bière*, Paris, Gallimard, 1997.

comprendre cette fluctuation, Arthur Danto s'est attaqué à l'analyse des boîtes Brillo d'Andy Warhol et a formulé sa théorie de la « transfiguration du banal[1] ». Un objet commun peut participer du « monde de l'art » (expression que Danto utilise pour définir le contexte institutionnel de l'art), donc fonctionner comme objet d'art tout en gardant ses propriétés et qualités objectales premières relevant de sa morphologie, seulement suite à un travail d'interprétation, voire à l'application sur lui d'un savoir théorique qui change sa valeur. Dans ce protocole rentrerait une certaine pratique de l'image photographique analogique au statut indiciel, certaines installations (Christian Boltanski), ou encore certaines pages littéraires au statut double (les dépôts et les antéfixes de Denis Roche) fonctionnant comme des échantillons. Dans ce type d'appréciation, le quotidien reste tel mais se charge, au besoin et en contexte, de significations symboliques : l'objet ordinaire change donc de valeur suite à un fonctionnement ou une interprétation spécifiques, mais ne change pas de nature.

Une troisième utilisation du quotidien (sous-groupe B''') est beaucoup plus nuancée – pouvant souvent se confondre et se superposer aux deux autres – car certains artistes et écrivains posent sur le quotidien un regard qui n'esthétise ni ne transfigure plus qu'il ne réarrange, ne recadre et ne suscite. Il s'agit pour ces créateurs d'annexer le quotidien en tant que tel (et, avec lui, ses pratiques, ses objets…) au monde de l'art, sans transfiguration ou décalage premiers. Les expressions de cette modalité semblent trouver des formes aussi différentes que l'esthétique Dada, les dossiers de Ponge sur la figue ou le savon, certains happening Fluxus ou enregistrements de Bernard Heidsieck, les textes tautologiques de Gertrude Stein pour qui une ligne est une ligne et une rose est une rose, certains ouvrages de Nathalie Quintane, Anne Portugal (*Définitif bob*) ou Jacques Sivan (*Le Bazar de l'Hôtel de Ville*[2]). On voit circuler dans ces produits un quotidien qui génère un degré presque zéro de différence ontologique et de plus-value esthétique, et qui demeure par conséquent, le plus souvent, indiscernable, participant presque en tant que tel de l'objet d'art. Dans ce paradigme,

1 A. Danto, *La Transfiguration du banal*, traduit de l'anglais par Claude Hary-Schaeffer, Paris, Seuil, 1989.

2 B. Heidsieck, *Le Carrefour de la Chaussée d'Antin*, Romainville, Al Dante, 2001 ; A. Portugal, *Les Commodités d'une banquette*, Paris, P.O.L, 1985 ; *Définitif bob*, Paris, P.O.L, 2002 ; J. Sivan, *Le Bazar de l'Hôtel de Ville*, Al Dante, 2006.

une bouteille de coca-cola est une bouteille de coca-cola et non pas une-bouteille-de-coca-cola[1] ou la beauté tout court. Le but premier de cette annexion brute est de présenter, constater, noter, expériencer, éprouver l'insignifiance et la (fausse) *transparence* d'un certain réel. À partir de ce constat, ces œuvres tendent non pas à se renfermer dans un horizon fictionnel et/ou sublimant mais, au contraire, proposent une vérification de la réalité par une redistribution des discours sur celle-ci. Le quotidien sert alors de prétexte logique pour déclencher une torsion (toujours logique) des réflexes perceptifs et appréciatifs qui, le plus souvent inaperçus, structurent nos rapports au monde. Favorisant la redécouverte épistémique et la redéfinition de nos règles de vie, ces pratiques minent aussi notre compréhension du régime de l'art. En effet, elles produisent à la fois une remise en cause des catégories que nous activons pour saisir les objets d'art et, en même temps, une reconfiguration d'une idée de l'espace artistique institutionnellement, idéologiquement et conceptuellement délimitable à partir de critères esthétiques et poétologiques conventionnels[2].

Que faut-il entendre, dans ce qui suit, par le mot « quotidien » ? Comme l'affirme Blanchot le quotidien est « ce qu'il y a de plus difficile à découvrir », voire ce qui échappe car rien ne s'y passe[3]. Loin de ce qui est familier et évident alors, le quotidien – en suivant toujours la pensée de Blanchot – est une *terra incognita*, le lieu par excellence du flou et de la perdition, de l'indétermination, du sans objet et sans sujet, du devenir perpétuel qui ne permet pas d'arrêter le quotidien dans une catégorie. Et pourtant le quotidien est notre monde. Comment, dès lors, le classer conceptuellement ? Il s'agit peut-être d'une dimension expérientielle plus que d'une catégorie abstraite et objectivable. Faute d'une réponse univoque à ces questions – mais sans pour cela tomber dans une nouvelle métaphysique blanchottienne –, il nous faut penser le quotidien comme ce qui, indiscernable et réfractaire, entre fausse évidence et insignifiance,

1 On utilise ici des tirets d'après l'idée de « à-propos-de » qui, selon Danto, permet de partager les objets pratiques des objets d'art (A. Danto, *La Transfiguration du banal*, *op. cit.*, p. 32).

2 Sur ce dernier point, voir C. Hanna, « Nouveaux objets, nouvelles poétiques », *Nos dispositifs poétiques*, Paris, Questions théoriques, 2010, p. 79-109. Parmi les travaux critiques les plus récents sur les rapports entre l'art littéraire et l'ordinaire on renvoie à M. Braud (dir.), *Méthode !*, Vallongues éditions, n° 21 (« L'art de l'ordinaire »), 2012.

3 M. Blanchot, « La Parole quotidienne », *op. cit.*, p. 355 et *passim*.

échappe et résiste obstinément, même s'il est partout tout le temps. Et, avec Perec, ramener à bon escient sous l'étiquette du « quotidien » tout ce qui se confond et se différencie de lui en même temps, comme « le banal, le quotidien [proprement dit], l'évident, le commun, l'ordinaire, l'infra-ordinaire, le bruit du fond, l'habituel[1] » et encore l'insignifiant, le cliché, le stéréotype.

LE QUOTIDIEN DE QUINTANE

L'intérêt de Quintane pour le quotidien trouve ses sources scripturales aussi bien dans les travaux de Perec que dans les cahiers de Lichtenberg et les *Notes de chevet* de Sei Shônagon[2]. Ces *Notes*[3] sont un catalogue composé de remarques et d'anecdotes qui, par moments, organisent les objets du quotidien par listes, énumérant ainsi des « Choses sans valeur », des « Choses sans retenue », des « Choses qui n'offrent rien d'extraordinaire au regard », des « Choses qui sont à propos dans une maison », des « Choses négligées » ou encore des « Choses que les gens ignorent le plus fréquemment ». Quintane tient probablement cette référence de Perec, autre source avouée, qui cite Sei Shônagon dans *Penser/Classer*[4]. Sur la question du quotidien et de sa captation Perec a été – peut-être avec Roland Barthes – parmi les écrivains français les plus influents du XXe siècle : il a non seulement posé la question d'un point de vue critique mais a tout aussi bien proposé des tentatives pratiques d'invention pour mettre en acte cette prise[5].

Cet intertexte, aussi peu copieux, suffit à montrer combien, de par son caractère inépuisable, inachevé, fluide et mouvant, le quotidien est un matériau éminemment indocile, qui ne se prête pas efficacement

1 G. Perec, *L'Infra-ordinaire*, Paris, Seuil, 1989, p. 11.

2 « Trois questions pour Nathalie Quintane », dans A. Farah, *La possibilité du choc. Invention littéraire et résistance politique dans les œuvres d'Olivier Cadiot et de Nathalie Quintane*, Thèse de Doctorat, ENS-LSH et UQAM, 2009, p. 291 et 293.

3 S. Shônagon, *Notes de chevet*, traduction par A. Beaujard, Paris, Gallimard/Unesco, 1966.

4 G. Perec, *Penser/Classer* [1985], Paris, Seuil, 2003, p. 163-164.

5 G. Perec, *Espèces d'espaces* [1974], Paris, Galilée, 2000 ; *Tentative d'épuisement d'un lieu parisien*, Paris, Christian Bourgois, 1975.

au récit (quitte à le faire tomber dans la fabulation, lui ôtant sa nature propre). Comment traiter alors l'ordinaire si on veut en faire le sujet d'un livre tout en gardant ses traits constitutifs ? Une réponse – certainement partielle – à cette question se dégage de l'étude, la description et la lecture de certains textes de Nathalie Quintane qui, gravitant majoritairement dans l'aire du modèle B, voire du sous-groupe B''', défient ce pari. Nous proposons ici de suivre les traces du quotidien chez Quintane par une lecture de *Remarques* et de *Chaussure*, ses deux premiers livres, ainsi que par un aperçu de *Saint-Tropez – Une Américaine*, et quelques considérations conclusives formulées à partir de *Crâne chaud*.

REMARQUES

Dans *Remarques*, Nathalie Quintane manipule le quotidien de front, en « empiriste radicale[1] » qui essaie de dire les manifestations et les objets du monde les plus idiots et les plus insignifiants par une langue ordinaire et sur-faciale (on pense ici au numéro de la revue *Facial* auquel elle a contribué en 1999), aux allures de brèves notations fuyant tout effet de surenchère expressive ou rhétorique. D'une part, Quintane livre des notes très neutres, formulées par une énonciation prétendument objective, le plus souvent impersonnelle, qui semblent se limiter au constat d'un étant (comme dans « Derrière le pare-brise, dans le vide au-dessus de la boîte à gants, du chocolat a fondu sur un stylo-bille et des tickets d'autoroute »). D'autre part, ces formules constatives se mêlent irrémédiablement à des remarques qui, loin de transmettre un état de choses, formulent une expérience de l'ordinaire par l'écriture anodine d'une action (« Je vérifie souvent si le frein à main est desserré en pressant le bouton à son extrémité. Tout au long de la route, je produis ainsi de petits clic-clic ») ou encore l'expression langagière d'une perception (« Plus je monte ma vitre, plus le moteur couvre le bruit du vent[2] »).

1 A. Farah, *Le Gala des incomparables*, Paris, Classiques Garnier, 2013, p. 168. Ce travail, première tentative d'une lecture exhaustive de l'œuvre de Quintane, a nourri notre réflexion sur bien des points et nous y renvoyons.

2 N. Quintane, *Remarques*, Le-Chambon-sur-Lignon, Cheyne, 1997, p. 9 et 10.

Ce deuxième type de remarques introduit dans le livre la présence d'un *je* qui circule au côté d'expressions impersonnelles. Cette instance fonctionne ici comme une sorte de posture fuyante et multiple car le quotidien, on le sait, est sans sujet[1]. Face à l'impossibilité d'objectiver le quotidien, Quintane mélange les voix et met le *je* en posture indécidable, faisant ainsi paraître tout le problème politique du quotidien : celui-ci se joue proprement dans cette dialectique entre sa nature informe, une présence du *je* à soi-même et une participation non réfléchie du même *je* à la vie. Loin d'aimanter l'expression univoque d'une intériorité, ce *je* provoque des effets de diffraction et met au centre du livre un corps qui, si flou soit-il, est la marque d'une pensée en action, d'une intellection en acte. Bien plus, tout processus de réflexion, d'écriture et d'appréhension du quotidien (voire du monde) prend sa source dans le corps et ses facultés perceptuelles (si vertigineusement présents dans l'écriture de Quintane). Ce corps se dessine ici, tout comme dans *Chaussure*, en tant que moyen et foyer vital à la fois, site stratégique pour apprécier par les sens, questionner, connaître, transformer et se transformer, tout en déjouant à la fois les poussées vers la désubjectivation et nos habitudes. Ce traitement du corps rejoint sur bien des aspects ce que Richard Shusterman nomme la « soma-esthétique[2] ». Il s'agit, dans les deux cas, d'une pratique qui est un usage du monde. Fondé sur des exercices ou des gestes qui consistent à explorer, apprécier, sentir, cet usage enracine sa raison d'être non seulement dans une conception large de l'esthétique – qui est d'abord une exploration et un entendement de nos capacités de perception – mais aussi et surtout dans une plus forte conscience du corps permettant, par une intensification de notre sentir, une augmentation de nos connaissances, une redétermination des processus d'« interprétation », une amélioration de notre action[3].

---

1 Blanchot, sur ce point, affirme que « Le quotidien est le mouvement par lequel l'homme se retient comme à son insu dans l'anonymat humain », puis il précise : « Lorsque je vis le quotidien, c'est l'homme quelconque qui le vit, et l'homme quelconque n'est ni à proprement parler moi ni à proprement parler l'autre, il n'est ni l'un ni l'autre, et il est l'un l'autre dans leur présence interchangeable, leur irréciprocité annulée, sans que, pour autant, il y ait ici un "Je" et un "alter ego" pouvant donner lieu à une *reconnaissance dialectique* » (« La parole quotidienne », *op. cit.*, p. 361 et 364).

2 R. Shusterman, *Conscience du corps. Pour une soma-eshtétique*, traduit de l'anglais (USA) par N. Vieillescazes, Paris – Tel Aviv, Éditions de l'éclat, 2007.

3 « [...] le corps constitue une dimension essentielle et fondamentale de notre identité, la perspective ou la modalité première de notre rapport au monde, et [...] il détermine

Or, si le quotidien est ce qui se passe dans les limbes de la conscience et les marges de l'expérience, comment et par quels outils ou par quelle *forme* appréhender ce magma sans forme et sans contenu ? Le *je* des *Remarques* non seulement transmet ses propres perceptions faussement immédiates, mais opère aussi des choix en ce sens. Pour mieux mener son enquête face à l'insignifiance préréflexive du quotidien, Quintane prend, comme souvent dans son œuvre, la posture de l'idiot[1]. Ce sont alors de nouvelles « peintures idiotes » rimbaldiennes qui défilent, ou doublement idiotes (dans le percevant et dans le perçu), des notes prises par un *je* qui prétend ne pas savoir, qui est là par hasard, qui remarque la manducation d'une biscotte ou une sensation au volant de sa voiture feignant l'absence d'intelligence. On voit ainsi défiler des truismes en tout genre (« Quand je marche, il y a toujours l'un de mes pieds qui a disparu derrière moi[2] »), des raisonnements douteux mais justes (« Sans pull, pas de miettes accrochées aux manches[3] »), des évidences plaisantes (« Tout en me lavant les mains, je nettoie le savon[4] »), des réflexes perceptifs (« Parfois, quand j'ai en tête une chanson au rythme particulièrement entraînant, j'accélère[5] »), qui donnent au texte l'allure d'une démarche compacte mais diverse, voire d'un véritable « exercice de pensée qui opacifie le rapport fluide aux choses[6] ». Aux sujets retenus (voiture, maison...) Quintane ne cherche pas de sens – car il n'y en a probablement pas – ni n'accorde de privilèges ou de priorité. Par une posture idiote face au monde, l'écrivaine essaie, au contraire, de faire place nette de toutes ces valeurs que le quotidien stratifie autour de lui (par habitude, culture, projection d'instances affectives...), non pas pour leur substituer d'autres vérités, mais pour soulever le questionnement et le doute. Si, comme l'affirme Blanchot, le quotidien désigne « une région [...] toujours en deçà de ce

---

(souvent inconsciemment) notre choix des fins et des moyens en ce qu'il structure les besoins, les habitudes, les intérêts, les plaisirs et les capacités dont dépendent l'importance qu'ont pour nous ces fins et moyens. Ce qui inclut bien sûr la structuration de notre vie mentale, trop souvent opposée à notre expérience corporelle [...] » (*Conscience du corps. Pour une soma-eshtétique*, *op. cit.*, p. 12-13).

1 Sur l'idiotie voir Jean-Yves Jouannais, *L'idiotie*, Paris, Beaux Arts, 2003 ; A. Labelle-Rojoux, *L'Art parodic'*, Cadeilhan, Zulma, 2003 ; V. Mauron et C. de Ribaupierre (dir.), *Les Figures de l'idiot*, Paris, Léo Scheer, 2004.

2 N. Quintane, *Remarques*, *op. cit.*, p. 42.

3 *Ibid.*, p. 37.

4 *Ibid.*, p. 33.

5 *Ibid.*, p. 17.

6 A. Farah, *Le Gala des incomparables*, *op. cit.*, p. 169.

qui l'affirme et cependant se reconstituant sans cesse par-delà tout ce qui la nie[1] », Quintane refuse de clôturer son discours dans l'indicible et lui préfère des postures physiques et des expériences corporelles inventives par lesquelles susciter une remodulation de nos cadres de référence.

En jouant les clowns[2] et par l'accumulation d'une écriture littérale, qui désarçonne le lecteur par son haut degré d'idiotie et de (fausse) évidence, Quintane se saisit de ces perceptions qui, le plus souvent, sont reléguées à une dimension réflexe ou qui échappent à la conscience car elles n'alimentent aucune interrogation, et les remet incessamment au centre de chaque remarque. Toutes les situations évoquées baignent alors dans leur insignifiance première, les lignes ne faisant que confirmer et répéter cette banalité, non sans nourrir l'interrogation. Il s'agit bien, pour nous, d'un travail de remue-matière, une fausse grammaire des expériences physiques – perceptives/constatives – qui non seulement résume un quotidien se dérobant sans cesse à toute mise en forme réflexive et/ou discursive, mais éveille aussi un travail de révision.

CHAUSSURE

Chaussure, tout comme *Remarques*, est un livre « obsessionnel » et « autistique[3] ». Quintane rejoue ici, du moins dans la première partie et en même temps que dans son premier livre (les deux étant publiés en 1997), la forme de la remarque[4]. Entièrement focalisé sur la chaussure – en tant qu'objet et en tant que mot – et ce qui l'entoure, ce livre

1 M. Blanchot, « La parole quotidienne », *op. cit.*, p. 361.

2 Certaines remarques esquissent un corps de clown, les joues gonflées (« Quand je souffle sur les bougies d'un gâteau d'anniversaire, j'aime gonfler davantage les joues », p. 46) ou, comme dans la toute dernière remarque, dans une attitude enfantine (« Quand je dis le mot : "Bonjour" tout en me bouchant les oreilles, je l'entends résonner », p. 59).

3 B. Leclair, « Prendre la poésie par les pieds », *La Quinzaine littéraire*, n° 718, 16-30 juin 1997, p. 30.

4 Quintane poursuit toujours son exploration de la forme remarque et de ses enjeux. Nathalie Quintane, « Astronomiques assertions », *« Toi aussi, tu as des armes »*, Paris, La Fabrique, p. 175-196 ; « Remarques », communication personnelle de l'auteure qui reprend son intervention lors de la rencontre « Poésie sans qualité ? » dans le cadre *Savage abductions. Poétiques contemporaines en théorie et en pratique* (Paris, Palais de Tokyo, 22 mai 2013).

vise à produire – sur un modèle qui rappelle le Ponge du *Parti pris des choses* – un « texte-chaussure[1] ». L'allure du texte est toujours la même, flottant entre constats, actions et perceptions d'une part, entre formules impersonnelles et énonciations à la première personne d'autre part. Identique reste aussi l'idiotie comme forme et outil de l'enquête qui, face à l'objet/mot chaussure, trace une expérience frontale, littérale, sans tentative aucune de sonder les profondeurs ou d'investir la chaussure de significations symboliques. La première partie du livre s'échafaude ainsi entre lapalissades (« Marcher à l'extérieur, et à l'intérieur, sont deux choses distinctes[2] »), constats (« Quand je marche, il y a toujours un de mes pieds qui a disparu derrière moi[3] »), expériences corporelles et perceptives (« Couchée, en levant haut mon pied, je parviens à couvrir le soleil[4] »), fausses logiques (« Les chaussures "de marche" existent depuis que nous marchons pour marcher[5] »), notations sur les automatismes (« Quand j'ai parlé en marchant, et que je m'arrête, j'ai l'impression d'être allée plus vite, ou d'avoir couvert une plus grande distance, que si je m'étais tue[6] »).

Cette même partie du livre est – tout comme *Remarques* – un gymnase de la pensée, une aire de jeux (cognitifs ?) où les fragments textuels révèlent plus nettement ce travail de la pensée en action qui dans le livre précédent était peut-être moins explicitement pointé. Dans *Chaussure*, le rôle de l'intellection acquiert une visibilité majeure et devient un sujet de poids. En témoignent, par exemple, les dernières pages de la première partie, où le travail de notation se clôt (partiellement) sur un enchevêtrement entre l'action du laçage et l'activité réflexive :

> Je peux très bien lacer mes chaussures en ne pensant à rien d'autre.[...]
> Heureusement, le plus souvent, le laçage de mes chaussures me permet de penser à autre chose, et ainsi, de gagner du temps. J'ai, simultanément, un geste et une pensée très éloignées l'un de l'autre.
> Je ne me souviens d'aucune pensée originale qui me soit venue en laçant mes chaussures.

1 N. Quintane, *Chaussure*, Paris, P.O.L, 1997, p. 9.
2 *Ibid.*, p. 65.
3 *Ibid.*, p. 64 ; la même phrase, avec une très légère variante (« *l'*un de mes pieds », se trouve dans *Remarques*, *op. cit.*, p. 42.
4 N. Quintane, *Chaussure*, *op. cit.*, p. 52.
5 *Ibid.*, p. 22.
6 *Ibid.*, p. 42.

> Je me vois, ayant appris à n'avoir une activité intellectuelle qu'au moment où je lace mes chaussures. Chaque fois que je les lace, une foule de propositions me vient à l'esprit, que je note aussitôt – notes prises, je déferais mes lacets, que je referais illico, pour entraîner de nouvelles idées[1].

Si on doute encore du travail cognitif que Quintane fait à travers *ses* chaussures, les deux dernières remarques relient, on ne peut plus explicitement, la chaussure et le cerveau, dans un rapport où l'une est le prolongement de l'autre : « Aussi loin que soient mes talons de mon cerveau, des terminaisons nerveuses, via le corps, relient directement les premiers au second : mon talon est dans mon cerveau, et inversement[2]. » Ces lignes permettent de revenir au projet du début et de reconsidérer l'idée d'un « texte-chaussure » comme un « texte-pensée-chaussure ».

Dans les deux parties centrales du livre, Quintane semble orchestrer, par un mouvement narratif très hétéroclite, respectivement un cadre partiel de la chaussure dans l'histoire et une histoire partielle de la chaussure. Des Égyptiens à Imelda Marcos, en passant par Jason, Caligula et Nikita Krouchtchev (qui fait de la chaussure une arme politique lors de sa performance clownesque de 1960 à l'assemblée générale de l'ONU), dans la deuxième partie du livre on voit défiler une série de personnages qui, tous réunis autour de l'objet-chaussure, injectent explicitement du politique dans le livre – quoique ce même politique, avec un discours éminemment éthique, circule en puissance dans tous les traitements que Quintane fait du quotidien[3]. Intéressante reste pour nous la poursuite de l'enquête cognitive par la présence de Socrate, emblème de l'homme qui réfléchit, aux prises ici, en résonance avec la première partie du livre, avec la marche, son corps (pensant), son cerveau : « Le cerveau de Socrate marche-t-il au même rythme que marche Socrate, sa pensée, ***si tant est que la pensée soit contenue dans le cerveau, ou par tout le corps ; où, par tout le corps***[4] ? ».

Cette petite apologie de Socrate, cependant, n'en est peut-être pas une. Quintane pratique une vision large du monde, où les contraires s'assimilent, se saisissent les uns des autres, s'infléchissent. Ce n'est donc

1 *Ibid.*, p. 67-70.
2 *Ibid.*, p. 70.
3 Pour une analyse plus exhaustive de cet aspect, voir A. Farah, *Le Gala des incomparables*, *op. cit.*, p. 191-194.
4 N. Quintane, *Chaussure*, *op. cit.*, p. 75.

pas paradoxal que de mettre en avant l'activité de pensée d'une part et d'en dénoncer, d'autre part, les possibles glissements vers une spéculation métaphysique, voire ontologique, drue et sérieuse. La réflexion réintègre ainsi, dans la troisième partie du livre, l'idiotie comme posture et forme, le ridicule comme arme de mise à distance, et s'organise par une argumentation littérale qui – dans un espace à la lisière de la philosophique, du truisme, du sérieux et de l'ironie (« J'en conclus que la première "chaussure" était déjà une chaussure[1] ») – pose les questions essentielles pour toute une tradition philosophique de type métaphysique (« La chaussure n'est pas dans la perfection de sa réalisation, mais dans l'intention de sa création[2] »), à savoir (pour généraliser et suivre le mouvement des trois sous-parties) : d'où viens-je ? (« L'invention de la chaussure »), qui suis-je ? (« L'usure des chaussures »), où vais-je ? (« Fin de la chaussure ? »).

La quatrième partie du livre semble d'abord résumer la démarche des trois autres. Quintane y poursuit sa réflexion et son remue-matière – qui progresse par des va-et-vient entre des remarques brutes sur la perception ou un état de faits et des rappels à des données encyclopédiques (Histoire, sculpture, danse, coiffure, etc.), le tout ayant la chaussure comme dénominateur commun. On trouve aussi des développements plus articulés où des groupes de notes s'assemblent ou se nouent en des suites logiques ou faussement telles. Exhibé, projeté au devant de la scène, le corps sentant du *je* fait ici à nouveau l'objet de l'écriture tout comme il est le moteur des processus cognitifs. « Mon corps tout entier est inclus dans mon pied[3] » est la note qui rappelle qu'en parlant de chaussures le livre dit le corps, voire le corps à corps d'un sujet avec le quotidien (et avec la langue). Si la première partie se termine par le mot « cerveau », c'est dans cette dernière partie que ce mot prend tout son poids dans la mise en place d'un corps qui se découvre à partir du bas, par les pieds et le sol, par la marche au sol, par sa propre langue. Les pieds, le cerveau et la sensibilité intellectuelle se croisent et s'emboîtent, nourrissant un processus de découvertes multiples, ouvert aussi bien au monde que sur le corps, donc sur l'entendement[4]. Car entendre n'est

1 *Ibid.*, p. 90.
2 *Ibid.*
3 *Ibid.*, p. 123.
4 « Mon pied droit marche en relation avec mon cerveau gauche, et mon cerveau gauche se réalise dans l'avancée de mon pied droit. La totalité de mon corps est inscrite dans

pas une action indépendante de parler : « Parfois, les personnes ayant des difficultés à marcher ont aussi des difficultés à parler. [...] Il m'est plus difficile de parler en marchant vite qu'en marchant lentement[1] ».

Bref, malgré l'élargissement du questionnement, dans cette dernière partie du livre l'écrivaine maintient la priorité pour cette exhibition pornographique de la pensée – aussi bien dans son élaboration que dans son action – tout en écartant, si possible et par moments, les voiles des charmes.

SUR LA RÉFLEXION MÉTAPOÉTIQUE DANS *CHAUSSURE* ET *REMARQUES*

Le malaxage continu de l'objet-mot-chaussure vise souvent le champ de l'art, engendrant des remarques et des pensées esthétiques. Entre un clin d'œil dubitatif sur l'art conceptuel et une interrogation sur le *process art*, défilent dans *Chaussure* une série de notes qui, ayant toutes la chaussure comme dénominateur commun, peuvent se lire aussi comme un questionnement sur la poésie. On pourrait déjà voir dans cette « Fin de la chaussure » une fin de la poésie ou, mieux, la fin d'une certaine tradition poétique essentialiste, exactement à l'endroit où l'on soulève la question d'un « épuisement avéré de la forme » tout comme on suggère la tentative de « séparer la forme de sa fonction[2] ». Ces notes métatextuelles et esthétiques à la fois, qui ouvrent tout une interrogation non résolue et comme en friche au sujet d'un genre, d'un langage, d'un devenir forme de ce langage, d'une langue, de l'action de cette langue en poésie, d'un déplacement ou d'une ouverture du champ, trouvent une plus forte résonance dans la dernière partie de l'ouvrage ainsi que dans la quatrième de couverture.

Vers la fin du livre, Quintane met la chaussure en parallèle avec la rose. La rose, ici objet-image ou image-objet par excellence, active dans le texte un jeu des contraires où, par exemple, le regard en chien de

mon cerveau ; les parties les plus importantes y occupent le plus de place. Ainsi, si mes pieds ont une place particulièrement importante dans ma vie intellectuelle et sensible (par exemple, si je peins avec les pieds), ils occuperont une bonne partie de mon cortex » (N. Quintane, *Chaussure*, *op. cit.*, p. 129).

1 *Ibid.*, p. 126-127.

2 N. Quintane, *Chaussure*, *op. cit.*, p. 97.

faïence entre l'objet naturel et l'objet manufacturé est d'abord souligné (« La chaussure n'est pas une chose naturelle, comme la rose, mais un produit manufacturé, fabriqué par l'homme ou ses machines[1] ») pour être mieux subverti ensuite (« Ce n'est pas que la chaussure soit moins "naturelle" que la rose[2] »), jusqu'à l'affirmation qu'« **Il n'y a donc pas si grande différence entre une chaussure et une rose**[3] ». Marquée par le gras de la typographie, cette dernière remarque est assez centrale dans la ligne métacritique du texte de Quintane. La rose réintroduit en effet, pour le lecteur attentif et féru de Poésie/poésie, une réflexion du texte sur son propre statut générique, car cette image vaut aussi bien comme le poncif de la tradition lyrique en Poésie que, dans le détournement qu'en fait Gertrude Stein, comme l'adhésion à un parti pris matérialiste du quotidien, de l'insignifiant, de l'objet menu, qui s'accompagne d'une expression de surface, radicalement littérale. La rose contient en soi aussi bien l'adhésion au genre poétique et à sa tradition que la remise en cause de celui-ci par un rejet de toutes les formes de plus-values, qu'elles soient dans les couches symboliques des objets choisis ou dans la densité des formes du poème.

À ce questionnement esthétique participe l'épigraphe finale qui, déplacée stratégiquement à cet endroit insolite comme s'il fallait illustrer au pied du texte la réflexion menée, affirme : « Le principal est la chaussure[4] ». Ces mots seraient pleinement tautologiques dans ce contexte s'ils n'étaient extraits du *Séminaire* de Lacan. L'épigraphe confirme d'une part l'approche littérale, à laquelle Quintane aspire, et met d'autre part à distance les tentations du lecteur qui s'apprêterait à lire par les outils de la psychanalyse tout ce qui précède, en sondant les profondeurs du *je* (son fétichisme, ses obsessions) tout comme le prétendu mystère qu'une réalité aussi navrante qu'une chaussure stratifierait autour d'elle. La quatrième de couverture aussi est on ne peut plus explicite en ce sens : « *Chaussure* n'est pas un livre qui, sous couvert de chaussure, parle de bateaux, de boudin, de darwinisme, ou de nos amours enfantines. *Chaussure* parle vraiment de chaussure. [...] Bref, c'est en livre de poésie pas spécialement poétique, de celle (la poésie) qui ne se force pas. »

1 *Ibid.*, p. 138.
2 *Ibid.*, p. 141.
3 *Ibid.*, p. 140.
4 *Ibid.*, p. 152.

Le plaidoyer pour une épistémologie pratique du quotidien et une poétique du littéral déclenche chez Quintane une reformulation de l'objet poétique aussi bien dans ses formes que dans ses techniques et son fonctionnement. Dans *Remarques*, déjà, on a le sentiment de cette élaboration quand on lit des notes comme « en balayant, on fait l'expérience concrète de la superficie[1] ». Encore plus intéressante paraît la quatrième de couverture qui, conçue par l'éditeur, accompagne la première édition du livre et affirme :

> En voiture, à la maison, et dans les situations banales de la vie quotidienne, nous ne sommes le plus souvent que des automates, l'esprit ailleurs, occupé à des choses sérieuses.
> Or, la narratrice de *Remarques* nous oblige à fixer notre regard précisément sur ces instants sans "histoire", ces temps morts qui constituent le plus clair de nos vies, et que nous ne cessons d'oublier.

Si dans ces lignes se lit le travail d'extraction auquel Nathalie Quintane se livre en isolant des situations du quotidien, dans la suite de ce texte on trouve une clé de lecture précise de ces ponctions : « Ils surgissent alors comme autant de mystères, et le monde, et notre existence dans ce monde, prennent le caractère d'une énigme. Telle est la puissance "poétique" d'un texte qui nous laisse tout surpris de trouver de la vérité et de la profondeur là où, jusqu'à présent, l'on n'avait vu que de l'insignifiance. »

On aperçoit dans ces lignes une conception conventionnelle de la poésie, comme d'une écriture du « mystère », de l'« énigme », de la « vérité » et de la « profondeur ». Dans ce cadre, l'insignifiance et l'idiotie du quotidien n'existent en poésie que si elles satisfont ces traits ou qualités esthétiques, c'est-à-dire si elles exemplifient un certain nombre de qualités relevant du mystère, de l'énigme, etc. Or, cette vision de la poésie représente un point nodal ici d'autant plus remarquable qu'elle se fonde sur un critère de catégorisation esthétique qu'un texte comme *Remarques* invite, dans sa portée métapoétique, à repenser radicalement. Le paradigme poétique sous-jacent aux lignes de la quatrième de couverture, au-delà du jugement de valeur que l'on peut partager ou critiquer, relèvent en effet d'une attitude appréciative qui consiste à relever un certain nombre de qualités ou de traits dans le texte, par ailleurs valorisés axiologiquement dans le champ institutionnel de la littérature. À partir de cette vision

1 N. Quintane, *Remarques*, *op. cit.*, p. 26.

corrélative de l'art, on peut soit exprimer un jugement en disant « ces remarques sont de la poésie car », puis décrire et définir les qualités repérées (voici le mystère et l'énigme sous l'insignifiance), soit – ce qui revient finalement au même – annexer l'objet au champ littéraire en le percevant en tout comme un accident prenant le contre-pied de tous les traits à activer (au lieu d'activer le mystère et l'énigme j'active l'insignifiant comme un trait qui leur serait antithétique[1]).

Or, un livre comme *Remarques* invite à sortir de ce jeu de classification et d'identification en mettant par exemple l'accent sur d'autres aspects comme une visée instrumentale de l'écriture – qui est une donnée ni quantifiable ni objectivable – pour reconnaître un objet d'art, un fait littéraire, un livre de poésie. Ce livre de Quintane essaie, en dernière analyse, de provoquer une expérience inédite aussi bien au niveau du monde que de l'art et de modifier nos structures perceptuelles en faisant surgir des modes *logiques* d'appréhension qui affecteraient nos facultés de compréhension (esthétiques et du monde à la fois). Même le choix d'une notation fragmentaire peut se lire alors, dans cette direction, comme une revendication politique, la tentative de fonctionner à la lisière des limites imposées par les formes, les lieux communs, les cadres et autres structures du pouvoir.

SAINT-TROPEZ – UNE AMÉRICAINE

À travers la ville de Saint-Tropez et la découverte des États-Unis, Quintane propose par la suite une sorte d'enquête documentaire à travers tout ce que ces deux sujets stratifient et proposent en termes de savoirs,

1 La quatrième de couverture qui paraît dans la troisième édition de *Remarques* a été peaufinée en faisant disparaître les mots "énigme", "profondeur", "vérité", "mystère" (quoique en convoquant des idées toujours problématiques dans ce contexte comme l'intimité et l'absurde...), et en introduisant le concept de « contre-pied », qui gomme l'interprétation contenue dans la première édition du livre sans pour autant s'en détacher : « En voiture, à la maison ou dans les situations banales de la vie quotidienne, nous ne sommes le plus souvent que des automates, l'esprit ailleurs, occupé à des choses sérieuses. / Dans ce premier livre, "Remarques", Nathalie Quintane énonce ces instants sans histoire ni parole, ces temps morts, comme autant d'évidences inattendues. Entre malice et dérision, elle instaure un jeu complice avec le lecteur qui retrouvera au fil des pages telle ou telle de ses expériences intimes où l'insignifiance se mêle à l'absurde. / Tel est le contre-pied poétique d'un texte tout simple, qui nous laisse surpris et ravis devant tant de "riens"... ».

d'imaginaire, d'idées reçues, voire de visions du monde. Ces deux sujets ne sont pas probants en soi mais constituent des domaines qui sont symptomatiques de l'influence qu'un savoir peut exercer en pratique (« Même à n'être jamais allé à Saint-Tropez, elle vous modifie[1] ») et face auquel on peut se retrouver dépourvu d'outils permettant de gagner, sur les mêmes sujets, un point d'énonciation qui éviterait de tomber aussi bien dans les conventions des formes normées (discours du pouvoir) que dans des structures exceptionnelles (discours littéraire conventionnel).

L'écrivaine propose au tout début une reconstitution historique des origines de Saint-Tropez et entasse ainsi des notes sur le décalage entre une perception soi-disant naïve des lieux et la stratification mythologique attachée à ces mêmes lieux. Voici donc Saint-Tropez décrite comme un site aquatique quelconque (« À la place de Saint-Tropez, il y avait la mer[2] », formule se jouant des tons biblico-épiques), une « surface monotone (invariable[3]) » sans véritable connotation. Cette ville est pourtant aujourd'hui un « lieu pâteux », un « espace de tassement » et « colmaté » qui « génère *son* espace-temps[4] », difficilement appréciable – même à travers un discours anonyme – en dehors des clichés qui collent sur elle. Ne serait-ce que son nom suffit à produire un vertige symbolique renvoyant, au-delà des lieux, à une culture jouissive et ludique qui *est* la ville elle-même. L'ordinaire à Saint-Tropez, s'il existe quelque part[5], pourrait se trouver en dehors du mythe, de la culture consumériste, de toute logique cinématographique qui fait du touriste un acteur/spectateur/consommateur[6].

C'est aussi à partir d'objets menus et anonymes (« la pierre, la châtaigne, le câble électrique ») que le texte s'attache à « reconsidérer » la ville, son nom et ce que celui-ci évoque (« Si le nom "Saint-Tropez" est à reconsidérer, c'est que tout, par extension, Saint-Tropez est à reconsidérer[7] » ;

1 N. Quintane, *Saint-Tropez – Une Américaine*, Paris, P.O.L, 2001, p. 84.
2 *Ibid.*, p. 8.
3 *Ibid.*, p. 18.
4 *Ibid.*, p. 77-79.
5 « Quand on vient goûter une totalité – brigitte bardot et Saint-Tropez entiers, absolument –, comment pourrait-on être sensible aux pierres pour pavage, aux balais de bruyère, aux câbles électriques, aux torpilles et aux châtaignes – qui sont les véritables spécialités de Saint-Tropez ? » (*Ibid.*, p. 25).
6 L'image de la ville s'apparente en ce sens à des « représentations théâtrales fausses », des « films de cinéma trompeurs », des « femmes maquillées » (*Ibid.*, p. 58).
7 *Ibid.*, p. 27.

« on retrouvait chaque fois Saint-Tropez dans Saint-Tropez[1] ») pour déjouer tout effet mythique. Voici donc, au fur et à mesure que le texte s'échafaude, la ville associée à une dimension belliciste via la fabrication de torpilles sur son site[2], à des fictions via la porte de Zanzibar[3], à des visions par peinture ou littérature interposées[4], ou encore à des données socio-techniques (le port comme zone piétonnière, le nombre fluctuant d'habitants[5]). Le dispositif adopté, on le voit tout de suite, va dans le sens d'une réorganisation et d'un ré-engendrement de données, non sans une certaine distance et quelques doutes sur la portée révélatrice d'un tel travail de reconsidération : « Il faudrait que je puisse adopter un autre point de vue que le mien, car il m'est très difficile de considérer mon propre point de vue sur Saint-Tropez en tant que tel, et encore moins mon propre point de vue en tant que tel[6] ».

Ce livre de Quintane se détache de l'esthétique de *Remarques* et de *Chaussure* en ce qu'il s'apparente plus à un essai critique non conventionnel qu'à une écriture notulaire plate et saccadée. Mais on sait que, dans toute « fable logique », la pratique n'est pas détachée de la théorie, que la réflexion se joint à la création sous forme de créations critiques ou réflexions créatives ou, si l'on préfère les mots de David Antin repris par Quintane, une « critique interne » (interne à la création, au genre, etc.). Cet effet critique se construit dans *Saint-Tropez – Une Américaine* aussi par l'adoption d'une esthétique collagiste. Le livre est une double reconstitution, menée par une pratique documentaire puisant non pas dans les fonds de bibliothèque mais dans des objets verbaux aussi disparates que des cartes, des cartes postales, des guides touristiques, des séries télévisées et d'autres sources de communication informelle et pratique. Pour Quintane, « il n'y a pas de savoir "en prise directe" de Saint-Tropez[7] » : toute la littérature sur cette ville a produit un savoir médié et invérifiable, dont un esprit critique ne devrait pas se contenter. C'est ainsi qu'elle va puiser pour son enquête

---

1 *Ibid.*, p. 50.

2 « Reconsidérant Saint-Tropez par le biais d'un objet si singulier (et qui lui est naturellement si peu associé), le regard change, le golfe devient champ et instrument de défense, fortifié, résistant. On ne s'y promène plus comme avant. On observe, on circonscrit, on décortique » (*Ibid.*, p. 28).

3 *Ibid.*, p. 29.

4 *Ibid.*, p. 32-39 (Colette) et p. 60 (Françoise Sagan).

5 *Ibid.*, p. 46-47.

6 *Ibid.*, p. 37.

7 *Ibid.*, p. 25.

dans des sources de communication anodines, où elle trouve des traces qui, combinées et ré-agencées, produisent des modes de redescription faisant sourdre du savoir qui, à son tour, permet une réinitialisation des procédés mentaux. On voit ainsi défiler l'insertion d'une brochure comme « Saint-Tropez : à la découverte du mythe… », la reproduction d'un timbre (contextualisant le geste de l'écrivaine qui sollicite auprès de l'Office de Tourisme des renseignements sur la ville), la dissémination de formules publicitaires stéréotypées et insignifiantes (« Antibes, la joie de vivre toute l'année », « Vallarius, vous êtes dans le vrai », « Fréjus, ville d'art et d'histoire[1] »). Ailleurs, c'est la demande d'une « Bourse Stendhal » de 1999 qui, annexée au livre en tant que document, met en abyme la poétique du travail que Quintane mène sur Saint-Tropez[2]. Très intéressante aussi est la série d'opérations sur les images qui consiste à détourner, par différentes manœuvres, tout matériau iconique sur Saint-Tropez. À ce propos Quintane s'empare de l'iconographie la plus banale et stéréotypée qui soit, celle des cartes postales par exemple, pour la rabattre sur une série de constats descriptifs ou d'images littéralement verbales[3]. Ou bien elle se livre à des manœuvres faussement conceptuelles, comme dans les cas où elle remplit un rectangle par des mots qui disent l'image (icône déjouée), ou encore où elle rend interchangeables les lieux en brouillant les rapports entre l'image photographique et sa légende[4], corroborant le constat selon lequel Saint-Tropez est une « ville indistincte[5] », certainement à cause de l'excès connotatif qui, justement, la distingue. Elle se sert ici d'images photographiques et de leurs légendes pour, à la fois, opposer et faire coïncider les villes de Digne-les-Bains (espace « indécis flottant », « incertain froid ») et de Saint-Tropez (espace « colmaté » ou « bloc insécable » que le livre essaie de fendre[6]). Pareillement, au même moment dans le livre, le nom de Saint-Tropez fait l'objet d'une superposition infinie suscitant une « chaîne ininterrompue » jusqu'à la formule (steinienne ?) « Saint-Tropez = Saint-Tropez[7] ». Toutes ces appropriations

1 *Ibid.*, p. 42.
2 *Ibid.*, p. 72-73.
3 *Ibid.*, p. 54.
4 *Ibid.*, p. 56 et 67.
5 *Ibid.*, p. 80.
6 *Ibid.*, p. 76-79. Pour les photos voir p. 76 et 86.
7 *Ibid.*, p. 85. Sur les traces de Gertrude Stein dans le texte, voir la reprise/pastiche de la formule *The World is Round*, p. 118.

permettent de faire flotter et multiplier les savoirs autour d'un sujet, sans pour autant transfigurer des données ou révéler la portée secrètement poétique, littéraire ou artistique de quoi que ce soit.

La seconde partie du livre, sur les États-Unis, est une sorte de double interchangeable avec la section sur Saint-Tropez (et vice versa : « Ce que vous voyez ici, à Saint-Tropez, est en réalité la construction de Las Vegas[1] »), quoique l'enquête y soit menée par d'autres moyens. Ici aussi, programmatiquement, « tout commence par le nettoyage du sol[2] », par une remise à plat des données et des savoirs conventionnels, par une recherche « [...] des preuves de la réalité dans la réalité[3] ». Ces cartes élémentaires qui jalonnent toute la deuxième partie du livre ainsi que les nombreux « portraits d'explorateurs » qui les côtoient ne font que visualiser cette recherche, presque permanente dans l'œuvre de Quintane, qui consiste dans la disposition inédite d'un certain matériau somme toute banal, connu, presque anodin dans son état normal de transmission. S'opposant au récit et aux formes littéraires les plus convenues, Quintane articule ces savoirs/matériaux de façon inédite et chaotique, délimitant ainsi un territoire où elle construit de la sorte des ensembles multiformes proposant un cadre non réductif mais complexe du monde. C'est dans cette direction que se lit la fin du livre (où Colomb se retrouve aux prises avec son idée de lui-même, son idée du monde et sa représentation de celui-ci[4]) qui pivote aussi sur une interrogation autour de nos perceptions et de la validité de nos langages.

CRÂNE CHAUD / FINAL

Entre remarques et enquêtes, on pourrait suivre le travail de Nathalie Quintane sur le quotidien dans bien d'autres endroits de son œuvre. Une tomate, par exemple, suffirait pour rejoindre, depuis *Remarques* (« La peau de la tomate maintient la tomate dans sa peau[5] »), *Tomates*,

1 *Ibid.*, p. 66.
2 *Ibid.*, p. 97.
3 *Ibid.*, p. 116.
4 *Ibid.*, p. 144.
5 N. Quintane, *Remarques*, *op. cit.*, p. 34.

ce dossier politique né des récents faits de Tarnac et qui s'ouvre sur le légume éponyme[1]. Mais c'est sur l'idée d'une littérature pornographique que cette lecture voudrait se clore. *Crâne chaud*[2], l'un des livres les plus récents de Quintane, semble, tout comme *Remarques* et *Chaussure*, actualiser l'heureuse formule de Ponge pour qui « tout a lieu en lieu obscène[3] ». Il faut entendre ici ces mots au moins selon deux sens : d'une part dans leur portée épistémique, concernant donc la cognition et ses processus, d'autre part dans leur valeur esthétique. Non sans oublier la portée politique d'un tel travail[4].

Tout comme la chaussure se connectait au cerveau à travers une série d'actions comme le laçage, l'organe sexuel se retrouve ici relayé, voire superposé, au crâne lors d'une séance de shampooing chez une coiffeuse[5]. L'énième expérience sensorielle ouvre un travail sur le sentiment amoureux tel qu'on l'appréhende communément, à savoir via les médias, la littérature, les films et autres sources ambiantes. Ce n'est pas le sentiment amoureux *alias* le « sentiment sexuel » (et le sexe, bien évidemment) qui est analysé, décortiqué, charcuté. Quintane s'attaque ici aux discours qui sont, au quotidien, produits sur ou à partir de lui. Les modalités par lesquelles on peut prendre la parole sur un tel sujet sont, on l'imagine bien, infinies. Quintane choisit de se démarquer des discours surplombants tenus sur le sujet et tente, par la récupération collagiste de différents textes et de conversations orales, un discours à même les choses pour mieux se désolidariser de soi-même.

Tout en soulevant un questionnement métacritique autour des formes et des structures, le livre agence les textes sur le modèle de la tectonique des plaques ou comme un arbre avec ses racines et leurs rhizomes, à savoir par une structure où l'embranchement est constitutif. L'anarchie apparente (structurale, argumentative, formelle) qui en découle semble reproduire des chaînes associatives que tout un chacun construit dans

---

1 N. Quintane, *Tomates* Paris, P.O.L, 2010.

2 N. Quintane, *Crâne chaud*, Paris, P.O.L, 2012.

3 F. Ponge, « Voici déjà quelques hâtifs croquis pour un "portrait complet" de Denis Roche », *TXT*, n° 6/7 (« La démonstration Denis Roche »), hiver 1974, p. 19-22, p. 21. Repris dans F. Ponge, *Nouveau nouveau recueil*, t. III, *Œuvres Complètes*, Paris, Gallimard, collection « Bibliothèque de la Pléiade », vol. II, 2002.

4 « l'étude de l'érotisme [...] étant politique » (Nathalie Quintane, *Crâne chaud*, *op. cit.*, p. 106).

5 *Ibid.*, p. 30-35.

des mouvements de pensée. Ces chaînes, en soumettant le lecteur à des parcours apparemment décousus d'un point de vue aussi bien des contenus que des formes, ébranlent tout parcours réflexif, provoquant des fêlures dans nos systèmes complexes d'élaboration des données et de construction encyclopédique.

Ce n'est pas un hasard que le modèle énonciatif retenu soit le type de discours circulant lors de l'émission radio de Brigitte Lahaie (*Lahaie, l'amour et vous*). D'une part, cette ancienne actrice de films X incarne le modèle discursif codé sur l'amour et le sexe (l'amour et le sexe dans les films, par exemple). D'autre part, son émission de radio est ce que Quintane tente dans ce livre (« Je voudrais être comme une radio qui parle[1] »), à savoir un brassage des discours sur le même sujet sans codages imposés au préalable : « À la longue, l'émission dresse le portrait de citoyens qui font des efforts et ne pensent pas avoir raison. Le rôle de la présentatrice n'est pas forcément de développer ses réponses, mais de laisser parler les autres et de leur donner des indications[2]. »

On voit ainsi revenir au centre des préoccupations de l'écrivaine le fonctionnement de nos modes de penser – plus que des pensées spécifiques sur un tel ou tel autre sujet – via notre langue puisque, comme le dit Brigitte Lahaie lors d'une conversation avec une auditrice : « il y a beaucoup de choses, dans l'amour, qui se passent dans ce qu'on dit, plus que dans ce qu'on fait, parce que les paroles sont aussi des actes… elles ont un effet[3]… ». Outre le fait de déjouer notre horizon d'attente de la littérature, ce livre pose à nouveau la question de l'élargissement de nos cadres de référence et de nos attitudes perceptuelles, de la redistribution ainsi que de la requalification des savoirs plus que de leur validité, véracité ou authenticité. Il conjure l'hypertrophie d'un savoir ambiant débordant et invisible par l'adoption de nouvelles positions énonciatives comme autant de stratégies aptes à rendre autrement maniable, donc à ressaisir, le quotidien.

Luigi MAGNO

1 *Ibid.*, p. 41.
2 *Ibid.*
3 *Ibid.*, p. 88.

FORMAGE ININTERROMPU

Le programme politique de Nathalie Quintane

> L'analyse [...] ne saurait s'instaurer « après » la mise en place des termes et des rapports de forces, « après » la cristallisation du *socius* en diverses instances fermées les unes aux autres : elle participe de cette cristallisation. Elle est devenue immédiatement politique. « Quand dire c'est faire » : la division du travail entre les spécialistes du dire et les spécialistes du faire s'estompe.
> Félix GUATTARI, *La Révolution moléculaire*, Fontenay-sous-Bois, Recherches, 1977, p. 48-50.

Mesdames et Messieurs,

Permettez-moi de remercier tout d'abord l'éditeur Garnier et vous le peuple de « ceux-qui-lisent », pour votre accueil chaleureux. Lecteurs et lectrices, veuillez nous excuser, Nathalie Quintane ne pourra prendre la parole aujourd'hui. Je suis mandatée par le parti de l'avant-garde pour vous présenter son programme[1].

Si vous êtes ici, je veux croire que vous en connaissez déjà un peu les objectifs : *Pour le renouvellement littéraire d'une société en mal de formes, choisissons le formage.* Terme fédérateur s'il en est, le *formage* affirme la simultanéité d'un double regard, tirant du passé la force de nos tressaillements futurs. Héritiers donc – le terme est issu de l'ancien français « formage », lui-même héritier du bas latin « formaticus »

1 Ce texte, présenté lors du premier Congrès des Illisibles aux États-Unis, est traduit ici pour la première fois. Les notes qui suivent sont toutes du fait du traducteur.

(« formé ») –, nous n'hésitons pas à affirmer une histoire dont les rebondissements divers et la force d'innovation nous propulsent encore aujourd'hui. Ne nous trompons pas, finis les retournements de vestes et les conservatismes soi-disant réalistes, Rabelais, Blanqui, ou encore Rimbaud et Guyotat sont des nôtres tout autant que tel adepte du net art. Nous soutenir, c'est soutenir l'espoir qu'un renversement est toujours d'actualité.

Mais si Quintane exhorte au formage, c'est aussi que nous devons prendre acte d'un basculement. L'avant-garde ne peut plus continuer à déployer sans fin sa nostalgie soixante-huitarde, à pleurer la disparition de l'impulsion révolutionnaire. Malgré divers élans, tenaces, au romantisme éloquent, il est indéniable que les beaux jours de l'utopie caprine sont terminés. C'est à la notion de valeur que nous devons nous attaquer. Revoyons les définitions étroites de la richesse pour faire que le simple RO redevienne OR.

Fidèle à son engagement pour la transparence, Quintane a dévoué un manuel entier à son concept[1]. Elle y raconte l'histoire d'un certain M. Ro, Monsieur tout-le-monde, un matin atteint de sècheresse lexicale, et qui ne sait plus dire que "Or, Or, Orangina." Ne croyez pas que ce dont souffre Ro, ce malade de la société de contrôle, soit un cas particulier, un hasard malheureux mais purement circonstanciel[2]. Voilà notre histoire à tous, nous qui devons tenter de vivre et de survivre au régime du néolibéralisme économique. Les symptômes de Ro sont limpides, lisibles, ils signent le jaillissement de sombres machinations. Comme vous le savez, l'attaque passe d'abord par le corps. L'industrie alimentaire de masse a tout fait pour tenter de remplacer notre alimentation de tradition – saine, goûteuse, pleine des délices de l'élevage en pâturage –, pour nous abreuver uniquement de boissons gazeuses aux sucres raffinés. Mais notre langue a aussi été prise d'assaut. C'est ainsi que la répétition inlassable d'une langue vide, aliénante, « Or, Or, Orangina, » qui est celle de nos leaders, et que l'on essaie d'inculquer à

1 N. Quintane, *Formage*, Paris, P.O.L, 2003.

2 Éric Hazan expose d'autres méthodes de contrôle linguistique lorsqu'il examine les procédés idéologiques dont font usage le pouvoir et les médias afin de véhiculer une idéologie libérale sous couvert de réorganisations lexicales, de procédés de détournement et de pillage opérés sur certains mots tels que « Réforme », « Société » (É. Hazan, *LQR*, Paris, Raisons d'agir, 2006). Cependant, il indique qu'il ne s'agit pas de maladie mais de formes de gouvernance.

nos enfant par l'offensive de plus en plus massive des technologies de la commercialisation de l'esprit, signale un horizon de vie appauvri, soumis aux impératifs d'un régime marchand dont les modes de gouvernance sont le désenchantement et la réduction de toute alternative au couple producteur-consommateur.

Quintane et le parti de l'avant-garde proposent une sortie – interne ?, externe ? – à la stérilité d'une telle alternative. Un gouvernement de tous par tous qui renoue avec la responsabilité de nous-mêmes sur nous-mêmes. Et pour cela, Quintane nous incite à apprendre à lire à travers le langage de l'ennemi, à décoder son code, et à se former à l'indépendance et à l'auto-détermination. La première étape pour sortir de cette fausse dichotomie (écrivain-lecteur entendons) – et c'est très pragmatique, cela peut se faire simplement un bouquin à la main –, est de rendre sa puissance d'*acte* à la lecture. Pour cela, le formage propose une formule simple, toute adaptée. Fidèle aux principes de rigueur, de clarté, d'accessibilité au plus grand nombre, sa plateforme se décline avec notre classicisme bien national des trois parties. En voici le programme en un rapide coup œil :

> Formage est, à tous les sens du terme, un livre de formations. Ses trois parties pourraient s'annoncer ainsi :
> – la une, partie sportive, ou comment s'assimiler par l'écriture une qualité qu'on ne possède pas (bien au contraire),
> – la deux, partie politique, ou comment se faire un allié du lecteur en lui racontant un fait inhabituel,
> – la trois, partie polonaise, ou comment se transporter, personnages compris, dans un pays et à une époque qui ne semblent plus rien avoir en commun avec les nôtres[1].

LA PARTIE SPORTIVE DU PROGRAMME

La formation sportive est destinée à tous, comme point d'entrée dans la doctrine. À l'armée, à l'école, ou en entreprise, en politique ou en art, du groupuscule révolutionnaire aux avant-gardes les plus rigoureusement

1 N. Quintane, *Formage*, *op. cit.*, quatrième de couverture.

expérimentales, la formation a toujours exigé le sacrifice et la discipline. Voilà pourquoi Quintane n'hésite pas à donner de sa personne[1].

Quintane se propose de nous forcer à l'ouvrage, de nous faire lire, enfin, véritablement. Sous couvert d'argumentaire logique, son plan de campagne déroule un raisonnement proprement délirant, imbriquant, dans le récit anodin d'un héros ordinaire, des concepts dont le sens, l'ordre, et la finalité sont difficilement lisibles. C'est exprès ! Par des enchaînements logiques déroutants, et derrière une apparente désinvolture et un humour grinçant, le formage pointe une situation politique réelle. Dans le lisible, lire est ce qui permet au processus de la lecture d'advenir. Mais de quel procès parlons-nous lorsque nous sommes emprisonnés dans un régime de lecture forcée ? Je veux parler de cette novlangue qui nous parle, ou la manière dont notre statut socio-économique et culturel imprime notre horizon d'attente et nos possibles, ou encore les rouages obscurs de l'économisme qui déroulent leur script invariable et inéluctable de crise et d'exploitation. Notre quotidien s'apparente à une lecture forcée, sans aucun procès ni aucune transformation possible puisque déjà toute engagée. Et je ne vous parle même pas de révolution ! C'est au niveau de cette lecture que la politique esthétique du parti de l'avant-garde innove !

Quelle est la solution quintanienne ? Elle se décline selon plusieurs axes. Au premier, elle a donné un nom jeune, plein d'avenir : le *tuning de situation*. Quintane souligne par là une façon de déplacer nos conditions de vie par de légers ajouts allant « dans un sens inattendu », de rajouter des « pièces » à nos corps comme « autant de spoilers destinés à modifier

1 *Aparté* : Quintane, d'ailleurs, comme auteure décidée, est un modèle de féminisme dans un champ qui en a malheureusement encore besoin. Pensez à cette grande silhouette qui se déplace sur scène avec aisance, ou encore à ce corps assis sur une chaise dans un jardin, dans la vidéo accompagnant la sortie de *Tomates*, rattrapant de justesse les fruits bien rouges que le caméraman lui envoie (on en aperçoit l'ombre au coin inférieur droit de l'image, c'est Stéphane Bérard identifié au générique). – « Décidée », donc : depuis 1997, l'œuvre poursuit ce que clame la biographie officielle. « Je m'appelle Nathalie Quintane. Je n'ai pas changé de date de naissance. J'habite toujours au même endroit. Je suis peu nombreuse mais je suis décidée » (site des éditions P.O.L, rubrique « catalogue », page consacrée à Nathalie Quintane). Si le sujet écrivant ne récuse pas les mécanismes sociaux de constitution subjective (l'état civil, le territoire existentiel), passés ici par le filtre d'une ironie cachée sous la plus grande transparence, son émergence en politique, c'est-à-dire dans la singularité de sa subjectivation, ne se fera pas par le nombre, selon le rêve de l'efficace artistique, mais par adéquation avec la force de son désir. Mais je m'égare…

[notre] domaine, [notre] monde[1] » ! Inaugurant une nouvelle forme d'intervention, contre ce qu'on voit sans le voir, ce qu'on lit sans le lire, le *tuning* opère au niveau du décoratif pur[2]. Parité oblige, permettez-moi d'évoquer ici Mme Ro qui est à l'origine du concept.

> L'intervention politique ne se tenait pas [...] « dans un bulletin de vote » mais dans une intervention légale, constante, aggravante seulement pour ceux qui disposaient « leur fourchette à gauche et leur couteau à droite de l'assiette[3].

Contre les vieilles distinctions gauche-droite qui aujourd'hui semblent ne recouvrir plus qu'un même alignement néolibéral, le *tuning* propose un tout nouveau possible.

> Lorsqu'on lui opposait le caractère purement décoratif, et au fond inoffensif, du tuning de situation, elle disait que le décoratif pur, ce qu'on voit sans le voir, était précisément dangereux, parce qu'il diffusait insidieusement un contresens qui finirait par gripper la machine – insidieux, insidieuse, insidieusement, étaient devenus ses mots de prédilection[4].

Nathalie nourrit depuis des années cet espoir. Dans *Remarques*, son premier manifeste, elle s'était efforcée de poser clairement le problème. Paru en 1997, cette série de propositions avançait une vision réaliste de la dite « nouvelle économie » dont la promesse de plein emploi et de productivité liée aux nouvelles technologies de la communication et de l'information semblait propulsée par la figure de l'entrepreneur, ce travailleur dont la propre initiative se devait de garantir la formation, le management, la valorisation de « soi » comme capital[5]. Écrit après vingt ans de prolifération du modèle néolibéral, le texte de Quintane déroulait une suite d'énoncés, modèles du réel de l'écrivain sous dogme économiste. Après la faillite du rêve de 1968, deux mandats socialistes avaient entériné les années d'hiver : réformes des politiques fiscales, privatisations, rigueur économique. Avec la montée de l'extrême droite, et la

---

1 N. Quintane, *Formage*, *op. cit.*, p. 71.

2 C'est un dispositif conceptuel qui permet de sortie de l'opposition entre une esthétique pure et sans but, et un art engagé. La question concerne l'œuvre de Quintane de manière générale.

3 *Ibid.*, p. 71-72.

4 *Ibid.*, p. 71-72.

5 L'histoire de cette figure est analysée par Foucault dans *Naissance de la Biopolitique* (Paris, Gallimard/Seuil, 2004).

prise de pouvoir par la droite aux urnes en 1993, l'horizon d'émancipation semblait singulièrement réduit, et les utopies d'individuations individuelles et collectives à travers les intensités de l'art, de la drogue, de l'expérimentation sexuelle et spirituelle s'étaient rétractées à la vision d'un étalage de supermarché, d'un énorme parking et d'un pied sur une pédale de vitesse.

De cette situation émanaient la platitude des *Remarques*, et ce regard au microscope sur une vie quotidienne cernée par un régime marchand et les impératifs de l'insertion socio-économique. Première partie « en voiture », suivie par des remarques sur la « maison » : ce que l'écrivain pouvait dire de l'époque, de son corps, de ses procédés d'individuation était borné par la pauvreté des individuation psychiques et collectives possibles. Le ton sobre, plat, restreint dans son enthousiasme, refusait la mentalité de gagnant de la figure de l'entrepreneur (tout comme le ton lyrique du poète, mais ceci cachait cela). Le regard notait avec précision telle manière de manger une fraise, du pain, un beignet, du chocolat, de regarder fondre le beurre dans la soupe. Et pourtant, dans le ton, quelque chose émergeait de l'étrangeté du dispositif spatial et des options limitées qu'il imposait : transformations planifiées d'avance, récusées d'emblée : « Si on abat une cloison entre un salon et une chambre, que reste-t-il : le salon ou la chambre[1] ? ». Si, entre la maison et sa destruction il n'y avait rien qu'un changement d'ordre, pas de changement de nature, et que c'était toujours le même petit territoire qui perdurait, le sujet ne s'en trouvait pas nécessairement émue : « Une maison qui s'effondre est la même maison, dans un autre ordre[2]. » Pas la moindre impulsion révolutionnaire ! Un bon *tuning* aurait été de mise. Car ce sujet sous x, qui n'avait pas encore pris sa carte au parti, était une conscience pauvrement singularisée par la consommation d'objets de production de masse : « Je reviens du supermarché en poussant un chariot à dix francs : je cherche longtemps ma Peugeot 205 blanche, qui s'est beaucoup vendue l'année dernière[3]. » Ses perceptions étaient celles d'un citoyen ou d'une citoyenne pris(e) dans un dispositif politique, social, économique et culturel dont le destin politique le/la dépassait dans une vaine banalité en tout points semblable à l'inéluctable fait

1 N. Quintane, *Remarques*, Le Chambon-sur-Lignon, Cheyne Éditeur, 1997, p. 28.
2 *Ibid.*, p. 27.
3 *Ibid.*, p. 12.

d'être doublé sur sa gauche quand sa Peugeot 205 bloquait l'envolée de telle Mercedes ou autre symbole de vitesse et de richesse. Le constat était d'un littéralisme sans appel : « Quand j'ai vu successivement l'aile droite d'une voiture, son côté droit, puis l'arrière, c'est qu'elle m'a doublée[1]. »

Le doute s'est inséré dans notre propre camp, au sein même de la littérature : les critiques du modernisme ont étiolé notre litanie de tactiques et de stratégies. Si la poésie ne vend pas, elle ne rechigne pourtant aucunement à ses propres fascisations momentanées, moments flous où il n'est pas facile de délimiter clairement les débuts ou les fins de la répression[2]. C'est ainsi que Quintane met en garde contre la transformation de la culture en tour opérateur pour tourisme de luxe dans une analyse bourdieusienne couplée à une désaffectation symbolique du genre poésie. « Le fascisme n'est pas seul, pas toujours seul. Pas toujours si net, découpé. [...] C'est un festival de poésie féminine dont l'inauguration est faite par une rangée de dignitaires séparés du public par une rangée de flics assis au premier rang[3]. » Mais c'est aussi Quintane, invitée à ce festival de poètes femmes, qui s'accommode d'une virée en car à la maison du grand poète de Majorque, et qui, là, devant les yeux condescendants de l'héritière du grand homme, se conforme au regard qui la classifie comme appartenant aux « gueux qui pourraient chourer un bibelot [...] qui ne prient pas, ne lisent pas le vers classique[4] » et se met à suivre la file, se tenant les bras serrés et le dos soudain droit sous regard accusateur, attendant la sortie. Notre littérature dite de recherche est aussi soumise au problème du rétrécissement de son public. Construite à l'écart des images et produits médiatiques, de leurs mnémotechniques de rétention, elle ne s'aligne pas sur les niches du marketing. Ce qui n'est pas forcément problématique, au contraire. Mais demeure le problème de l'accès. D'autant plus que notre langue d'avant-garde est souvent en décalage par rapport aux langages qui s'inventent dans la rue, sur les forums, dans les jeux vidéo. Nos ennemis nous diront que nous sommes trop élitistes, trop autonomes pour contribuer au langage de la transformation d'un peuple, son émergence en politique comme

1 *Ibid.*, p. 15.

2 Quintane met en garde contre un usage imprécis du terme, au delà de son assise historique. Mais puisqu'il s'agit ici de pointer l'apparition de régimes répressifs, nous avons maintenu l'usage du terme.

3 N. Quintane, *Tomates*, Paris, P.O.L, 2010, p. 36.

4 *Ibid.*, p. 29-30.

invention et rupture sensible. Pire encore, quand elle est réduite à un usage hédoniste comme objet de lecture individuelle, à la plage ou le soir, au lit, notre littérature se détache de l'espace public (lieu de « dissensus », ou au moins, de discussion) et joue bien son rôle de distraction des esprits. Et nos ennemis de l'autre bord de renchérir que nous participons ainsi à un projet plus général, économiste, d'individuation, de désolidarisation, d'isolement social, que nous ne pouvons pas répondre au parler des pouvoirs, économistes, publicitaires, politiciens. D'autant plus qu'à travers un certain usage scolaire, nous donnons du capital aux classes dirigeantes et récoltons de la méfiance de la part des exclus. Et pour finir, le grand chantier de la diffusion et du décloisonnement, et ses retards accumulés…

LA PARTIE POLITIQUE

Mais aujourd'hui nous voulons parler de solutions : le formage. Un tout nouveau processus, déterminé par un suffixe, – *age* – une action ou le résultat d'une action. Un outil, vous le verrez, d'importance capitale pour passer de la lecture forcée à l'action, une action de mise en forme, une sémiosis émancipatoire. Car pour nous, la politique (ou le *tuning de situation*[1]) c'est évidemment l'acte d'opérer au niveau de l'infra quotidien, au niveau des structures de la langue, pour faire voir l'invisible : des solutions inédites pour un présent où tout semble rétréci. Dans son manuel de formage, Quintane postule que « les fondements politiques du langage se reconnaissent au fait qu'on signale immédiatement à l'autre un fait inhabituel ». À cela elle ajoute, fidèle au rendez-vous du nouveau (je reprends ici sa phrase) : « les fondements politiques du langage se reconnaissent au fait qu'on signale immédiatement à l'autre un fait inhabituel : *un lapin traverse une rue.* » Voilà, c'est dit ! Le formage est en marche. « En disant à l'autre : *un lapin traverse une rue*, j'attire son attention, et sa sympathie. J'en fais

1 Les opinions divergent au niveau du *tuning* : est-il politique dans le sens de police, rouage institutionnel des méthodes de contrôle ? Ou est-ce malgré tout l'espoir renouvelé ? Les méandres de l'ironie sont touffus.

mon allié[1] ». Voilà le souci de Quintane, créer du commun, affirmer les outils de la rencontre et de la compréhension de l'autre.

LE CONCEPT POLONAIS S'INSÈRE DANS LE POLITIQUE (TROP TÔT ON DIRAIT)…

Mais comment s'assurer que tous comprennent la même chose lorsqu'ils entendent la même phrase, le même mot ? Sérieux problème d'ordre philosophique, je vous l'avoue. Mais heureusement, ce problème a déjà largement été exploré, et par un expert, le philosophe analytique W. O. Quine. Pour son exercice de pensée – c'est de l'indétermination de la traduction qu'il s'agit – Quine postule que nous sommes des linguistes de terrain, dans un pays qui n'a rien en commun avec le nôtre, et qu'en compagnie d'un indigène nous sommes confrontés à l'interprétation d'une langue complètement inconnue. Voilà ce qu'il nomme un cas de traduction radicale[2]. Pour Quintane, ce pays c'est la Pologne, le pays des indigènes de Gombrowicz, « un pays et […] une époque qui ne semblent plus rien avoir en commun avec les nôtres » comme l'indiquait le programme formage que je vous ai livré plus haut. La Pologne est un lieu qui figure une utopie nomade, et dont Quintane déploie les implications le long d'une série d'apparitions[3]. Elle a toujours défendu la Pologne, et ceci, d'abord pour « une raison quelconque ou culturelle, en référence à la Pologne de Jarry, qui n'existe pas, une Pologne de bouquin, dans cette ambiance fin XIXe qui longe le siècle suivant et s'allonge à mes pieds début 2000, qu'un mot n'est pas la chose qu'il désigne, qu'il montre ou qu'il évoque, s'y dérobe comme quand on prend l'ascenseur et que le cœur vous monte jusqu'aux dents[4] ». Mais outre un questionnement théorique et formel

1 N. Quintane, *Formage*, *op. cit.*, p. 92.

2 À propos de l'indétermination de la traduction, voir par exemple Willard Van Orman Quine, *Word and Object*, Cambridge/London, The MIT Press (1960), 2013.

3 Dans le texte *Les Quasi-Monténégrins* (*Les Quasi-Monténégrins* suivi de *Deux Frères*, Paris, P.O.L, 2003), la Pologne apparaît comme simple référence dans le récit, puis s'étend dans *Formage* comme « réalité sèche, constative », et revient en force dans un court texte intitulé *Plomb Polonais*, où il est question, entre autres, d'interroger la Pologne des années Walesa.

4 N. Quintane, *Plomb Polonais*, Bordeaux, Éditions Confluences / Frac Aquitaine, 2013, p. 7.

sur l'instabilité référentielle dans l'histoire des avant-gardes, la Pologne est aussi une investigation, alors plus précisément politique, sur le rôle de la langue et de la référence dans la constitution de la nation, dans une certaine forme de politique nationaliste, dans un procès de territorialisation.

Plutôt que de réfléchir un régime politique idéal, l'utopie nomade de Quintane tente de réagir aux transformations de l'abstraction, comprises comme un hiatus entre un système de signes et ses référents, la langue n'opérant plus par un simple arbitraire mais dans un renversement de fond par où le sémio-capitalisme se met à capter les flux de richesse le plus globalement et de manière la moins égalitaire possible. À véritablement délirer le réel. Critique aussi d'une langue dont l'abstraction a permis qu'elle rejoigne un état historique du capitalisme et serve à présent un état du pouvoir. Car comment comprendre la cohabitation de signes contradictoires qui apparaissent sous le concept de Pologne : le catholicisme allié au syndicalisme, Solidarnosc comme ouverture à l'économie de marché[1].

La Pologne de Quintane – utopie-concept responsable bien que migrant – prend aussi en compte les enjeux du sud, comme se devrait toute pensée politique aujourd'hui. Elle s'installe donc, dans son périple, dans un petit pays sur les rivages de la mer Adriatique, le Quasi-Monténégro, dit autonome. Mais ce quasi-pays aux confins de l'Europe, peut-il vraiment l'être, autonome ? L'autonomie n'est-elle pas simplement le garant de la valeur extérieure de ce qui y est produit, tant le quasi-pays lorgne vers Bruxelles et les fastes de la zone euro ? Toujours est-il que cette population en voie de disparition, les Quasi-Monténégrins, dits Quasis pour faire plus simple, parlent une langue impossible, en même temps inventée par un particulier et historiquement attestée dans une communauté de locuteurs. Il n'en existe que deux enregistrements, le premier, de Raoul Hausmann, date de 1918, rare modèle de l'idéal linguistique des débuts de notre parti[2]. Le second enregistrement, du fait d'un certain Vincent Labaume – qui aurait inventé cette langue au lycée, entre douze et seize,

1 Bien qu'il s'agisse ici d'une autre ligne de critique que celles d'Adorno, de Godard, ou de Baudrillard, l'histoire des avant-gardes aurait été prophétique pour avoir souligné le lien entre esthétique et horreur. Le questionnement quintanien des économies de la référence tente de lire et de répondre à cette situation globale, sociale, économique, politique, de dissociation des signes à leurs référents.

2 Figure clé du dadaïsme berlinois, Hausmann est l'inventeur de l'optophone, machine à convertir les sons en images et inversement, censée permettre de développer la sensibilité haptique, science du toucher à la base du sentir, pour une extension maximale du corps au-delà de ses limites. Alliance du technologique et de l'artistique, l'optophone fonde

de 1978 à 1981 – signale la déliquescence adolescente de la tradition. Sans modèle, s'agissant pour lui de l'impossibilité logique d'une « langue autonome quoique à un seul locuteur[1] », c'est le délire final de l'autonomie – le formalisme – passée par le filtre du système éducatif. Car en effet, aujourd'hui la véritable avant-garde se fait rare, bureaucratise ses fins de mois, et les Quasi-Monténégrins bénéficient d'une allocation pour « Peuple Rare et Résistant[2] ». Et pourtant, sur les 354 Quasis restant, plus qu'un ne parlait la langue. Ce qui met en péril la structure budgétaire de l'administration qui doit boucler ses budgets annuels. Nous avons donc été, je vous l'avoue, un moment dans l'embarras. Mais la solution était évidente. Un expert (un professionnel parmi nos rangs) a été mandaté pour se rendre dans le petit pays en ramener un reçu justifiant de l'attribution du budget[3]. Et c'est ici que nous avons su transformer un obstacle en avantage. Cet expert, écrivain, sans aucune prise en compte de son rapport d'intériorité ou d'extériorité avec le formalisme esthétique (langue Quasi), était sommé, et payé, pour rapporter des informations : « 2 200 euros l'information – c'est le même bureau que la subvention "blé par hectare[4]." » Oui, Mesdames et Messieurs, nous défendons un salaire écrivain et solidaire ! Et c'est aussi pourquoi M. Ro, par ailleurs, locuteur naturel du quasi-monténégrin, fait des siennes (s'il vous plaît, gardez-ça pour vous, c'est une information confidentielle)... Pensez-vous, il n'y a eu aucune augmentation de la valeur de l'information depuis les débuts de la crise, alors que les bonus des banquiers n'ont pas cessé d'augmenter.

Mais revenons à nos lapins. Imaginez qu'un lapin traverse votre champ de vision. Chez Quine, c'était la jungle ; chez Quintane, ça l'est quasiment, une rue de Pologne, en 2003, encore aux confins de l'Europe, mais passons... Le récit de Quine veut que lorsqu'un lapin traverse une rue, un habitant de ce pays dise « gavagai ». Les linguistes, ou les adeptes de formage que nous sommes, formulons l'hypothèse que « gavagai »

---

l'idéal techniciste d'un art total qui se continuera tout au long du XXe siècle, et par lequel se déploie une sensorialité directement en prise avec l'espace.

1 N. Quintane, *Les Quasi-Monténégrins*, *op. cit.*, p. 99.

2 *Ibid.*, p. 16.

3 Ce texte apparaît comme une farce bureaucratique à résonance de questionnement esthétique (la question de l'autonomie de l'art, mais aussi une interrogation d'ordre formel sur la langue poétique), philosophique (le problème du langage privé chez Wittgenstein), et politico-économique (faut-il payer les intermittents du spectacle ? quelle professionnalisation pour les artistes ?).

4 N. Quintane, *Les Quasi-Monténégrins*, *op. cit.*, p. 30.

veut dire lapin. Or, la thèse de l'indétermination de la traduction affirme qu'il n'y a aucune manière de savoir si « gavagai » veut en effet dire lapin dans la langue des indigènes. Selon Quine, l'interprète peut uniquement s'appuyer sur le comportement langagier publiquement accessible des indigènes. Mais même si nous pouvions expérimentalement vérifier ce que Quine nomme significations-stimuli, il n'y a aucune manière de vérifier la synonymie intersubjective de « lapin-gavagai ». En effet, un grand nombre de phrases de notre langue sont compatibles avec les données du comportement langagier des indigènes polonais. L'expression « gavagai » pourrait signifier indifféremment : « Il y a une matérialisation de la lapinitude », « Il y a une étape de la vie d'un lapin », « Cet endroit se trouve à deux kilomètres à droite d'un point de l'espace situé à deux kilomètres à gauche d'un lapin », et surtout, « Il y a une partie non détachée de lapin ».

Alors, comment vous convaincre, lecteur, lectrice ? Comment s'attirer votre sympathie, alors que vous-mêmes ne pourrez jamais savoir si le sens d'un mot (le lapin) est le même que celui qui se déploie dans votre cerveau en le lisant ? Vous pourriez penser qu'on se moque de vous par exemple, ou que le formage reproduit les exclusions que vous avez tous déjà subies, du système scolaire, de l'art contemporain ! Mais détrompez-vous !

POLITIQUE *REDUX*

Car le formage est une formation, un procédé qui pose le problème de la forme. Il pense la forme du social, la forme du politique, propose une solution temporelle au problème du commun. Remet au goût du jour l'idée d'une révolution permanente, au présent. Signe la promesse d'une vie inhabituelle partagée par des alliés. Dans le cas de ce présent, la fixation du sens ou sa détermination en un sens opérant pour tous, à toutes les époques et dans tous les pays, est court-circuitée par l'irruption incessante du singulier ou de l'inhabituel (le grippage du décoratif dont il était question plus haut) qui implique la fin de l'enchaînement et donc de l'habitude. Entendez notre collègue Rancière ici… Ce présent révolutionnaire est celui de notre héros, Ro, Roger, du fait même de sa sécheresse lexicale.

Mesdames, Messieurs, pour vous expliquer, permettez-moi de découper ici une assez grande portion de formage qui a trait à la maladie de M. Ro, puis de pointer les moments où l'on pourrait peut-être apercevoir un lapin. Vous verrez la politique en marche ! Pour la simplicité de la lecture, nous avons reproduit à la page suivante la section en question, mais pour ceux qui possèdent le manuel quintanien, vous pouvez vous référer aux pages 62 et 63. Je vous propose de lire ce formage en parallèle à ma démonstration.

> Qui ne dit qu'Orangina induit chez son interlocuteur une distance, un blanc, qui coupe court à toute velléité d'enchaînement.

Voyez ici un premier indice de lapin, dans la question de l'attention au présent et du refus d'un sens commun dont la structure invariante n'est pas interrogée...

> Interdit, le partenaire conciliant – car toute conversation à mener requiert une confiance minimale, est d'abord une entreprise de conciliation et tout livre recherche un point d'appui, de quoi fabriquer une alliance avec celui qui, à toutes les propositions, répond : « Orangina. » Lui dira-t-il : « un lapin traverse une rue ? », espérant qu'à cet avertissement inattendu l'autre se range de son côté, guettant le lapin, ouvrant et rabattant la porte avec fracas, se précipitant sur la voie publique

Un autre indice de lapin cette fois-ci à propos de la question de la constitution du sens linguistique dans l'optique béhavioriste, c'est-à-dire uniquement par des comportements langagiers observables...

> malgré la circulation intense de ces six heures du soir, craignant on ne sait quelle maladie qui, après les bovidés les ovidés,

Maintenant le lapin c'est le problème des dérèglements écologiques (qui touchent jusqu'à la santé des animaux) causés par une vision économique à trop court terme...

> aurait atteint les mammifères rongeurs très prolifiques, dévastant la cuniculiculture, obligeant le consommateur à une rétractation alimentaire majeure – après des siècles de viandes, grillées, marinées, confites –, pointant du doigt

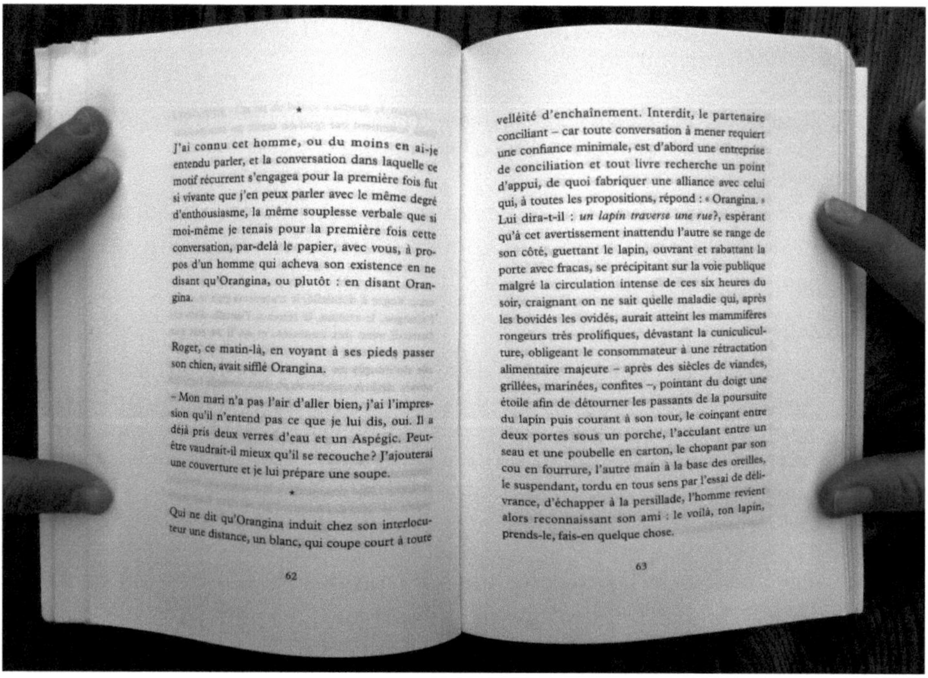

*

J'ai connu cet homme, ou du moins en ai-je entendu parler, et la conversation dans laquelle ce motif récurrent s'engagea pour la première fois fut si vivante que j'en peux parler avec le même degré d'enthousiasme, la même souplesse verbale que si moi-même je tenais pour la première fois cette conversation, par-delà le papier, avec vous, à propos d'un homme qui acheva son existence en ne disant qu'Orangina, ou plutôt : en disant Orangina.

Roger, ce matin-là, en voyant à ses pieds passer son chien, avait sifflé Orangina.

– Mon mari n'a pas l'air d'aller bien, j'ai l'impression qu'il n'entend pas ce que je lui dis, oui. Il a déjà pris deux verres d'eau et un Aspégic. Peut-être vaudrait-il mieux qu'il se recouche ? J'ajouterai une couverture et je lui prépare une soupe.

*

Qui ne dit qu'Orangina induit chez son interlocuteur une distance, un blanc, qui coupe court à toute

62

velléité d'enchaînement. Interdit, le partenaire conciliant – car toute conversation à mener requiert une confiance minimale, est d'abord une entreprise de conciliation et tout livre recherche un point d'appui, de quoi fabriquer une alliance avec celui qui, à toutes les propositions, répond : « Orangina. » Lui dira-t-il : *un lapin traverse une rue?*, espérant qu'à cet avertissement inattendu l'autre se range de son côté, guettant le lapin, ouvrant et rabattant la porte avec fracas, se précipitant sur la voie publique malgré la circulation intense de ces six heures du soir, craignant on ne sait quelle maladie qui, après les bovidés les ovidés, aurait atteint les mammifères rongeurs très prolifiques, dévastant la cuniculiculture, obligeant le consommateur à une rétractation alimentaire majeure – après des siècles de viandes, grillées, marinées, confites –, pointant du doigt une étoile afin de détourner les passants de la poursuite du lapin puis courant à son tour, le coinçant entre deux portes sous un porche, l'acculant entre un seau et une poubelle en carton, le chopant par son cou en fourrure, l'autre main à la base des oreilles, le suspendant, tordu en tous sens par l'essai de délivrance, d'échapper à la persillade, l'homme revient alors reconnaissant son ami : le voilà, ton lapin, prends-le, fais-en quelque chose.

63

Nathalie Quintane, *Formage*, Paris, P.O.L, 2003, p. 62-63.

Ici donc un véritable comportement linguistique observable... (n'hésitez pas à pointer du doigt sur votre manuel...)

> une étoile afin de détourner les passants de la poursuite du lapin

Voilà donc le lapin sous forme du problème de la concurrence économique dans la constitution de la communauté...

> puis courant à son tour, le coinçant entre deux portes sous un porche, l'acculant entre un seau et une poubelle en carton, le chopant par son cou en fourrure, l'autre main à la base des oreilles, le suspendant, tordu en tous sens par l'essai de délivrance, d'échapper à la persillade, l'homme revient alors reconnaissant son ami :

Formidable ! La communauté est alors instituée !

> le voilà, ton lapin, prends-le, fais-en quelque chose[1].

Vous voyez, cher lecteur, chère lectrice, qu'une solution empirique nous est proposée. Il y a enfin politique, contre le partage préétabli du commun, quand c'est à *nous* de *faire quelque chose* du lapin.

Au niveau des préoccupations du parti de l'avant-garde, nous pensons toujours à rester concrets. Le formage peut opérer dans le même médium, s'appliquer à la structure même de la phrase. Il permet de raccorder, par exemple, « un lapin traverse une rue », à une autre phrase inhabituelle « ce torréfacteur ne boit pas de café » comme le fait si bien la page 93 du manuel. Mais le formage est aussi un outil plus général, qui peut s'appliquer à une multitude d'objets et de média. C'est une ouverture à l'autre, mais aussi l'autre en soi, notre procès d'individuation collective. Ainsi Quintane, en bonne adepte du parti, met en scène notre tradition – cette trajectoire qui s'étend de Duchamp à l'art conceptuel et à la critique institutionnelle – en jouant des ontologies de ses objets. Elle propose une série de jeux et de variations qui apparaissent dans la manière de définir (ou de refuser de définir) le genre de ses textes, ou encore, qui permettent de statuer sur le statut objectif de l'écriture et de la langue. Vous voyez bien que c'est amusant la politique. Une manière de brouiller les pistes, de prendre à la lettre notre impulsion

1 N. Quintane, *Formage*, *op. cit.*, p. 62-63.

fondamentale vers la transformation du réel, de puiser dans nos efforts passés[1].

Grand Ensemble est une telle expérimentation, un formage en acte. Ce texte a été écrit en 2008 en réponse à l'année de l'Algérie – suite d'événements culturels et artistiques organisés quelques années auparavant – qui, pour Quintane, avait marqué l'aporie du rapport entre la France et son ancienne colonie en passant sous silence, dans un pragmatisme policier, la complexité et la violence de la guerre, ainsi que le rapport conflictuel à l'immigration qui perdure encore aujourd'hui. Etait-ce une manière pour la France de mettre en scène son passé et son présent avec la légèreté du dédouanement ? En tout cas, le livre de Quintane y opposait une autre légèreté de ton, en vue d'une autre incarnation de l'histoire. Comme à son habitude, Quintane livrait dans la quatrième de couverture les bases de sa vision : « Un fantôme nous hante, insatisfait de sa commémoration (L'Année de l'Algérie, 2003), qui le célébra pour mieux l'effacer encore. Ce livre donne corps à ce spectre[2]. » Empruntant la technique du formage, les effets de langage y prenaient une tournure concrète, des dispositifs conceptuels étaient actualisés. L'incarnation que proposait Quintane était problématique, à l'instar des incarnations historiques de ce spectre dont parlait Marx. Ici ce corps spectral incarnait le refoulé d'une histoire, l'incapacité à regarder en face les actes, les horreurs, les responsabilités. Un spectre donc dénué de genre (mais ne le sont-ils pas tous ?) : ni roman, ni récit, ni pièce, ni poème, sur la page de titre de *Grand ensemble*, là où devait en figurer l'indication, sa disparition apparaissait sous l'énoncé indéterminé : « (concernant une ancienne colonie) » – un clin d'oeil aussi à nos amis qui ont si bien établi comment le colonialisme, le nationalisme et le roman avaient partie liée…

Si ce grand ensemble faisait évidemment référence aux problèmes socio-économiques liés à l'histoire de l'immigration, à la banlieue et aux H.L.M., il pointait aussi celui, historique, formé par l'Algérie au sein de l'empire colonial français, renforcé d'autant plus par le statut

---

1 *Aparté* : « impulsion fondamentale » vient ici pour ne pas dire notre long rêve d'*effectivité*, mais ne soyons pas défaitistes… Cet aparté est aussi une auto-critique, une façon d'examiner notre propre institution, de faire la transparence sur nos budgets (montrer les bases de notre capital symbolique), et de poser honnêtement le regard sur notre rapport au pouvoir.

2 N. Quintane, *Grand Ensemble*, Paris, P.O.L, 2008, quatrième de couverture.

particulier de l'Algérie comme département. Cet ensemble – ou spectre – prenait effet dans le livre par un assemblage de parties préexistantes, et transformées par leur adjonction. C'est ainsi qu'un livre déjà publié chez Inventaire/Invention en 2004 (*L'Année de l'Algérie*) ouvrait l'ensemble, sans son titre et avec quelques variations, ou encore qu'un livre dans le livre, *Une heureuse rencontre*, se trouvait inscrit dans une suite de dispositifs qui détaillaient à la manière de notes les célébrations de l'année de l'Algérie, partage de plats ou encore dons de gâteaux – Marocains, évidemment –, exercices de calligraphie, contes, lectures ou projections de films dans des bibliothèques municipales ou dans des centres culturels. Introduit par un « (et maintenant, enfin un[1]) », ce roman de Quintane, avec page de titre, page de copyright, et achevé d'imprimer, était cette fois un véritable dispositif, et non plus sa description. Jeu entre intérieur et extérieur mêlant effets de réel, cet ajustement de parties (problématiques) était une manière de distendre et de questionner la *logique* – de l'assemblage, de l'annexion, de l'oppression – qui cachait son idéologie expansionniste sous une neutralité mathématique. « Le département signifie qu'on est à l'intérieur, division (d'un corps grand) inexpulsable. L'intérieur ne peut pas être à l'extérieur, disent les colons, et logiquement ils n'ont pas tort. Le colon dit : L'Algérie est un pays logique[2]. » Quintane inaugurait l'ensemble avec une « précision[3] », référence biographique qui la situait au présent de l'histoire, où elle notait qu'un herpès défigurant avait impulsé l'écriture du livre – la commémoration de l'Algérie sur la face de la France, résurgence d'un virus latent depuis 1830. Ce faisant, elle agissait contre l'universalisme abstrait de la logique, soulignait un effet de corps, le concret des corps qui somatisaient un refoulé historique dans le concret de la langue[4]. Un exemple de formage réussi.

Mais nous n'avons toujours pas réglé le sort de notre lapin. Revenons à la part de formage déjà entamée… Un danger guette depuis longtemps

1 *Ibid.*,p 75.
2 *Ibid.*, p. 132.
3 *Ibid.*, p. 9.
4 D'autres effets de réel s'accumulent au fil du texte, dont dix « faux-barrages », métaphores de l'aporie de cette histoire interrompue, in-continuable, contradictoire. On y trouve aussi une section de « grands récits », lyotardismes réactualisés, fictions structurantes du colonial, du moderne et du post-colonial, du rapport à cet autre qu'est le monde arabe, mais déconstruites, telle l'anecdote de l'origine de la guerre d'Algérie, ou la « question » de la femme arabe qui se mêle à celle du plombier polonais.

l'avant-garde, son absorption par la culture de masse. Mais il y a aussi un danger interne à exorciser… L'écriture n'est elle pas toujours face au danger de *rectifier* l'inhabituel – d'annihiler ainsi son effet politique – par le retour à la narration, à la contrainte du récit ? C'est pour nous prévenir de tel danger que Quintane fait suivre la phrase « un lapin traverse une rue » par :

> Le boucher, qui n'en perd pas une depuis son comptoir ou derrière le hachoir, voit, là, une occasion. Il quitte sa cliente et son steak, sort de son magasin en évitant la porte vitrée, appelle à l'aide l'apprenti, retrousse son tablier, et court après (le lapin). Celui-ci a déjà gagné le trottoir opposé, il file entre les jambes des passants, inspire un pneu de voiture puis repart, à droite à gauche loin du boucher […[1]]

La solution est simple : couper court à toute velléité d'enchaînement afin de rester dans un présent simultanément sympathisant et politique. Cette solution, celle du premier adepte de formage, Ro ne disant plus qu'Orangina, s'appelle aussi parataxe. (C'est une tactique, si vous vous souvenez, que nous avons élaborée dans les années 1980 avec une de nos antennes en Amérique du Nord, les Language poets). Voilà pourquoi Quintane affirme qu'au parti, « nous faisons de préférence des phrases courtes et des textes courts parce que le récit a tendance à fabriquer un liant qui dilue en sympathisant sans politique[2]. »

Je fais une parenthèse ici, en écho à celle de Nathalie dans notre manuel (à la page 92) en réponse à la question : « Quels sont les moyens de rendre plus politique un texte qui ne l'est pas assez ? ». Quintane nous propose de mettre de côté la théorie pour élaborer des stratégies concrètes. Suit une série de formages en acte. Parmi ceux-ci, un exemple nous paraît particulièrement probant, car il traite de la question du présent.

> Peut-on dire que, non continuée, et au présent, *un lapin traverse une rue* est l'équivalent de : *le travail doit devenir une libre activité, riche en jouissances* (par exemple). N'est-ce pas, d'ailleurs, en quelque sorte, métaphoriquement, ce que signifie cette phrase – si le travail doit devenir une libre activité, etc., c'est qu'il ne l'est pas encore, ce type de travail est, pour ainsi dire, aussi rare qu'un lapin traversant une rue, ce lapin ne peut qu'évoquer, d'autre part,

---

1 N. Quintane, *Formage*, *op. cit.*, p. 94-95.
2 *Ibid.*, p. 98.

> les jouissances que procure un travail libre, etc. ? Ainsi, **toute proposition rapportant un fait inhabituel serait susceptible d'être un programme politique**, utopique comme *un lapin traversant la rue d'une grande ville*[1].

Cette question du présent est l'un de nos chantiers essentiels. Au parti, nous avons choisi de l'aborder sous un angle particulier, qui est celui de l'interrogation suivante : comment être dans le temps, écrire dans le temps, sans retrouver le liant narratif qui crée de la sympathie sans politique ? Et c'est pourquoi une autre question philosophique nous hante, celle de l'induction.

Avant de m'avancer plus avant dans cette question, permettez-moi de revenir sur les bases du formage, et de faire toute la lumière sur les trois parties du programme que nous défendons. La première est un entraînement dont le but est de permettre, à terme, de voir ce que nous voyons, et de lire ce que nous lisons. C'est-à-dire d'assimiler à un temps t une qualité que nous n'avons pas. Tout bascule au moment t. Absolument tout. Excusez-moi si j'insiste, mais c'est fondamental. Après ce moment t s'ouvre la deuxième partie. En effet, le temps t marque le début de la maladie de notre héros, l'apparition du symptôme. Lors de la parution du livre en 2003, M. Ro a 63 ans. De par sa maladie, Ro est un questionnement, le fondement d'une question. Il nous pousse à la recherche de l'origine. Que se passe-t-il de si marquant, à l'origine, c'est-à-dire pendant l'année 40 ? (Nous passons sur l'épisode noir de la guerre, vous comprendrez...) Cette année-là, Nelson Goodman boucle son doctorat en philosophie à Harvard et W.O. Quine est professeur assistant, aussi à Harvard, en train de donner un cours d'introduction à la logique. Si nous poussons un peu plus avant notre recherche des origines, nous découvrons que Quine profite d'une bourse, quelques années plus tôt, pour voyager en Europe, et plus particulièrement en Pologne, où il rencontre des logiciens polonais (entre autres, Alfred Tarski).

1 *Ibid.*, p. 97.

ENFIN, LA VÉRITABLE TROISIÈME PARTIE

Ce qui nous amène à la partie polonaise du formage, la troisième, cette entreprise de traduction radicale qui est le véritable rêve de la révolution en acte et qui se doit de nous « transporter, personnages compris, dans un pays et à une époque qui ne semblent plus rien avoir en commun avec les nôtres[1]. » Formage, solution géopolitique, gravite autour de ce temps t à partir duquel notre héros ne dira plus que le mot « Orangina. » Si ce temps est philosophique, le temps de Goodman et de Quine, sémiologique, celui de l'expérimentation impossible de la différentiation du signe ainsi que de diverses typologies de signes, c'est aussi le temps politique de la lutte contre la subsomption réelle (Orangina). Que s'est-il donc passé au temps t, pendant cet éclat d'espérance ? Quel est ce fait inhabituel, ce moment véritablement politique ?

Formage, encore une fois, contient la solution. « Une chose qui insiste dans cette histoire est le mot or (motor) ». Cet or signale la financiarisation de l'économie. Et le pétrole qui fait tourner le dit « motor », rien d'autre que la militarisation de l'économie. Mais je reprends :

> Une chose qui insiste dans cette histoire est le mot or (motor), mais c'est sans insister que j'appelle mon personnage *Roger*, que je l'équipe de soixante-trois ans, qu'il travaille longtemps de minuit à sept heures à stocker des denrées alimentaires pour être redistribuées sur les marchés, qu'un matin il se lève et sans doute brutalisé par le basculement du système d'irrigation lorsqu'on passe de la position couchée à la position debout, il ne dit plus qu'Orangina[2].

Formage est une tentative de description de cette maladie, au fond notre maladie à tous en ces temps de capitalisme avancé.

Nous disions que le temps du formage, présent révolutionnaire, faisait appel au problème de l'induction. Hume pose la question en termes d'habitude. Lorsque, dans l'expérience, un type d'événement est suivi par un autre type d'événement, il se forme une habitude de l'esprit qui, lorsque nous sommes confrontés à un nouvel événement du premier type, nous fait passer à l'idée d'un événement du second type. L'idée

1 *Ibid.*, quatrième de couverture.
2 *Ibid.*, p. 49.

des connections nécessaires émerge de l'impulsion de l'esprit à faire cette transition. La maladie de M. Ro est une lassitude de l'habitude, ou, selon l'explication de Mme Ro, une lassitude générale du langage qui lui fait suite : « c'est tout le temps la même chose et ça arrive tout le temps dans le même ordre[1]. » Nelson Goodman, trois cents ans après Hume, invente une nouvelle énigme de l'induction, qui est celle du *vleu*[2]. Je fais vite. Prenons des émeraudes vertes. Comment savoir que ces émeraudes vont rester vertes ? On peut très bien définir des émeraudes *vleues*, nous dit Goodman, vertes avant un temps t, et bleues si elles n'ont pas été observées avant le temps t. Prenons deux émeraudes qui peuvent être définies comme étant vertes, et donc vleues. L'énigme de Goodman affirme que ces émeraudes deviendront bleues à partir du temps t, puisque toute émeraude vleue est bleue à partir du temps t.

Un mystère demeure dans ce manifeste à clé qu'est *Formage*. Il prend l'allure d'un certain personnage, chien jaune, « un bon starter, un nom de démarrage » « un sportif[3] » qui apparaît dans la première partie, mais disparaît dans la seconde, après le temps t où nous faisons connaissance de M. Ro. La clé du mystère, Quintane la tient : « Chien jaune, Roger, un passé pour deux[4]. » S'ils partagent un passé, c'est qu'ils sont identiques… Après le temps t, chien jaune se sera transformé en Roger, tout comme l'émeraude verte sera devenue bleue… Le but de la partie sportive du formage : « s'assimiler par l'écriture une qualité qu'on ne possède pas (bien au contraire[5]) »… Vous voyez où je veux en venir ?… Mais enfin, c'est clair… Enfin, nous y voilà… Il ne s'agit pas de faire des tours de passe-passe avec des énigmes… Ici, le formage fait *tout* ! S'il y a transformation utopique du réel (celle que nous espérons tous, celle de chien jaune en Roger, celle de l'avènement d'une société libre, égalitaire, fraternelle, où le rapport entre les hommes est enfin émancipé de la tutelle de la marchandise)… S'il y a alliance, commun… Si nous sommes transportés dans un pays et une époque absolument neufs, c'est-à-dire que les nôtres sont révolutionnés… S'il y a obstacle à l'opération des polices du sens, qui voudraient mesurer que l'on a bien compris, que l'on est tous pareil, que l'on est inscrit au

1 *Ibid.*, p. 57.
2 Voir N. Goodman, *Fact, Fiction, and Forecast*, Cambridge et Londres, Harvard University Press, 1979.
3 N. Quintane, *Formage*, *op. cit.*, p. 10.
4 *Ibid.*, p. 129.
5 *Ibid.*, quatrième de couverture.

système du quantifiable, de l'économique, que notre temps est compté par la litanie de l'accumulation de valeur, Or, Or, Orangina, Orangina, Orangina, Orangina… C'est qu'il y a formage. C'est que « dire c'est faire. » C'est « prendre un grillage dans la seconde même où l'idée vous en est venue et […] sauter de l'autre côté pour poursuivre sa course[1] » ; « c'est réduire le programme et sa réalisation à son énonciation. Ce n'est pas pour avoir à peine le temps de s'en apercevoir[2] ». Le formage, c'est voir ce qu'on voit, et lire ce qu'on lit ! Son programme, c'est l'induction, passer du particulier au général et créer ainsi un nouveau lectorat pour un nouveau parti ! Sa réalisation, c'est le temps du livre !

…

Mesdames, messieurs, je comprends votre hésitation… Quintane m'avait bien mise en garde contre les dangers de l'enthousiasme et du lyrisme. *Tomates* avait élaboré l'interrogation sur le ton à adopter. Écrivant son texte en 2009, Quintane l'offrait en réponse directe à la détention de plusieurs membres d'une communauté autonome du village de Tarnac sous des chefs d'inculpation relevant de la législation antiterroriste, dans le cadre d'une enquête sur le sabotage d'une caténaire de TGV[3]. L'idée n'était pas de redonner souffle aux imaginaires politiques, disait-elle, comme le tente la gauche – et qui ferait ainsi douter de son *réel* désir de transformation[4]. Mais ce n'était pas non plus l'idée de singer un style insurrectionnel issu de la grande langue classique et héritée de la Révolution de 1789, avec sa logique attenante, « périodes et lexique typique (filles au lieu de putes) **pensée construite**, rythme tenu et bien frappé sur sa fin, latin[5] », celui des situs et post-situs.

Regardons bien le mur en face… Ne nous leurrons pas… Le parti de l'avant-garde n'a pas ici le rôle de faire apparaître un nouveau partage du

1 *Ibid.*, p. 20.

2 *Ibid.*, p. 20.

3 Le fait qu'on ait trouvé sur les lieux des exemplaires du livre *L'Insurrection qui vient*, et la présomption que certains membres en étaient les auteurs, avait été versé au dossier dans cet épisode sombre de la justice française.

4 « Cela dit, la constance nouvelle avec laquelle on, de gauche, en appelle à la réactivation d'un imaginaire révolutionnaire, à l'utopie, etc., pourrait faire douter du réel désir de on (sa volonté ne faisant pas de doute) que s'enclenche *réellement* quelque chose, tant on sait bien, lui, à quel point les dernières mises en branle de cet imaginaire ont échoué (*cf.* la lettre de Rouillan). » Nathalie Quintane, *Tomates*, *op. cit.*, p. 131.

5 N. Quintane, *Tomates*, *op. cit.*, p. 39-40.

sensible, ou encore de permettre une capture des forces du social. C'est une plateforme du doute, même de l'après-doute, et qui refuse en cela toute les critiques de l'inefficacité. Voilà pourquoi c'est dans *l'équivoque* que Quintane avance sa position[1]. Elle prend acte de l'embarras de pensée qui accompagne nos subjectivations d'aujourd'hui. Quintane fouille cet embarras, et s'y tient par le vif, le drôle, le méta-critique et le muet qu'est la prise de parole *équivoque, multiple, matérielle, et qui ne cherche pas à ressaisir quelque chose*[2]. Elle endosse une sorte de bartlebisme – pas toujours partagé au parti, mais voilà la preuve de notre esprit d'ouverture – et, en mauvais sujet « déjà négocié » du capitalisme, pris dans les rets économistes du « prosommateur » et des dérives du langage de l'expertise, elle « préférerait ne pas », par la distance du ton et de l'humour. C'est un bartlebisme qu'elle dit parfois fier, lorsque il est conforté par les camarades, ou moins fier, lorsqu'il se fait plus vague souvenir, « placé sur la cheminée, entre le portrait de Pierre Clémenti et Nietzsche costumé en grec[3] », distancié par la prise en compte les variations de croyance, d'enthousiasme, de volonté d'un sujet nécessairement grippé par le gris de l'époque. Le bartlebisme de Quintane vient accompagné. Il est drôle, car l'humour s'enclenche dans l'équivoque. On rit là où les choses ne sont pas encore bien déterminées, aux frontières où les idéologies et les usages se rencontrent avant de se stabiliser. Le rire est l'imprudence de l'hilarité, dirait Bataille, qui explose sans réserve et excède les tentatives totalisantes du savoir. C'est évidemment un bon outil contre l'usage scolaire de la littérature et l'ennui du bon ton. Le rire est aussi le surgissement du corps, dans un flash de dents pour se défendre, comme le voudrait tel récit d'origine, ou tordu, grimaçant, hilare, en tout cas présent et sensible. Le rire est tout ça, certain et incontournable et pourtant dans l'esquive. C'est une manière de réponse à la tomate lancée…

1 « S'ils voulaient vraiment être plus libres, [*ceux qui lisent*] attendraient des livres d'autres langues, pas forcément plus inventives, mais au moins plus équivoques. Pour cela, il faudrait avoir des littératures un usage autre qu'exclusivement hédoniste et scolaire (sortir autrement d'un livre qu'avec les habituels *ah j'ai appris plein de trucs sur le ressenti des malades d'Alzheimer ou le génocide au Rwanda*, et *ah quel styliste, quelle saveur en bouche*, etc. – les deux étant parfaitement compatibles). » N. Quintane, *Tomates*, *op. cit.*, p. 133-134.

2 « Comment dépasser le moins possible de la pensée son embarras est une question, car en effet, c'est là qu'on peut fouiller et se tenir, tant que nous n'avons pas pour objectif de ressaisir quoi que ce soit. » Nathalie Quintane, *Un embarras de pensée*, Paris, Argol, p. 108.

3 *Ibid.*, p. 111.

Mais c'est aussi une manière de refuser les fascisations diverses. Comme l'écrivait Foucault dans son introduction à *l'Anti-Oedipe*, il est préférable d'opposer la prolifération au fascisme, d'utiliser « la pratique politique comme un intensificateur de la pensée, et l'analyse comme un multiplicateur des formes et des domaines d'intervention de l'action politique[1] ». Chez Quintane, c'est dans l'espace page que les analyses et les pratiques s'intensifient et se multiplient. Cette micropolitique à la lettre performe ainsi notre subsomption réelle. Mais c'est aussi la mise en acte de la dissociation des signes d'avec leurs référents. S'il est vrai que nous sommes dorénavant soumis à cette dissociation, c'est à nous de creuser des galeries dans la forêt touffue des références, et alors nous pouvons déployer notre univers singulier dans le commun. La cohérence de cet univers dépendra des références choisies de chacun, des outils de recherche possibles, des réseaux d'amitié. On y entrevoit de possibles solutions, celles d'« être tout à fait personne », d'adopter une position de « déconfits-intransigeants[2] » de refuser les assignations subjectives qui nous sont faites de porter tel costume. Mais en rire c'est aussi ouvrir la soupape. Le rire, un peu jaune, a quelque chose à voir avec la honte (celle d'être cerné), mais sans y être assujetti.

Noura WEDELL

1 M. Foucault, « *L'Anti-Œdipe* : une introduction à la vie non fasciste » (1977), introduction à l'édition américaine de *L'Anti-Œdipe*, repris dans M. Foucault, *Dits et écrits*, Paris, Gallimard, vol. II, 2001, p. 133.

2 N. Quintane, *Plomb Polonais*, *op. cit.*, p. 54.

REGARDS CROISÉS

LOGES DU VISIBLE

Même lorsqu'il se donne pour ce qu'il est, le pastiche comporte des risques. Pour l'œuvre d'appui dont il révèle les répétitions et, à l'instar des caricatures, grossit les traits, pour le pasticheur qui dévoile ses propres limites.

La prise de risques ayant constitué depuis la fin des années 50 un critère trop répandu d'appréciation des entreprises artistiques, elle a sombré dans les lieux communs qu'elle suscitait au même titre que l'urgence ou le nouveau si bien que c'est redevenu aujourd'hui risqué de prendre des risques.

Nathalie Quintane n'est pas qu'un écrivain, c'est aussi une personne généreuse qui porte des chaussures alors qu'elle n'est pas sans ressemblances avec Sandie Shaw, la chanteuse aux pieds nus vainqueur de l'Eurovision en 19 (vérifier l'orthographe et compléter avec la date. Ou plutôt vérifieZ !).

Elle a fréquenté sans les suivre quelques plagiaires notoires et déclarés comme Raymond Federman.

Elle porte le même prénom que Portman (la première sur Google devançant Baye et Kosciusko-Morizet), Sarraute et Ménigon.
Elle n'a peur de personne et tout le monde de la poésie la respecte.
(*cf.* sa provocante assertion
Tout le monde respecte Bernard Heidsieck
revue *Java*, 1997 ?)

Rien ne distingue un texte de Nathalie Quintane d'un texte qu'un contemporain mâle eût pu écrire sous le nom de Jean-Michel Quintane.

Peu de gens, à part les auteurs concernés, lisent vraiment les textes que des écrivains consacrent à d'autres écrivains vivants ; ce qui compte, c'est le nombre, le nombre de signes et le grade des signataires.

De tous les livres de Nathalie Quintane, c'est *Début* qui ressemble le moins aux autres, *Tomates* est le plus subversif, *Remarques* le plus vendu et *Crâne chaud* le plus impressionnant.

Nathalie Quintane a plusieurs lecteurs célèbres et influents dont la plus célèbre et influente est Sophie Marceau.

Récusant la transmission et filiation du genre viril ou paternaliste, elle se revendique plusieurs tante et oncles avec lesquels elle se comporte de façon maternelle et joueuse.
Elle protège, soutient aussi quelques jeunes femmes, quelques jeunes hommes et s'occupe avec affection de plusieurs grands-pères.

Nathalie Quintane, parmi les rares professeurs agrégés exerçant dans un collège, est salariée à 80 % de son temps.

Elle pratique le collage, l'interconnexion, établit des liens fructueux d'un lointain à l'autre et de souples contraintes, a traversé sans dommages une période surréaliste et ne comprend pas les calembours.

S'il y avait encore des files et des chefs, Nathalie Quintane serait chef de file.

Rien n'est plus opposé à son esthétique que celle d'un Jean-Michel Maulpoix ou d'un Vincent Voiture.

Son œuvre n'a pas de cœur ni de centre ni d'axe ni de clôture, c'est une entreprise protéiforme et drôle de compréhension de tout, y compris d'elle-même.

On peut oublier tel ou tel livre de Nathalie Quintane mais on ne peut oublier son art, c'est l'inverse d'un Truman Capote.

Chercher un mot qui ne figure dans aucun livre de Nathalie Quintane.
Le mot *transsubstantiation* ne figure dans aucun livre publié par elle à ce jour (vérifier, vérifieZ).

Soit une action familière : dans plusieurs de ses livres, Nathalie Quintane en use comme Ponge d'une chose, elle s'y colle avec méthode et humour.

Quand la pointe de mon pied gauche repose longuement sur mon pied droit à plat sur une surface à peine plus grande que la largeur de mon pied droit, c'est que je suis lancé sur une trottinette.

Le pastiche, qui est un moins par rapport à l'original, n'autorise rien de mieux en étant pastiché bien que moins par moins (- X -) dût donner du mieux.

Il y a peu d'écrivains contemporains dont le nom commence par un Q (Quélen et Quignard) et Quintane est toujours la dernière.
Ce nom de Quintane, s'il eût été Ouintane avec un O majuscule, la face de la littérature contemporaine en eût peut-être été changée : elle aurait adopté soit le nom de son premier mari soit un pseudonyme et ce léger déplacement dans les index et anthologies n'eût pas été sans conséquences tel un battement de petite cause dans un manuscrit clandestin, bien loin de St-Tropez.

Parce que chacun de ses livres loge entre logos et logique, le flux quintanien est en-dessous de la logomanie.

Les majuscules, que ce soit au début d'une phrase ou à l'initiale d'un nom propre, ne marquent rien qui puisse s'entendre.

Nathalie Quintane ne donne presque jamais le nom de la ville où elle habite comme si celle-ci n'était pas digne ; elle l'utilise pourtant souvent, la raille, l'exploite ou la toise et finit par la magnifier, Nathalie Quintane aime la ville de Digne.

Est-ce qu'il y a des champs de la connaissance scientifique, comme l'observation des fourmis par exemple, qu'on puisse considérer comme définitivement clos ?

Rien dans l'œuvre de Nathalie Quintane ne va contre une connaissance scientifique actuellement établie et reconnue.

Chaussure de Nathalie Quintane peut être rangé dans une bibliothèque entre le dernier tome de la recherche et *Louve basse* de Denis Roche ou *Cargo Culte* d'Emmanuel Rabu mais il est plus qu'improbable de le trouver entre *La Jeune Fille, le diable et le moulin* d'Olivier Py et *Le Bal du Comte d'Orgel* de Radiguet.

Faire allusion à au moins un projet, une mélodie ou un film de Stéphane Bérard puis la même chose avec Stephen Loye et Stéphanie Eligert (sauf que celle-ci ne filme ni ne compose).

Nathalie Quintane n'a pas été l'Anna Karina de Stéphane Bérard cinéaste ni la carina Medeiros du même en tant que chanteur compositeur, la différence entre Nathalie Quintane et une égérie ou muse, est que l'une pense, crée, critique, propose et dispose, l'une compose, l'une est femme-sujet alors que l'autre est comme la lune. Mais la femme-sujet ne consomme pas forcément de l'homme-objet.

Soumettre ce texte à Nathalie Quintane avant remise au maître d'œuvre, Benoît Auclerc.

La répétition de ses prénom et nom fonctionne ici comme un *mantra* tibétain, c'est-à-dire non pas comme une croyance dans le caractère bénéfique de l'enchaînement syllabique mais plutôt comme une tentative de *canaliser le mental discursif* (Wikipédia).

Des œuvres de plasticiens proches, comme celles de Stéphane Bérard, de Nelly Maurel ou Alain Rivière, ne sont pas forcément des œuvres proches de l'œuvre : aucun processus ou concept susceptible d'analogie.

Trouver un discret leit-motiv et mieux enchaîner sans négliger les moments de creux, de flottement à la Jacques Rozier.

Le pastiche fait lien avec l'art de Bérard, Rozier pas seulement avec l'Algérie.

Si une allusion n'est perçue par aucun lecteur contemporain, est-elle malgré tout justifiée au nom d'une lecture plus pertinente par la postérité ?

Sans que rien ne les distingue typographiquement, le JE de Christine Angot est à l'opposé du JE de Nathalie Quintane.

La parution de la fiction *Crâne chaud* en 2013 suscite la réelle invitation de Nathalie Quintane à l'émission de radio de Brigitte Lahaie sur RMC tandis que la parution de *Jeanne Darc* en 1998 n'a produit aucun effet dans le réel des rapports de l'Église à l'auteur.

Dans le fond du lieu commun, Nathalie Quintane descend un peu plus bas que tout un chacun et décèle la puissance comique de l'évidence recadrée.

La fameuse partition entre *monstres* et *couillons*, dans le monde de la poésie contemporaine, résulte du même regard que celui posé sur la chaussure ou St-Tropez, un regard qui joue (et déjoue) le studieux, l'application documentée, le surplomb, le survol, les parts nocives, (barbares ?) de la recherche.

Il ne faut pas sous-estimer la passion pédagogique de Nathalie Quintane, dans tous les sens du terme, énergie, souffrance et sadisme.

rrreee'rrvgcccccccccxaa
(est-ce que je dois garder cette suite de lettres obtenues par le mouvement de mon index droit dans le but de déloger des saletés entre les touches de mon clavier ?)

Elle a publié des romans chez P.O.L (Hubert Lucot me fait une remarque chaque fois que je mets un point après le L de P.O.L) et des livres qui ne sont pas dans la collection Poésie sans être des romans ni des récits.

L'écriture de Nathalie Quintane est une machine à penser qui se serait libérée de la mécanique par l'humour.

Si j'articule un aphorisme à ce qui le précède, s'agit-il encore d'un aphorisme ?

Y a-t-il des écrivains qui tapent aussi correctement et vite au clavier qu'une secrétaire ? Si oui, peut-on en déduire quelque chose de pertinent quant à leur écriture ?

Je décide de choisir une phrase de Nathalie Quintane prise au hasard dans un de ses livres, lui aussi choisi au hasard :

J'avance, elle avance.
(*Cavale*, 2006)
Mais j'ai triché, récusant la première phrase venue parce qu'elle m'a semblé trop longue.

Ici mettre une photo du film culte de Jacques Rozier, *Adieu Philippine*, mais pas une trop bérardienne, non : une prise sur le tournage en TV direct de Montserrat par Stellio Lorenzi :

Mais qu'est-ce qu'il fout dans le champ ? Virez-moi ce con !

Dogs talk.
(Tex Avery)

Autres images, une de naufrage, l'illustration de l'édition poche *d'Arthur Gordon Pym.*

Nathalie Quintane est une grande lectrice, elle lit et relit la Bibliothèque et ses contemporains avec enthousiasme et sagacité mais elle cite peu. Elle apprécie surtout les inventeurs de théorie, les philosophes, les essayistes. Grande lectrice de ses propres textes en public.
Elle a de la gouaille dans la voix qui apparaît peu dans ses livres, davantage dans sa correspondance. Quelque chose d'une Zazie assagie, d'une actrice (entre Valérie Bonneton et Jennifer Lawrence) et chanteuse populaire qui lirait Jean Paul en cachette et Diderot pour ses bifurcations, Lichtenberg lui ayant fourni le coupe-papier sans lame.

Imaginer ici un texte potentiellement censurable par Nathalie Quintane, parce que trop intime et *people* ; de même qu'un éloge gentil de sa générosité, ça la dégoûterait. Affiner tout de même la représentation de ces lignes, les voir vibrer comme on peut parfois voir et entendre vibrer des fragments d'éloge qu'on veut sincères même si bien préparés.

Manque un fil quintanien, un véritable leitmotiv.

Nathalie Quintane a pris beaucoup de risques, avec une grande discrétion, parfois même clandestinement mais lorsqu'une action est restée à jamais clandestine, peut-on continuer d'affirmer qu'elle était risquée ?

Sans son intervention, la revue en ligne sitaudis n'aurait jamais vu le jour.

Si elle avait écrit *Gant* au lieu de *Chaussure*, elle n'aurait peut-être pas trouvé la voie de passage entre Stein et Ponge.

L'unique véritable raison de la poursuite de ce texte, c'est le nombre de signes demandé par Benoît Auclerc, 35 000.
Nathalie Quintane jette parfois un œil nostalgique, attendri, lucide sur les conditions matérielles de production d'un texte à cause de Marx et Bataille ; et elle ajoute une moustache sur les icônes en noir et blanc.

Comme beaucoup d'œuvres contemporaines, son extension dans l'espace, en place-dropping, est très étendue (insérer ici une carte des lieux inventoriés sur le modèle de la carte des voyages d'Ulysse par Victor Bérard) ; en revanche le voyage dans le temps de sa bibliothèque fait des incursions en deçà du XVIIIe (dernier exemple en date), ce qui est plus rare.

« Mettons qu'avec interface, transit est le mot clé de nos sociétés. »
(*Un embarras de pensée*, Argol 2008)
Le mot clé est devenu aussi un mot-clé, justement moqué.

Dans quel livre utilise-t-elle la métaphore du « galop du petit cheval » pour désigner l'emballement des phrases de l'auteur dans le plaisir d'écrire ?
Ici, beaucoup de haies, obstacles, rivières.
Et refus, chutes.

Demander à des proches ou ex proches une phrase sur Nathalie ou ses livres et les recopier telles que.

Stéphane Bérard :
Chanson.
« Qui c'est le Chef de la li-tté-ra-ture ? (couplet)
– C'est la Touuu-touuune ! (refrain) »
(Extrait de *Divagations improvisées* chant S. Bérard guitare X. Boussiron Champagné-les-Marais, 2000.)

Nelly Maurel :
Sainte Nathalie Quintane a vu Dieu se démaquiller en consultant le dictionnaire.
Depuis, elle poursuit une carrière consciencieuse de punk-ouvrière.

Stéphanie Eligert :
Petit à petit, « Nathalie » s'efface et il reste « Quintane » – un signifiant qui compacte toutes les sensations de lectures : celles de grands ensembles textuels ayant la puissance infrathéorique d'un quintuple char d'assaut, et dont pourtant, chaque linéament, a une texture tactile – douce – érotique.

Sonia Chiambretto a demandé du temps (trop).

De la sorte, ce texte prend une allure quintanienne en ce sens qu'il interfère, certes un peu plus en amont que les siens, dans la réalité.

Ce que les écrivains mâles ont réussi en grimaçant crispé carié, elle l'accomplit avec le sourire.

La connaissance de la personne de l'auteur constitue souvent un obstacle à une compréhension de ses livres.

Dans *Les Récits Hassidiques*, Martin Buber rapporte l'anecdote suivante :
Le Rabbi Haïm de Krosno s'était abîmé longuement dans la contemplation d'un danseur de corde ; ses disciples lui ayant demandé comment il avait pu consacrer autant de temps à un spectacle aussi vain, il leur répondit que s'il ne risquait sa vie que pour la somme de 100 florins, le seul fait d'y penser lui ferait perdre l'équilibre immédiatement et s'écraser au sol.
De même Nathalie Quintane lorsqu'elle écrit ne songe pas une seconde aux gratifications qui en découleront ou non, son attention à ce qu'elle écrit est aussi peu mélangée que celle du danseur de corde.
Lorsque elle sent partir au galop le petit cheval, elle pressent le danger, la lourdeur sur la corde.

Ce que dit un critique musical du jeu de la pianiste Yuja Wang, peut s'appliquer à l'écriture de NQ et à son jeu d'actrice :

… rigueur architecturale, absence de sentimentalisme et d'emphase …
… capable de verve rythmique explosive comme de sonorités perlées en apesanteur …
et même dans ses grands écarts sémantiques, ses ruptures de ton on peut voir un équivalent de
sa fluidité dans les jeux d'octave
(Éric Dahan, *Libération*)

Parmi tous les livres de Nathalie Quintane publiés chez P.O.L, certains sont ornés d'un bandeau bleu sombre sur lequel figure son seul patronyme en lettres capitales blanches.

Il y a de la pente et pourtant rien ne coule.

Quant à savoir en quoi cette œuvre suit sa propre pente depuis les Grands fonds (terme typographique, nom de la collection chez Cheyne éditeur où a été publié *Remarques*, le premier livre de Nathalie Quintane), c'est à peu près du même ordre que se demander si le petit cheval est blanc ou gris comme un âne.

Le temps mis pour reconnaître Nathalie Quintane varie selon les personnes et les milieux mais excède rarement trois minutes si l'on exclut ceux qui, ne la connaissant pas, ne pourront la reconnaître.

Le mannequin tanne lui-même la peau dans laquelle sera cousu son vêtement, ça pourrait être une métaphore de l'écrivainE, en fait le patronyme dissimulé a produit la chose et amené la question peu quintanienne : pourquoi ne demande-t-elle pas à ce qu'on l'appelle mannequinE ?

Ce travail est à la fois monstre et couillon.

S'écarter, ne pas s'écarter du modèle et tirer à la ligne.

En raillant Mao, ne compter que sur ses propres forces… à elle.

Contrairement à ce qu'avait rapporté *Libération*, ça n'est pas elle mais son conjoint de l'époque, l'artiste Stéphane Bérard, qui a découvert Raymond Federman chez un ami poète.

Le premier film dans laquelle il l'a fait tourner s'appelle *Je vous présente ma fiancée Nathalie* dont le pitch correspond, rien de plus, rien de moins très rigoureusement au titre, un monument de tautologie et, en ce sens strict, très quintanien bien qu'il semble introduire pygmalionalement, une jeune première.

Je ne me souviens d'aucune pensée originale qui me soit venue en laçant ce texte.

Trouver une phrase d'auteur aux antipodes de l'univers de Nathalie Quintane :
… l'existence d'un poète en général est un sacrifice humain.
(Kierkegaard)

Nathalie Quintane est hétérosexuelle, athée et femme de lettres.
(pastiche de la présentation d'Olivier Py par lui-même dans *Le Monde* du 19/09/2013 : homosexuel, chrétien et homme de théâtre).

Tant que des artistes affirmeront leur orientation sexuelle comme détermination première, tant que l'on continuera d'appeler « trisomiques » les enfants qu'on traitait jadis de « mongoliens » et « homos » ou « gays » ceux qu'on traitait de « pédés », tant que l'on continuera de dire « pas de soucis » et « effectivement », le cœur n'aura pas été remis, comme il eût dû l'être, au centre de nos dispositifs.

Pastiche implique la plupart du temps, même chez les Monty Python, adhésion empathique.

Si « si » est bien l'une des conjonctions les plus employées dans cette œuvre aux antipodes de *Sissi*, est-ce que je peux affirmer qu'elle est en si majeur sans tomber dans la poésie justement honnie ?

Échec d'une tentative d'anagrammer les prénom et nom, malgré l'aide des outils ultra-rapides du web rien de signifiant : n'est-ce pas significatif d'une résistance au Sens ?

TARKOS
SOKRAT

Dans le champ littéraire et dans le jardin de la poésie, les amis de mes amis peuvent être des ennemis, les ennemis de mes amis peuvent être mes amis, les ennemis de mes ennemis peuvent être soit des ennemis soit des amis. De plus, comme l'a écrit Francis Picabia :

« Les ennemis ne peuvent devenir que des amis et réciproquement : que craignez-vous ? »

Le dernier film très apprécié, disséqué et vanté oralement par Nathalie Quintane, a été *L'Inconnu du lac* d'Alain Guiraudie.

Le sourire que suscite Nathalie Quintane se situe au-dessus de la masse des sourires suscités par les livres, c'est un sourire politique.

Comme convenu préalablement avec elle, ce texte va être soumis à Nathalie Quintane le mardi 24 septembre 2013 ; il comportait (avant le point-virgule précédent), 17 035 signes, à peine la moitié du compte et compte tenu du fait que deux des proches sollicités n'ont pas encore envoyé leur participation ; pastichant Emmanuel Carrère avant la sortie de *D'autres vies que la mienne*, je m'engage pourtant à accepter tout retranchement demandé par Nathalie Quintane. Et je note au passage que l'auteur de *L'Adversaire* et plusieurs autres best sellers, est toujours resté fidèle à son premier éditeur P.O.L. Hubert Lucot me pardonnera-t-il ? J'ai été contraint de mettre un point après le L de P.O.L ! Cela pour dire que sans les ventes d'Emmanuel Carrère, les livres de Lucot, Prigent, Quintane et quelques autres qui semblent tout aussi indispensables n'auraient sans doute pas été aussi présents dans les librairies.

Alors que Nathalie Quintane m'a fait part de ses *remarques*, sans aucune demande de retranchement, après relectures par deux autres proches des premières loges, je décide de remettre ce travail au seul Auclerc que je connaisse.

Pierre LE PILLOUËR

NATHALIE QUINTANE, ARTISTE

Quand je marche, il y a toujours un de mes pieds qui a disparu derrière moi.
Nathalie QUINTANE

Interrogé par Georges Charbonnier à propos de savoir comment peindre dorénavant une vache alors que l'on a été un pionnier de l'abstraction et que l'on alterne figuration et abstraction, Francis Picabia répond : « par un cheval ! »

Il se trouve que l'œuvre commence idéalement par deux petits livres assez complémentaires, une sorte de diptyque : *Remarques* et *Chaussure.* En les titrant ainsi sans les qualifier, Nathalie Quintane met d'emblée les pieds (qu'elle a grands, comme Sandie Shaw) dans le plat de la littérature. *Remarques* est tout bêtement constitué d'un ensemble de « remarques » fondées sur de menues évidences énoncées en phrases généralement lapidaires ; *Chaussure* parle très simplement, et même parfois simplettement, de chaussures. « C'est écrit dessus » dirait, logique, Jarry.

Du coup, on prendra les ouvrages qui suivent comme autant de pas de côtés dans le terrain miné de la chose écrite. Non que les étiquetages par catégories soient absolument caducs, mais il est clair, concernant NQ, certes légitimement désignée comme écrivaine, que ses livres assez insituables ont partie liée avec l'idée d'exploration intime (plutôt que d'expérimentation), la rapprochant davantage de certains artistes contemporains que d'écrivains pur sucre (j'entends par là ceux qui se consacrent à la littérature sans jamais douter de la dite littérature). Il semblera peut-être un tantinet excessif de rapprocher cette dimension exploratrice de NQ des expériences nourrissant l'œuvre d'un André Breton dont Michel Foucault pensait qu'elles lui avaient permis « de pouvoir contester non seulement toutes les œuvres littéraires déjà existantes, mais l'existence même de la littérature[1] », mais il se joue assurément quelque chose de cette nature dans sa bien nommée démarche. NQ, récuse de fait, sans véritablement le proclamer, les genres admis. Elle élabore, hors de toute logique programmatique, une œuvre singulière pouvant apparaître comme une succession de revisitations critiques aussi éloignée d'une autopsie glaçante de type post-structuraliste que d'une parodisation tarantinesque (qui entreprendrait de s'attaquer tour à tour et sans frein à la poésie, au roman, à l'autobiographie ou à l'autofiction, au scénario, à l'enquête sociologique, au texte pédagogique, à l'essai historique ou politique, etc.).

NQ écrit « à vue ».

Comme on dit : « tirer à vue ».

Son point de mire : la littérature, qu'elle refait comme on refait le monde, en connaissance de causes.

Pas uniquement la littérature à l'imparfait du subjonctif, ou celle naguère visée par Julien Gracq, « à l'estomac » (la fausse « vraie » et la vraie « fausse » littérature) : toute la littérature !

[Eugène Ionesco prétendait qu'on pouvait déterminer ce qui n'est pas de la littérature, mais jamais ce qui en est. Il n'avait pas tort : c'est en effet une autre paire de manche que de démontrer, arguments à l'appui, ce qu'est la littérature. Surtout si l'on voit midi à sa porte ! Ainsi Marguerite Duras claironnait-elle que Sartre n'était pas un écrivain, opinion certes discutable, mais audible. On rangera de même aujourd'hui sans risque Marc Levy dans la catégorie des « faux » écrivains. Pourtant, disons qu'à l'instar de Marcel Duchamp établissant qu'« un *mauvais* art est quand même de l'art, comme une *mauvaise* émotion est quand même une émotion », l'enjeu pour NQ ne concerne pas davantage la « vraie » que la « fausse » littérature (et vice versa) ; pas plus le bon grain (la « qualité ») que l'ivraie (tout le reste).]

1 Cité dans la revue *L'Archibras*, Paris, Le Terrain vague, n° 1, avril 1967.

Disjonctions brutales ou digressions lentes, récits chaotiques, formules désarmantes et drôles par leur évidence ou au contraire leur approximation, sérieux soudain d'un véritable propos (le tourisme, « une ancienne colonie », le sexe), produisent dans chaque livre différent, des énoncés déjouant avec impertinence les savoir-faire narratifs et les aimables conventions apprises, voire les ficelles expérimentales (détournements, listes, répétitions, collages de fragments, intertextualité, parataxes).

Car un ton domine, un son, une couleur Quintane.

Derrière ce qui semble une désinvolture stylistique, un laisser-aller insolent, des coq-à-l'âne gratuits, se révèle au fil des livres et au gré de problématiques de plus en plus cernables, une obsession du langage au service d'une forme mouvante reconnaissable entre toutes. La comparaison surprendra j'imagine, mais j'ai devant l'œuvre de NQ un sentiment assez proche de celui que je peux avoir face à celle d'un Mike Kelley dont les installations successives en apparence disparates, surprennent par la cohérence du propos qui les porte (les représentations culturelles hautes et basses télescopées et leur soubassement idéologique, la part de mémoire personnelle et au centre l'apprentissage scolaire, le savoir comme mode d'oppression, l'insignifiant pensé comme un moteur critique). La cohérence se situe identiquement chez NQ dans une volonté (« Je suis peu nombreuse mais je suis décidée ») de ne pas se soumettre aux injonctions normatives, sorte de diktat sournois du « kif-kif » (expression massivement utilisée dans *Cavale*), quitte à leur opposer des truismes oiseux dont la fausse platitude tautologique se révèle l'antidote, en même temps qu'ils produisent ce qu'il faut bien appeler un style littéraire. Celui-ci se met en place avec *Remarques* et *Chaussure* dont l'expression très littérale, « alittéraire » pourrait-on dire, apparemment dénuée de recherche formelle, bat en brèche le fait poétique, son fond de commerce (l'emphase prétentieuse, ou la radicalité « asticoteuse de structures ») et sa mystique.

L'ingénuité de la ravissante idiote rigolote au service d'une entreprise de démystification tous azimuts.

ÉCRITURE QUINTANE

Incontestable, dans la démarche de NQ, une dimension critique et même politique de plus en plus affirmée (*Tomates*, avec son titre rouge vif, de façon très directe, quoique sur le mode du conte philosophique). Mais celle-ci ne mime pas la littérature « engagée » des lendemains qui chantent. C'est sa posture délibérément déplacée, consciente de « ce qui n'est plus possible », qui frappe davantage de livre en livre. NQ dérègle ce qui pourrait constituer une mécanique narrative avec une drôlerie mordante. Il faudrait, comme pour Fellini, dont les titres des derniers films incluaient son nom (*Fellini Roma*, *Fellini Satyricon* ou *Il Casanova di Fellini*) ajouter à la suite de certains des titres de ses livres son nom, Quintane : *Chaussure Quintane* ; *Saint-Tropez Quintane* ; *Jeanne Darc Quintane* ; *Cavale Quintane* ; *Tomates Quintane*… Écriture Quintane. Non que ses livres soient narcissiquement autoréférencés, mais ils sont assurément à la première personne. Une première personne témoin attentif d'un monde mutant. Où le spectaculaire marchand domine le réel, dans lequel les utopies libératrices ont pris un sérieux coup dans l'aile. Où l'individu infantilisé cherche désespérément sa place dans le catalogue pléthorique des identités fictives ou plaquées que la société lui enjoint de choisir. L'art dès les années 70 et la littérature à la fin de la décennie suivante[1], comme pour déjouer cette injonction, ont replacé le sujet au cœur de la création, en faisant du « je » le pivot de « dispositifs » difficiles à caractériser car chevauchant plusieurs catégories voire disciplines[2]. Celui de NQ propose des « contre-formes » à la littérature *allant de soi* (celle qui emprunte les conventions narratives du roman et celle qui prétend les révolutionner). L'écriture subjective inscrite dans la réalité immédiate qui compose le monde et l'époque (petits faits et grandes questions), allume la mèche ; l'« action chauffante » (la formule est de NQ) que constitue le déroulé

1 Pour faire court, dans l'art : Gérard Gasiorowski, Christian Boltanski et un grand nombre de performers ou de vidéastes (Esther Ferrer, Jacques Lizène, ORLAN, Eric Duyckaerts). La chose peut être élargie à la danse (Jérôme Bel, Xavier Le Roy, Maria La Ribot) ou au cinéma après Godard et Fellini. Dans le champ strictement littéraire, naturellement, les écrivains dont les livres relèvent de l'autofiction.

2 Pierre Alferi et Olivier Cadiot les qualifièrent d'« OLNI » (objets littéraires non identifiés) dans *La Revue de littérature générale* en 1996.

des phrases, l'unifie en un ensemble de renversements de perspectives (dans *Formage* la digression sur le « mot (ou plusieurs) particulièrement propre(s) à démarrer 1) un livre, 2) une conversation, 3) une journée ? »).

Ceci souligne la spécificité *collagiste* de l'écriture de NQ plus proche des artistes ayant entretenu une pratique issue du collage (comme Rauschenberg et ses *combine paintings*) que de l'usage fait dans le domaine de la poésie des techniques nées du collage (y compris le *cut up* et les tripatouillages numériques), souvent créatrices d'images entrechoquées aux allures post-surréalistes. Rien de tel chez NQ qui associe, combine, multiplie les registres, les expressions, les formes sans rechercher d'effets. Ce sont plutôt des mises à plat comme lorsque, créant un collage, on distribue, isole et rapproche, ordonne et désordonne, sur un support quelconque un *ensemble* d'éléments déconnectés de leur contexte initial.

L'ARTISTE

Grand ensemble ne porte pas ce titre pour rien. Il s'agit bien d'un processus de découpage et de montage, mais aussi d'un entassement de textes (« Faux barrages », « L'Année de l'Algérie », « Grands Récits » (7), « Épitaphes » (14)), un roman compris (« Une heureuse rencontre »)), rebattus comme on bat des cartes. Cependant, dès l'abord, nous sommes prévenus sur le ton de la chronique : « À la suite d'un herpès occuré à la lèvre supérieure en février deux mille trois et particulièrement défigurant, je décidai d'écrire un texte intitulé *L'Année de l'Algérie* ». Ce déclencheur l'indique clairement : *Grand ensemble* ne relève pas de la pure confection formaliste (jeu sur les genres littéraires, sur le fragment, sur la discontinuité, que sais-je), mais d'une représentation de ce que l'on voudrait ne pas voir être représenté par vertuisme exacerbé, ou simplement soutenir du regard : une certaine laideur, l'horreur suscitée par la défiguration et ce à quoi elle peut faire penser (la purulente sanie d'une plaie, la marque d'une torture, les « gueules cassées »).

Grand ensemble, livre-collage, donne forme, par la combinaison d'éléments éclatés, à une opération contre les faux-semblants. On pourrait du reste, plutôt que de se fixer sur le terme de défiguration assimilable à une altération, davantage parler de figuration, au sens où NQ, évitant tout expressionnisme, met à nu la réalité historique et l'enracine (le rapport entretenu avec *l'ancienne colonie* qu'est l'Algérie) ; en révèle « mine de rien » le fond profond. Dès lors, plus qu'une figure défaite (comme elle peut l'être chez Bacon en peinture) ou sa déconstruction (Picasso), on suggérera qu'il s'agit avec *Grand ensemble* d'une défaite de la figure (au sens linguistique du terme : toutes les formes de discours, leur charge idéologique, leur contextualisation, leurs références). C'est la langue française, revue sinon corrigée, qui passe un mauvais quart d'heure, ou plutôt la piété devant la Langue Française avec des majuscules, assimilable à une démission, qui prend en pleines gencives la cinglante formule : « La conscience aveugle en la langue peut mener en la confiance aveugle en la L.F. » (pour Langue Française).

Revenons à la question de la comparaison avec l'art.

Avec l'art et avec les artistes pratiquant le collage. Du moins, pour prendre un exemple précis, avec le plus emblématique d'entre eux, Robert Rauschenberg évoqué plus haut. Tout au long de son œuvre, il préleva et assembla des éléments variés issus du quotidien, afin, disait-il, de produire chaque fois une « totalité » constituée d'éléments non hiérarchisés. Il est clair que dans le domaine des arts dits plastiques cette totalité s'accomplit lors de la perception visuelle synthétique du tout de l'objet, présenté à l'intérieur d'un espace donné. Dans ce que l'on qualifiera, sans distinction de genre, de production littéraire, c'est la durée de la lecture qui constitue la perception de l'œuvre, l'espace spécifique du livre (ou de la « tablette », ou de l'écran d'ordinateur) se présentant comme une totalité non appréhendable dans son ensemble. Si le corps entier, et pas seulement l'œil, est mobilisé dans la réception de l'œuvre plastique (on peut se mouvoir face à une peinture, l'observer de près ou de loin, voire la toucher s'il s'agit de sculpture), et si, bien sûr, aucune œuvre ne se réduit à ce qui est objectivement donné à voir (« ce sont les regardeurs qui font les tableaux »), la lecture, toute lecture, plus intime, plus mystérieuse dans son fonctionnement, extériorisée par un corps souvent nonchalamment assis ou complètement allongé (sur une plage ou le gazon d'un parc), semble très éloignée de la réception plus active, voire solennelle, de n'importe quelle œuvre d'art dans l'espace. Gilles Deleuze disait de la peinture (à propos de Francis Bacon, mais cela vaudrait davantage pour Robert Rauschenberg) qu'elle nous mettait « des yeux partout » ; les textes de NQ, parce qu'ils empruntent aux techniques du collage ou de l'assemblage, modifient l'idée même de lecture en contredisant le mode généralement admis de linéarité, nous mettant en quelque sorte « des yeux partout » en jouant de différentes hypothèses narratives, faisant subir au lecteur les mini-douches écossaises que constituent les changements de registres, l'invitant simultanément à ne se soumettre finalement à aucun, tout en imposant le livre comme une totalité.

D'où l'importance des titres de livres pour NQ. Ils ont ceci de commun avec ceux des œuvres plastiques[1] (surtout contemporaines, leur usage étant de toute façon récent en art), qu'ils dénominent des objets uniques. Étroitement liés, soit à leur conception, soit au résultat final, ceux-ci se distinguent (parce que non obligatoires : *sans titre* est sans doute encore le titre le plus fréquent pour une peinture), des titres d'ouvrages littéraires (les fameux « seuils » dont parle Gérard Genette), paratextes nécessaires figurant sur leurs couvertures, tels le nom de l'auteur et celui de l'éditeur.

Le titre d'une œuvre visuelle, pas plus que le nom d'un cocktail, n'est informatif par destination. Il n'exige pas d'illustrer un contenu mais il le densifie, voire l'obscurcit; lui donne une aura particulière. Pour Rauschenberg, « le titre est comme un autre objet dans l'œuvre. C'est une pensée délibérément solide et complexe qui oblige à tourner autour des pièces car à cause d'eux on a l'impression de n'être jamais à la bonne place[2] ». Il en va de même avec les titres de NQ (je songe plus particu-

1 On éliminera de fait ceux qui s'apparentent à des légendes : *Nature morte aux pommes et aux pêches* de Cézanne ou *Carré blanc sur fond blanc* de Malevitch. Mais pensons en revanche aux titres emberlificotés de Mike Kelley, *Relations spatiales réprimées sous forme liquide* ou mystérieux de Martin Kippenberger, *Nous n'avons pas de problèmes avec les Rolling Stones parce que nous achetons leurs guitares*, lesquels ne sont pas sans évoquer par leur longueur les titres d'ouvrages du XVIIe ou du XVIIIe siècle. (Rappelons que le titre complet de *Robinson Crusoe* de Daniel Defoe – *pitch* en somme du roman – est : *La vie et les étranges aventures de Robinson Crusoé, de York, marin, qui vécut vingt-huit ans tout seul dans une île déserte de la côte d'Amérique, près des bouches du grand fleuve Orénoque, après avoir été jeté sur le rivage par un naufrage où tous moururent sauf lui. Avec un récit de la manière dont il fut enfin aussi étrangement délivré par des pirates. Écrit par lui-même*).

2 Robert Rauschenberg, interview par Catherine Millet et Myriam Salomon, *Art Press*, n° 65, décembre, 1982.

lièrement aux déconcertants *Formage* et *Crâne chaud*) qui enclenchent chez le lecteur une interrogation qui courra, si j'ose dire, tout au long et jusqu'au bout du livre. Privilégiant les titres courts, et même très courts (un mot le plus souvent), NQ le cueille d'entrée de jeu, à froid ou à chaud, inconfortablement toujours. Il doit faire avec le titre qui lui gratouille ou chatouille les méninges, y compris lorsqu'il en comprend le sens : démangeaisons garanties ! Cela vaut pour les titres qui semblent sans complexité, *Jeanne Darc* (encore que : pourquoi bigre l'absence d'apostrophe entre le d et le a d'Arc ?) et *Saint-Tropez*, apparemment réduits au mythe simplificateur pour ne pas dire imposteur que leur nom si décoratif véhicule (la statuette en armure et la carte postale en couleurs), alors même que l'entreprise de NQ faite de chausse-trappes, de rapprochements tirés par les cheveux (rien à voir avec la coupe à la Jeanne d'Arc), de rectifications impies, vise – écart de taille ! – la démystification de l'objet annoncé que, bonne pomme, le lecteur aura naturellement pris pour argent comptant.

J'ai lu quelque part, je ne sais plus où, que NQ avait constaté, sans regret apparent, qu'elle était plus souvent invitée dans les écoles des beaux-arts pour faire des conférences ou des lectures que dans les facultés de Lettres. Elle précisait, si j'ai bonne mémoire, que c'était probablement parce que les facultés de Lettres pensent que son travail ne relève pas de la littérature, alors que les écoles d'art considèrent ses livres comme relevant de l'art, en s'interrogeant au passage sur la nature de l'art qu'elle pratiquerait. Chacun de ses livres se présente en effet comme un objet unique autour duquel le lecteur (devenu spectateur ?), pour reprendre la formule de Rauschenberg, « n'est jamais à la bonne place ». Le « lecteur modèle » dont parle Umberto Eco n'a, de toute évidence, pas son équivalent face aux situations-livres que NQ propose. Il ne s'agit certes pas pour elle d'inclure quelque sujet agissant sur le mode immédiat de l'interactivité, mais de créer, au-delà de la lisibilité, un espace singulier d'indispensable confrontation à ce que l'on nomme une œuvre.

Arnaud Labelle-Rojoux

UN JOLI NOM, MON GUIDE

Salut, Nath' ! Ça va ? Bon, autant te prévenir tout de suite : plutôt que de t'écrire à travers les autres, c'est-à-dire plutôt que d'écrire-un-texte-sur-toi-en-présumant-du-regard-que-tu-porteras-sur-ce-texte-que-tu-ne–man-que-ras-pas-de-lire, je préfère m'adresser directement à toi, mais de façon à ce que les lecteurs du volume partagent cette lettre, qui du coup perd son caractère privé – ce qui me permet de retomber sur mes pattes puisqu'elle leur était initialement destinée… En fait je voulais juste profiter de cette tribune – en réalité là je m'adresse au lecteur potentiel, puisque tu connais déjà la chanson – pour payer un peu de ma dette envers toi. Parce que si je fais le kéké présentement, si j'écris bé c'est en partie (certes en partie seulement !) grâce à toi, puisque tu fus – bien à l'insu de ton plein gré – mon premier motif, ma première Sainte Victoire – Ô muse protéiforme !

Rappel des faits :

Je ne me considère pas comme un écrivain, même si je publie des livres étiquetés « romans » chez un éditeur reconnu. Un lecteur, oui, je veux bien. J'imagine qu'un écrivain consacre tout son temps, toute son énergie à bâtir des édifices de mots pour se confronter à des pairs illustres. Je me suis toujours tenu à l'écart, plus ou moins volontairement (j'ai horreur des sectes ! – mais aussi pour d'autres raisons sur lesquelles il n'est pas utile de s'attarder ici). Je me considère comme un lecteur qui vient rompre la monotonie des professionnels – tel un cycliste amateur qui déciderait de courir le tour de France. Sans l'ambition de gagner, mais avec l'opportunité de modifier ne serait-ce qu'une des règles établies – et, changeant cette donne, d'apporter de nouvelles émotions à un public blasé & soumis. Je me demande si cette métaphore à deux roues est pertinente… Ai-je vraiment envie de me dandiner pour ces touristes pollueurs attablés devant leur table de camping et proférant des propos xénophobes ? Non, je me sens plutôt comme un ouvrier qui participerait au conseil d'administration de son entreprise, manœuvrant soudain un levier que les actionnaires jugeaient secondaire, soulevant des questions pour lui cruciales et que les administrateurs ne considèrent pas rémunératrices. Tu vois le binz…

Je me souviens de mon premier lecteur (qui fut aussi mon premier éditeur). Cet ami m'aida (mieux : m'encouragea) à fabriquer plus ou moins proprement des livres qu'il distribuait au gré de nos rencontres et qui constituaient des points d'ancrages dans l'écriture. Grâce à lui, j'ai pu échanger avec des correspondants inédits au sujet de la littérature, mieux que lors de rencontres plus formelles où je perdais vite mes maigres moyens. Ces petits livres (qui constitueront plus tard le recueil *Bleu note*) formalisent mes premiers pas dans le monde de l'écriture, te précédant de peu – oui, toi, *mon premier sujet.*

Une rencontre a été déterminante pour moi, tu le sais bien : celle avec Emmanuel Hocquard et Juliette Valery à Bordeaux. Emmanuel, c'est tout le contraire d'un Maître. Il me semble d'ailleurs que fuir Paris fut l'unique solution entrevue pour échapper à ce destin de gourou qui le poursuivait, avec toutes ces salades autour de la poésie blanche… Avec lui, tous les mots ont leur chance (j'ai envie d'ajouter : *enfin*). Même s'il peut être impitoyable avec eux, il les respecte infiniment. Contrairement à beaucoup d'écrivains, il n'alimente pas de ragots à leur sujet. Son écriture est au contraire toute vouée à éclaircir le rapport du langage à l'écriture (*Langage & écriture* : ainsi il nommait son séminaire à l'école des Beaux-Arts de Bordeaux, dans lequel tu fus invitée), du texte à l'émotion qu'il suscite. Dans son sillage, j'ai soudain entrevu l'écriture comme une formidable aventure d'élucidation, même si je n'ai jamais trop compris ce que je me proposais d'élucider…

Un jour, Emmanuel eut l'idée saugrenue de m'introduire dans le comité de rédaction d'une revue de poésie basée à Ivry-Sur-Seine, animée par un Méridional polyglotte (et talentueux) au bagou impressionnant. (Après coup, il me semble bien que ce dernier fut bien le seul dans notre jungle capable de rassembler les courants les plus divergents, du passé comme du présent – ou de l'avenir – poétique). Des « interlocuteurs passionnants » siégeaient dans ce comité éclectique, je ne dis pas le contraire – y avais-je pour autant ma place ? Toujours est-il que j'y débarquai la gueule enfarinée avec une bande de néophytes (Nicolas Tardy, Éric Giraud et Michelle Grangaud si je me souviens bien), soi-disant prêts à chambouler ce microcosme… Tu parles Charles ! Car si je fis honneur aux mets délicieux que le maître de maison nous concoctait, on ne peut pas dire que j'apportai quelque pierre utile à l'édifice. Les deux ou trois articles polémiques et maladroits que je proposai furent logiquement refusés par le comité de rédaction (qui était assez étrangement composé d'une seule personne – mais ceci est une autre histoire…). Il fallait pourtant bien que je ponde un truc avant de rendre mon tablier. Je revois Henri me tancer de son accent à la Pagnol : « Bon alors Fred, c'est pour aujourd'hui ou pour demain ? » (ça sonnait comme : « tu me fends le cœur ! »). Je n'ai jamais été à l'aise en politique, et cette institution fleurait (trop) bon les réunions des comités de quartier. Me voilà sommé de produire une critique sur un bouquin ou un auteur de mon choix – moi, incapable d'émettre un avis sur la réforme de la santé… Et là, miracle, une très jeune femme (c.-à-d. de mon âge) me sauve la mise ! Elle faisait depuis quelques années déjà l'objet d'un buzz : tout le monde parlait d'elle (et même au-delà du microcosme poétique), autant en bien qu'en mal. Je me souviens que Sophie Marceau l'invita à participer à un jury de festival de cinéma – un honneur rare parmi les artistes classés « poètes » ! On trouvait des lecteurs émus par sa légèreté et la nouveauté de ses tirades, d'autres outrés par sa facilité et son sarcasme. Elle multipliait les performances décalées, autant d'expériences d'idiotie jubilatoires. Fortiche la nana pour faire le pitre et avoir l'air de tout tourner en dérision… L'émotion suscitée par ses *Remarques* imprègne encore ma cervelle. *Cette fille a du chien*, c'est sûr – aussi décidai-je de me laisser porter par cette plume fraîche afin de vaincre ma, disons, *timidité rhétorique*. C'est ainsi que je me suis mis à rassembler des ragots à son sujet, le tout constituant un halo de fragments disparates et homogènes à la fois (bien entendu j'en profitai pour en inventer au passage !) et j'en fis une histoire, véritable méli-mélo de racontars. Je m'amusai à revêtir à tour de rôle la robe de l'avocat et celle du procureur. Bon, je lève le suspens insoutenable (tu n'es peut-être pas seule à lire cette lettre) : la prévenue n'est autre que TOI, ma chère Nath', suspectée de semer le trouble dans un paysage éditorial déjà passablement secoué d'un côté par les pitreries du gang PACA (*Nioques*, *If*, *contre-pied*, *Dock(s)*…), de l'autre par les trublions plus classieux de la *Revue de littérature générale*. J'avais ainsi constitué un texte à peu près cohérent à partir des voix pillées dans le brouhaha ambiant mais (contrairement à ce que réalisa Louis-René des Forêts dans son *Bavard*) je me gardai de les couler dans un ciment prosaïque, préférant les laisser à l'état brut. Ce dispositif te ressemblait : ainsi la forme parlait autant de toi que le contenu. J'aimais bien l'aspect BD, aussi. Et puis j'avais en tête le conseil si précieux de Jacques Rancière : faire en sorte qu'à la fin « *Le spectateur compose son propre poème avec les éléments du poème en face de lui* ». Ce subterfuge me permit d'éluder l'obstacle du style et d'éviter la glose – la glu – en faisant porter le chapeau aux « autres » et d'alléger le propos en revendiquant une certaine innocence. Voilà…

En terminant ces quelques pages de critiques, je constatai que, pour la première fois (ou presque), j'avais écrit à peu près comme je lisais : en prélevant des énoncés dans la page qui se déroulait sous mes yeux et en les assemblant brutalement pour faire naître une étincelle. Je constatais que j'aimais les auteurs qui permettaient cette participation du lecteur (Proust fut un grand initiateur en dépoussiérant le sitcom façon Balzac). Ces pages furent publiées (non sans mal) dans *Action Poétique*, mais aussi, dans son format « cinéma » initial plus aéré, dans une revue plus confidentielle animée par mes amis bordelais. Ce détail a son importance : j'associe toujours, depuis, un texte à la notion d'espace, de respiration et de destinataire.

Quelques retours favorables de lecteurs amusés par ce dispositif ont fini par me convaincre : je ne pouvais plus lire sans écrire, et comme je ne pouvais pas m'arrêter de lire (j'avais tenté à plusieurs reprises de me sevrer, en vain), j'étais condamné à écrire comme le ferait un écrivain, même si je savais pertinemment que je ne parviendrais jamais à le devenir tout à fait, en raison notamment de ce formidable complexe d'infériorité hérité de mes parents (et qui me rend tout aussi incapable de me glisser complètement dans la peau d'un toubib !).

Bref, tu avais glissé mon pied fragile dans l'étrier. Sur ma lancée, je rédigeai fiévreusement un récit autobiographique décomplexé qui relatait un cours de neurosciences : *Mismatch*. La suite coula de source… Mais pour en revenir à nos moutons, c'est aussi à cette époque que nous commençâmes à échanger nos points de vue sur l'écriture, notamment en publiant chacun – et à un rythme plutôt soutenu – des livres bordéliques qui constituent autant de moments de notre conversation, de bribes de notre dialogue ininterrompu.

Nous partageons, depuis, le goût de l'école buissonnière et des sorties de route imprévues. Il nous a toujours paru que l'écriture pouvait être le terrain pour ces expériences-là, une sorte d'immense galerie à ciel ouvert. Nous ne cessons d'échanger nos « découvertes » d'aventuriers *injustement oubliés* dans le parangon des lettres en évitant, bien sûr, de tomber dans le culcul-la-praline « c'était mieux avant » (curieux travail d'antiquaires, tout de même…). Quelques exemples. Pour me remercier de t'avoir transmis les romans d'Hélène Bessette (dont nous avons contribué, avec d'autres, à sa réhabilitation – ≠ canonisation ! – puisque ses romans sont aujourd'hui réédités par Laure Limongi), tu m'envoies *Le Soulèvement de Pantin* (de Vincent Labaume), une remarquable proposition d'élucidation du mystère Lautréamont. C'est encore toi qui me présentes Raymond Federman que tu t'efforceras à faire (re)connaître à sa juste valeur. Dans mon dernier roman (qui sera publié quand paraîtra cet article = pub !), je rends hommage à Maurice Roche. Après un vague succès d'estime vers la fin de sa vie, ce dernier est vite retombé dans un abîme d'indifférence. Un appel du pied vers Sollers pour m'aider à retrouver les droits est resté vain. Je sens que tu vas encore t'y coller…

Gilles Clément, que je citais lors de notre intervention à la BNF autour d'Hélène Bessette, appelle *Tiers paysage* (*tiers écrit* en ce qui nous concerne) ces espaces « n'exprimant ni le pouvoir, ni la soumission au pouvoir ». Espaces forcément pluriels, qui ont un point commun : « tous constituent un territoire de refuge à la diversité ».

Cette question des friches – autant d'espaces de liberté – me paraît plus que jamais cruciale. Car je constate, aujourd'hui, dans le *monde des lettres*, un retour du bâton assez fâcheux. L'une de nos « maisons d'édition les plus prestigieuses » (*sic*) promeut des livres « balai dans le cul », pétris dans une pâte un poil trop amidonnée = des textes-écrins *fort maîtrisés* mais sans réel intérêt à mes yeux – ou alors d'un *apparent dénuement* (mimétisme, oui !), comme s'il fallait singer Beckett ou Duras pour accéder au panthéon de la littérature. Et je ne parle pas du retour flagrant à un classicisme bon enfant dans lequel l'écriture s'effacerait pudiquement devant une supposée « vérité historique ». Au secours !

Rappelez les objectivistes (ou les… surréalistes) ! Quant à l'autofiction, tu sais ce que j'en pense – tout le monde n'est pas Hubert Lucot. Sans oublier le relent de morale judéo-chrétienne tapi derrière ce vernis de « sincérité » – ou encore la confusion outrancière entre le journalisme et l'écriture, entre la création et le marketing…

Ce qui protège les marginaux (comme nous) de cette galère (et qui nous garantit du même coup un minimum d'indépendance…), c'est que nous considérons tous les textes au même niveau (ce qui ne veut pas dire qu'on leur donne la même valeur !), délestés de leurs flonflons & oripeaux lettreux. Je lis un traité de médecine, un manuel sur la pêche à la mouche ou le dernier Cadiot dans le même état d'esprit (et je pense que toi ou Olivier faites de même), prêt à phagocyter un motif de l'une ou l'autre source pour le métaboliser et l'insérer dans un roman (sans même forcément m'en rendre compte, d'ailleurs !). Une capacité à s'extirper de la littérature – pour y revenir par une porte dérobée. On reste complètement athée vis à vis de la déesse Création : pas de dogme, pas de chapelle – nul demi-dieu à léchouiller.

Et toi, dans tout ça ?

Eh bien, en saupoudrant ce *wonderful world* de ta *littérature décadente contente*, tu maintiens une veille joyeuse et subversive – salutaire. Au fil des livres, tu étoffes ta technique de *mélangue* en investissant une prose toujours plus compacte (= une façon d'attirer le chaland ?). Mais au fur que tu densifies ton écriture, celle-ci devient toujours plus féroce – ça lui confère même une dimension politique, un peu à l'instar des grands pourfendeurs dans la tradition germano-autrichienne. Tu te jettes dans la gadoue (ou la « bataille »), tu remues courageusement tout ce merdier avant de te retirer comme une vestale, non sans y avoir déposé quelques bombes à retardement. Et tu ménages rarement le lecteur (le pauvre se croyait lavé de tout soupçon…) à qui tu fais lire/écrire/partager des lieux communs *insoutenables* – n'est-ce pas là le summum de la générosité ?

Tu ne seras jamais une éminence grise – pas plus qu'une égérie – de la littérature. Tu te tiendras toujours à distance de cette foutue respectabilité. Pour preuve la (les) page(s) hilarantes de l'article sur ta pomme dans Wikipédia, allègrement piratée par ton gang. Ce déplacement, cet humour sont l'une de tes armes les plus efficaces. Ils recouvrent un instinct très fort de résistance. Une immaturité brandie comme un code de déontologie. L'effet *Gombrowicz*...

Des talents comme Gwenaëlle Stubbe ou Emmanuelle Pireyre te doivent beaucoup. Dans un style très différent, Tarkos avait ce don d'infester les discours, de virusser les lieux où il se produisait. C'était fragile et dérangeant. Tu as toi aussi cet effet *poil à gratter*, infoutue de rester tranquille cinq minutes. Ça me fait penser à la manière dont Avital Ronell introduit son autobiographie dans l'entretien qu'elle accorda à Anne Dufourmentelle : « Si la philosophie est la structure narrative d'une histoire d'amour, alors il faudrait pervertir cet amour-là pour que je m'y sente chez moi. » Remplaçons *philo* par *poésie*, et nous voici projetés à Digne-les-Bains, le fantôme du perroquet Coco perché sur notre épaule.

Contrairement à moi, tu ne cultives pas la nostalgie des utopies (dans la page de garde de *Camarade*, j'avais naïvement collé le regard lumineux de Joëlle Aubron...). Tu les combats au contraire, fustigeant ceux qui les manipulent à des fins mercantiles. Jamais dupe des discours béni-oui-oui de la gauche caviar (contrairement à moi) qui masque souvent une compromission redoutable. La « neutralité bienveillante » n'est pas plus ta tasse de thé... Non, ménager la chèvre et le chou n'est décidément pas ton truc. Il suffit de comparer les traitements respectifs que nous avons choisis moi pour la guerre d'Espagne (« Un trou sous la brèche »), toi pour la question de l'Algérie (« Grand ensemble », d'une violence rédemptrice rare). Et tu es capable de te faire inviter dans l'émission d'une présentatrice à qui tu viens de tailler un costard sur mesure. Pour employer une sorte d'oxymore révolutionnaire (!), je dirais que ton machiavélisme n'épargne personne. Tu pars déloger les dérives bien-pensantes jusque dans leur retranchement les plus secrets – avant de leur tordre le coup.

Et tout ça en te bidonnant comme une carabine (la femme du carabin ?) en redoublant d'un « fou-rire correcteur » (toujours Nietzsche), qui se mue sous ta plume en rire réformateur.

C'est pourquoi tu restes, Nathalie, Ô mon guide, la plus précieuses des sentinelles. Plus c'est aigre, mieux tu t'agites. Et l'éparpillement des motifs ne fait qu'accroître ta détermination. On pourrait t'appliquer ce que Daniel Bensaïd disait de Walter Benjamin (ce cher Bensaïd… Tu ne devais pas trop l'apprécier, lui, le philosophe du Parti !) : « *Le propre de l'époque, c'est que tout se brise en morceaux et ces morceaux se brisent eux-mêmes en mille autres. Voici venu le temps d'une pensée de résistance minuscule, de courage dans l'infime, de sauvetage par le détail, travaillant obscurément dans les intervalles de la totalité* ». À ta manière à la fois violente et comique, émouvante aussi (même si tu t'en défends), ton anti-style explore tous ces *détails* que nos voix laissent traîner, aussi bien papiers gras de nos discussions douteuses que pépites d'instants plus rares, miraculeux, quand la parole résiste à l'air du temps.

En ces temps de disette où règne un ramassis de peignes-culs comme seule l'Histoire est capable d'en pondre, on n'a pas fini de se marrer !

Fred LÉAL

« *NOUS* »

> Vais-je laisser tomber les classes populaires sous prétexte que les classes moyennes fournissent un lectorat suffisant ?
> Nathalie QUINTANE

Nathalie, je te prends à témoin, c'est tout à fait embrouillant d'avoir à commencer quand le moteur est froid et que les volets de la cuisine ne sont même pas ouverts. Le mieux est d'aller directement à l'essentiel c'est-à-dire à ce moment où David Antin dit quelque part que si Robert Frost est un poète alors lui n'est pas un poète, ne peut pas en être un.

Mon écran m'avertit que je suis invisible, et me dit de vouloir devenir visible, et pourtant je croyais que j'étais visible et que, au contraire, je voulais ou j'aspirais à devenir invisible, alors comment ? Il doit y avoir une poudre blanche ou une façon de s'habiller, ou des gestes précis à faire. Je t'invite chez moi, c'est un peu au milieu de rien, justement. Dès que tu vois l'aire de la Loutre tu es presque arrivée, tu peux ouvrir ton parachute, tu tomberas dans les branches ou dans un lit de rivière. Là, seuls les poissons te voient, tu pourras te cacher entre les arbres et les taillis de digitales, tu deviens invisible comme ces champignons qui sont sous la mousse, c'est frais, c'est calme, il y a cette odeur de forêt mouillée que tu aimes, tu peux aussi fermer les yeux et dormir un moment.

La question reste évidemment ouverte mais je sais que tu préfères des questions plus concrètes, plus directes, plus en rapport avec ce que nous observons tous les jours, chute des feuilles, route humide, bas-côtés non stabilisés. David Antin a mille fois raisons de parler de son matelas. La poésie est une question sérieuse.

Je me demandais alors (il était assez tard et le ciel était lourd, très gris d'automne, avec des feuilles en suspension) ce que je devais dire à Nathalie, elle, suspendue fixe en avant de moi, comme un bambou (je ne sais pas si je peux la comparer à un bambou, à un jonc, je pense à ceux qui pourraient se trouver sur le bord de l'étang des Oussines avec au milieu des canards et des truites). D'abord de ce N initial et majuscule, si autoritaire (en apparence), que faire de lui ? Deux traits, des barres parallèles mais verticales (longues et montantes, un peu comme les *twins*), et cette diagonale, sur laquelle, depuis longtemps, j'ai construit ma fiction filiale (je veux dire mon récit de filiation, ou mythe intérieur, à quelques pas du bord de l'étang) de l'angle du *pré* (ou des préfixes, des antériorités imaginaires) au *post*, transperçant le ventre de quelque vierge bleue-blanche, pâlissante, en plâtre, vers un futur invisible et sourd. Un jardin, celui des « générations », avec un arbre, un sol d'herbe et de graviers. Mais je sais que Nathalie n'est pas dans ce jardin. Elle est sensiblement plus grande que moi et plus jeune (donc plus drôle, plus solide en défense, plus sprinteuse), et donc aussi nous ne voyons pas les mêmes choses, nos gestes ne sont pas synchrones, ni nos pas. Elle ne bouge pas et personne ne sait ce qu'elle va faire.

« La simple surface pleine d'un volume noir infiniment dense » : on parle ici du Caravage, mais je crois que c'est toujours de l'étang et de cette incertitude quant au silence de N, on ne sait pas si elle va lever un bras, s'appuyer contre la haie, faire un faux départ, revenir dans les starting-blocks, laisser tout le monde sur place, commencer un discours ou une leçon de choses. Je la vois, elle joue avec sa règle, elle a de la craie sur son beau tablier rouge, elle écrit au tableau la morale du jour (*« think slow, act fast »*). On entend le bruit des machines à café, du vent et des voitures qui passent dans la rue à côté, on sait qu'il y a des chats mais on ne les voit pas, et je n'arrive pas à la faire entrer dans mon polaroïd.

Plus tard je la rencontre au bord de l'étang, elle dit que ce n'est pas normal, qu'en réalité il y a des poissons et qu'on devrait les voir, mais l'étang est comme un drap noir et ce paysage n'a pas plus de réalité que ça parce qu'il faudrait des grues, des bennes, des grands murs avec des vitrines et tout ce qui ressemble à la vie dans les films. Je sais qu'elle est elle-même une actrice, habillée de couleurs vives, coiffée à la diable, courant à droite et à gauche comme un personnage un peu nonchalant mais aussi nerveux, très réactif, concentré sur ses rêveries matinales, aussi imprévisible quand elle bouge que quand elle ne bouge pas. Personne ne sait ce qu'elle va faire, elle va prendre la parole, faire un discours, effacer le tableau, réciter un poème (elle sait par cœur des centaines de poèmes qu'elle collectionne dans de tout petits cahiers gris dont elle arrache les pages qu'elle colle ensuite sur les murs de sa cuisine ou de sa chambre) ou raconter une histoire (celle du film dans lequel elle est en train de jouer son propre personnage). Que lui dire à la fin qu'elle ne sache déjà ?

J'avais écrit pour elle le poème de l'*hélice* et j'ai oublié de lui envoyer mais je le recopie en mettant les vers bout à bout pour que ça ressemble à une lettre (plutôt). Chère Nathalie, elle (je parle d'une hélice retrouvée hier soir dans un film d'Antonioni) est un objet séparé, lisse et sans fin. Je voulais, oui, te parler de cette hélice. Elle était debout dans un coin. Il (le personnage, très impulsif), s'est précipité vers elle. Il l'a dégagée de tout ce qui la recouvrait (des tissus, je crois, d'autres objets). Il l'a prise dans ses bras (comme on prend et ramène au bord le corps de quelqu'un qui vient de se noyer). Plus tard elle est arrivée chez lui (un camion). Il a demandé qu'on la pose sur le sol (bien au centre d'un espace vide). Elle est maintenant et pour toujours (*forever*) couchée là, rien autour, une icône.

Elle est forcément un peu comme toi, sans envers ni endroit, simple et tournante, même ainsi allongée-gisante, elle ressemble à ces statues qui dorment sur la plage, fermant les yeux au soleil, longues, avec du sable dans les paumes, et sur les cheveux et les paupières. Elle est forcément un peu comme une algue. Et si je porte un livre de Nathalie à mon oreille j'entends le bruit de la mer, le crissement des crevettes géantes et des enfants dans l'ascenseur. C'est déroutant.

Maintenant voici la rue Camille Desmoulins, des lèvres rouges, de larges chapeaux de paille, des bandes peintes sur le haut du corps ou comme un animal de bronze sous les arbres de la place. C'est une image de fête communale, révolutionnaire, la foule est nombreuse et venue avec ses armes et ses instruments de musique. Il y a aussi des masques et des mannequins, elle est en train de tourner, de danser, la ronde est de plus en plus rapide et large et s'élargit encore. Au commencement de la nuit je crois qu'elle est comme un ruban tout autour du village et l'eau de la fontaine est de plus en plus froide. Je lui tends un bol, elle secoue la tête et commence à boire.

> « Sans doute, peut-être, alors ». Un roman. Il y a aussi des morceaux de temps-magma, de l'encre-paille, des pelouses et toboggans de banlieue, mais je ne veux pas parler des choses mélancoliques.
>
> J'ai aussi dans ma boite à gants la liste des matériaux (ils disent matériaux et je ne trouve pas d'autre mot plus simple) qui composent notre sol (je parle du sol de notre département, celui où nous écrivons nos livres, où nous cultivons nos légumes, où nous regardons les arbres et les sauterelles accrochées aux feuilles des rosiers en pots) : essentiellement, donc, dans ces couches secondaires, ou tertiaires, des calcaires, des argiles, des marnes, des grès, des roches siliceuses, des cailloux roulés dans la rivière (Durance, très large et très lente). Parfois le sol est creux, raviné, il faut faire attention, être souple, un peu comme des animaux félins (j'aime bien cette comparaison avec le lynx, j'espère que Nathalie sera d'accord). D'ailleurs nous aimons bien le cinéma expérimental.

Quand elle boit son bol d'eau froide ou de lait elle fait cette grimace qui m'étonne, avec ses narines et le coin de ses lèvres. Je crois que dans son garage elle a de quoi partir en randonnée, l'équipement qu'il faut, et des lunettes pour éviter d'avoir mal aux yeux. Elle avait mille fois raison quand elle écrivait que « l'intrigue persiste à montrer que la vie arrive par étapes », à moins, je n'ai plus la phrase exactement sous la main, qu'elle ait écrit que c'était la vie qui montrait (qui persistait à montrer, avec une « fabuleuse » insistance) que l'intrigue arrive par étapes. En général je ne comprends pas l'intrigue. En tout cas la vie et l'intrigue se déroulent en même temps, et ça, la poésie n'y peut rien, non, absolument rien.

C'est donc une histoire de temps réel. Si j'étais vraiment un caméraman efficace ou meilleur photographe je pourrais décrire un à un tous ses gestes (par exemple un vendredi matin d'hiver entre telle et telle heure) et j'en déduirais les virtuelles variations de l'intrigue, sa trajectoire, les subtilités de ses déplacements quasi balinais dans l'espace, oui, une sorte de ballet oriental, une chorégraphie-Quintane, un schéma musical-narratif type, éblouissant, peut-être même toute une morale et toute une politique.

Mais voilà, je n'y arrive pas, je suis vraiment frigorifié sous ma douche, je rêve à ces moments passés dans le Vermont, *green mountain state*, au bord d'un torrent, les chevilles glacées, très en-deçà d'un état rationnel. Alors elle (la danseuse) disparaît dans le *wasserfall*, un peu comme dans un numéro de cirque ou de magie ou d'écriture à la Rimbaud. On entend la musique des synthétiseurs, une mélodie qui n'en finit pas, très salade de fruits, très bucolique. On est dans du coton. On a l'impression qu'il pourrait se passer quelque chose.

Un hélicoptère au-dessus de la Bléone, ce serait un très beau titre pour ce film ou ce poème d'abord à cause de l'allusion à l'hélice abandonnée au tapis de sol. Et puis, ô l'insecte métallique et hurlant ! Quelle capacité thoracique, quelle puissance vibratoire ! Quel engin ! Tout à coup, dans le ciel, au-dessus de la rivière et des touffes de thym, un hélicoptère, puis deux, trois, quatre, et le quatuor à corde, la musique qui s'élève, tourne en rond, en vrille, en volutes, en essaims de frelons, ou bien qui tombe (diluvienne) dans nos ravines, ô Stockhausen, pénètre maintenant les oreilles de Nathalie, elle te reçoit sur son canapé de velours.

Quand je dis que je n'y arrive pas c'est que je n'y arrive pas, c'est (peut-être, je nuance) une question d'attention soutenue ou pas, d'acuité de la perception, de densité de la sensation, celle qui vous met comme un casque ou une combinaison de plongée (ou tout autre appareillage de saut en parachute), enfin l'autre peau pour affronter le réel, à la fois protectrice et réceptrice, tout un système de capteurs de la racine des cheveux à la plante des pieds. Je veux dire qu'on est (je propose à Nathalie de se joindre à moi) un peu en dessous du seuil où ce serait pour nous possible d'écrire disons des choses aussi pimpantes et riches en oxygène que la poésie de Pindare ou d'Aragon, que la vraie poésie, donc, en un mot. J'aurais pu donner d'autres exemples mais le lecteur voit bien le modèle que je veux dire, c'est aussi un peu comme les boîtes de mécano ou les avions en bois très souple qu'il faut monter soi-même avec de la colle et des pinces à épiler dans les magasins de jouets (tout au fond du couloir, derrière l'électronique). J'ai dit je crois que je ne vois pas comment faire pour voler en planeur. Et prendre des photographies en plus. Écrire un poème, deux poèmes, trois, et plus. Je pense à la voltige. La poésie est une question d'ambiance.

Mauvaise ambiance, brouillards matinaux légèrement violacés, nuages bas, les anges tirent à vue. Nous n'avons rien à perdre, ou pas grand-chose, nos gants de laine, nos bonnets, nos collections de toupies (nos richesses !). Et vivement l'heure du goûter (la tarte aux poires et le coulis de fruits rouges). Nous sommes repliés sur nos bases. Protégés par les peupliers géants, les forêts de hêtres. Invisibles.

D'ailleurs ils sont en train de réchauffer *L'Agneau mystique* à Gand, trésor céleste, mer abondant de grâce, ils ont des mains de soie, des tabliers blancs, des lampes de mineur, ils enlèvent quatre centimètres carrés par jour de vernis cétones et de surpeints (les retouches anciennes), ils viennent de voir apparaître *un mystérieux visage*, oui, un mystérieux visage, qui te ressemble, avec ce sourire sans sourire, ce regard sans liens, les yeux plats, amandes, ils travaillent sans relâche, nuit et jour, pendant que les bateaux passent et repassent, pliant sous le poids du miel et du charbon. Et j'ai toujours su qu'elle allait crever l'écran.

Quand je dis « sans liens » je veux dire qu'en te regardant à contre-jour je vois comme ces billes en terre que je poussais le long de la piste dans certain bac à sable de la Place des Vosges, j'avais le sac (de billes de toutes les couleurs mais je me souviens surtout des rouges et des vertes) et la fourchette que j'utilisais pour le sable, l'important était de bien dessiner les virages. Maintenant Nathalie tu es plutôt en flèche dans les lignes droites, mais ta phrase est aussi très profilée, très souple, dans les courbes, les changements de rythme en épingle à cheveux, les défilés imprévus, longs développements en miroirs, arrêts brusque sur le fond de l'impasse, redémarrage en trombe dans les couloirs du labyrinthe entre les buis taillés. La littérature (comme on la plie, en même temps qu'on écoute les robinets qui coulent à fond et qu'on se prépare à essuyer la vaisselle) est bien une question de réflexes. Les mains libres, en appui sur les genoux, on écrit vite, et du bout des ongles.

Je savais que ça irait mal. Le matin la météo avait parlé de ralentissements sur le périphérique. La rivière avait frôlé le débordement. Un ou deux arbres s'étaient pliés, et j'avais fini par lire que « l'aboutissement de la poésie c'est le travail à la chaîne », exactement comme dans les dessins animés. J'étais assis devant la baie vitrée au premier étage de l'immeuble des chercheurs et des étudiants chercheurs et je voyais derrière les arbres vers la ville qu'il y avait un feu d'artifice, et je me demandais si en fait l'aboutissement de la poésie ce ne serait pas plutôt cet état d'aphasie matinale, au bout du couloir, quand tu arrives à la hauteur de la porte de la cuisine et que tu te vois en train d'avancer ou de reculer sans comprendre que c'est toi à cause du grand miroir qui est au fond juste avant de tourner à gauche pour arriver jusqu'à la porte de ta chambre. Quand tu as poussé la porte et tiré un peu le rideau tu vois tout ce truc de neige lumineuse et de boules qui éclatent en faisant un bruit d'enfer, c'est le comble de l'art mais tu n'y crois pas un instant. Tu vas te retirer en vitesse au fond de la baignoire.

C'est elle qui écrit que ce n'est pas à ces questions qu'elle a prévu de répondre et qu'elle n'a pas prévu de réponses puisqu'elle n'a pas prévu de questions auxquelles elle pourrait répondre. Elle est comme ça, on ne la fera pas parler davantage, elle ne veut signer aucune déclaration, elle s'en tient à des allusions obscures, à des alibis compliqués et carrément invérifiables, le mieux est de la mettre au trou, au frigo, enfin de la maintenir en garde à vue. C'est donc une camarade.

Moi aussi j'aime les livres qui foncent, je veux dire qui s'enfoncent de plus en plus loin dans la nuit, et ça sans préjuger de la vitesse, mais non, ça peut durer des mois l'enfoncement, le fonçage dans le noir, l'incroyable tourment, des années, des siècles, même si le livre n'a que quelques pages, et c'est très inquiétant cette façon de foncer, de brouiller les cartes. Un jour on m'enlève ces deux roues à l'arrière et je roule à peu près droit, je file, je sais nager. C'est comme ça qu'on apprend à lire, on finit par ne plus avoir besoin d'aucune bougie ni rien.

. . . .

À la fin *nous* sommes presque d'accord : « l'insurrection ne peut pas avoir lieu dans un livre ». Pas vraiment, pas tout à fait, pas encore.

Jean-Marie GLEIZE

INÉDITS

REMARQUES

[...]

– En 1947, l'historien Henri Lefebvre écrit que le concret est le *sol nourricier de toute activité supérieure*, dans *Critique de la vie quotidienne.*

– Allons bon ; déjà, ça commence pas très bien.

– Ce côté crypto-gastronomique de la métaphore française.

– Il y a quelques années, j'ai dû dire trois mots devant un philosophe américain (Richard Shusterman) sur la métaphore gastronomique, justement, dans la critique littéraire. J'avais retrouvé, dans une série de fiches destinées à des lycéens de l'après-guerre, les mêmes adjectifs pour décrire les romans de Cholokhov ou de Paul Guth qu'aujourd'hui pour ceux d'Annie Ernaux ou Carrère. Richard était ravi. J'étais ravie que Richard soit ravi.

– Pourquoi pas plutôt les activités supérieures *sol nourricier* du concret ?

– roman *savoureux, truffé* de détails et de bons mots.

– *roman savoureux*, google : 909 000 résultats.

– *roman savoureux*, images : *L'Apiculture selon Samuel Beckett*, de Martin Page ; *Brioche*, de Caroline Vié ; *La Liste de mes envies*, de Grégoire Delacourt ; *La Mèche*, de Fabrice Vigne et Philippe Coudray ; *Le Cœur cousu*, de Carole Martinez ; *Je compte les morts*, de Geneviève Lefebvre ; *Harare nord*, de Brian Chikwava ; *L'Homme des jeux*, de Iain Banks ; *La marge molle*, de Johann Trümmel ; *La Délicatesse*, de David Foenkinos, *Le Roman aux 10 prix littéraires* [...].

– On ne peut pas pousser plus loin le rasoir : des *milliers* de livres, décrits par *un seul* adjectif.

– Et je me demande si ce n'est pas justement ce rassemblement de – ou cette possibilité de rassembler – la quasi totalité des romans publiés sous un seul adjectif qui en fait (du roman) un genre dominant.

– Qu'est-ce que l'inverse d'un roman *savoureux* ?

– Insipide, pénible.

– Il y a quelques années, j'ai fait une performance, ici, chez moi : j'ai lu 30 romans en 30 jours, d'écrivains vivants. Un mois d'août. Pour faire partiellement le tour d'une question partielle. Si je devais décrire certains de ces livres, je dirais qu'ils étaient *péniblement savoureux.* Comment, à force, n'intégrerions-nous pas, au moment de la rédaction, l'aspiration à un *rendu savoureux* ? Au moins sommes-nous sûrs qu'un rendu savoureux rend le roman reconnaissable comme tel – donc, la littérature, puisque le roman, c'est la littérature, en 2013.

– Ce n'est pas très compliqué de mettre sur tout livre *roman*, afin qu'il soit reconnu. Eh bien si ce roman n'est pas un roman, ça ne marche pas.

– Et qu'est-ce qu'un roman qui est un roman ?

– Pourquoi pas plutôt les activités supérieures *sol nourricier* du concret ?

– Le fait est que j'ai pu réaliser une explication d'*À la nue accablante* de Mallarmé avant de savoir lever un filet de colin.

– Et qu'est-ce qu'un roman qui est un roman ?

– Décider que lever un filet de colin est une *activité supérieure*, au même titre qu'expliquer *À la nue accablante*, est une tactique. On fait rentrer un maximum d'activités classées autrefois dans l'*inférieur* dans le *supérieur.* D'où que l'*inférieur* devient particulièrement inférieur – de n'avoir même pas pu rentrer dans le *supérieur*, comme tant d'autres.

– Faire la caisse dans un supermarché, par exemple.

– Je ne me rappelle plus pourquoi tenir une caisse dans un supermarché est tellement pourri.

– Si tu ne travailles pas à l'école, tu finiras caissière dans un supermarché.

– Pourtant tout le monde aime bien l'argent et les supermarchés et on joue à la caissière ou au caissier quand on est petit. Bonjour madame, alors, qu'est-ce que vous voulez ? des poireaux ? des ananas ? Bon, je prendrai des ananas. D'accord, ça fait trois cent trente-cinq euros. Voilà. Merci madame. Merci monsieur. Au revoir. Au revoir.

– C'est fatigant, c'est mal payé, et c'est un métier féminin.

– J'aime les poires, danser la java, et résumer Proust en huit lignes.

– Et qu'est-ce qu'un roman qui est un roman ?

– Imaginons :

– D'un coup, tout le monde se met à expliquer le discours de son interlocuteur (papa, voisin, collègue) comme on explique *À la nue accablante*, avec la même technique, les mêmes procédures. Ça devient banal.

– Par un contre-coup qui n'a rien à voir avec l'effet papillon, devenir caissier est égal à devenir philosophe ou pompier.

– Je ne sais pas bien si je me comprends moi-même en disant ça, mais le fait est que si j'ai commencé à écrire des petites phrases simples et claires comme les Remarques, c'est en partie en raison d'un traumatisme infantile : quelqu'un de proche que je ne nommerai pas parvenait régulièrement à affirmer à un moment de la conversation exactement le contraire de ce qu'il avait énoncé auparavant, de manière tout à fait naturelle et sans se surprendre. Et je n'ai jamais réussi à le prendre en défaut. D'où – peut-être – ma prédilection pour les explications de textes ; mais les textes littéraires sont rarement totalement incohérents ou désordonnés (sauf les miens, qui tâchent d'atteindre une sorte de cohérence dans le désordre, ou d'ordre dans l'incohérence). Revenons au filet de colin.

– Évidemment que ranger des recettes de cuisine en littérature est politique, en 75.

– En 2013 ?

– Un jour, mon cousin a dit qu'il votait depuis toujours pour Lutte Ouvrière et que, d'ailleurs, il était raciste.

– Oh, pourquoi j'ai peur qu'en 13 ce le soit moins, qu'en 13 ce soit simplement une énième déclinaison de *roman savoureux*, de *truffé de détails ?*

– Et qu'est-ce qu'un roman qui est un roman ?

– On aurait tort de croire que vivre en 75 colorait tout immédiatement de politique (y compris les recettes de cuisine). Personnellement, j'ai vécu en 75, et c'était *rien moins que* politique.

– *Nullement* (de mon point de vue).

– *Tout à fait* et *nullement* (je ne suis pas l'avis de l'académie, ni celui de Brunot, Damourette-Pichon, Dauzat, Hanse, qui est d'éviter les locutions ambiguës).

– En ce moment, mon amie Anne-Laure Blusseau, qui est éditrice aux *Questions Théoriques*, corrige des recettes de cuisine pour gagner un peu d'argent (je veux dire qu'elle corrige les textes des recettes).

– Je me demande si le goût pour les recettes de cuisine, conceptuel en 75, quand Perec duplique à fond (lever à cru / tartiner généreusement / escaloper finement / lever à cru / tartiner généreusement / escaloper finement *ad lib.*) n'est pas juste littéral aujourd'hui, ayant tout bonnement depuis trente ans suivi la pente du *rendu savoureux*, rejoignant l'horizon inévitable du savoureux, et interdisant du coup toute lecture politique des recettes. Quand je lis aujourd'hui une recette de cuisine en littérature, j'ai envie de manger.

– La seule manière qu'a eu Anne-Laure de détourner (?) la corvée des corrections de recettes, ç'a été d'en faire quelques unes.

– La promotion des petites choses, des petits trucs, des petits plaisirs, du quotidien, n'est qu'une façon de remettre tout le monde à sa place.

– Ah, voilà qui confirme à demi ce que j'ai avancé : alors que l'historien Lefebvre y va de son *sol nourricier*, le philosophe Wittgenstein parle d'un retour au *sol raboteux*. Et qu'est-ce qui rabote, en Autriche ?

– Bien qu'il ait fait plus que sous-entendre que ce qui n'a pas l'air important, c'est justement ce qui est important,

– et c'est une chose, je dois dire, en passe d'être assimilée : je me souviens très bien d'une époque où étaient tout à fait tolérées les tomates bien rondes et bien dures d'Andalousie (on ne voyait pas le problème)

– dans un élan commun, au XXe siècle, différemment nommé par les parties en présence (le « minoritaire » chez Deleuze, par exemple)

– or, voir un problème, ce n'est pas seulement le début de la philosophie,

– ou le « concret » chez Lefevbre, par exemple,

– n'est-ce pas justement à partir du moment où la tomate *n*'est *qu*'une tomate qu'on la bouffe dure ?

– ou le « quotidien » chez de Certeau, par exemple,

– doit-on attendre d'avoir la colique pour que la tomate *ne* soit pas *qu*'une tomate ?

– ou « l'infra-ordinaire », chez Perec,

– l'usage débridé de la locution restrictive *ne que* finit par produire en quasi-autonomie son petit commentaire,

– user, avec parcimonie, de *ne que*, n'est pas avarice, puritanisme,

– ou le « parti pris des choses », chez Ponge, qui,

– bien qu'il ait fait plus que sous-entendre que ce qui n'a pas l'air important, c'est justement ce qui est important,

– ne l'a pas, je crois, placé sur un piédestal,

– dans la mesure où piédestal et chose *ne* sont *qu'*une seule et même chose, à la Brancusi,

– dont la *colonne sans fin* ne comporte pas de piédestal, ni de socle, ni de support,

– parti pris déjà d'actualité dans l'antiquité grecque, d'une certaine manière, puisque chaque ordre était reconnaissable à son piédestal, aussi bien qu'à sa colonne,

– le piédestal dorique avait sa base composée d'une plinthe, d'un tore, d'un filet, surmonté d'un cavet ; sa corniche était composée d'un cavet, d'un filet, d'un larmier, surmonté d'un autre filet, et d'un quart de rond,

– colonne supprimée, on aurait tout de même reconnu l'ordre,

– alors que le piédestal ionique avait sa base composée d'une plinthe, d'un filet, d'une doucine, d'un filet avec son congé ; sa corniche était composée d'un petit filet, d'un astragale, d'une frise, réunie au filet par un congé, d'un larmier couronné d'un talon,

– bien entendu nous *n'*avons appris *que* les colonnes, à l'école,

– quant au piédestal corinthien, dont la base est composée d'une plinthe, d'un tore, d'un filet, d'une gorge, d'un astragale, dont le dé finit par un adoucissement et un filet, la corniche est composée d'un astragale, d'une frise, un filet, autre astragale, ove, larmier taillé en demi-creux et talon couronné d'un filet,

– on ne l'a pas non plus vu, à l'école,

– bien sûr que ce qui n'est pas important a le droit de devenir important,

– sans que conséquemment ce qui était important devienne inimportant,

– et sans que le type d'affection porté à ce qui était important ne se transporte sur ce qui était inimportant, et qui est devenu important aujourd'hui,

– le type d'affection, ça peut être une forme de sympathie,

– aussi bien qu'un titillement plus intense, une excitation,

– une attraction, une séduction, une fascination,

– je veux dire : oh là, attention, nul besoin de révérer la tomate, d'établir un culte de la tomate, ou encore

– d'aussitôt que découverte la valeur de l'ordinaire, de l'infime, en faire la grande affaire, sous divers noms qui viennent border l'infime pour mieux le déborder,

– Et qu'est-ce qu'un roman qui est un roman ?

– C'est un livre où il y a :
– des personnages
– une histoire
– un engagement
– une forme et un contenu

dans l'ordre d'importance.

– Auxquels de ces quatre points indispensables à la reconnaissance d'un roman comme roman peut-on appliquer l'adjectif *savoureux* ?

– personnages savoureux
– histoire savoureuse
– forme (écriture ou style) savoureuse

– L'engagement est donc facultatif.

– Admettons que l'engagement de l'écrivain, c'est qu'il écrit (c'est ce qu'on dit de Flaubert, par exemple). Écrire, c'est écrire vraiment. La plupart des romans que j'ai lus pendant ma performance étaient écrits par des romanciers et des romancières soucieux.ses d'écrire vraiment.

– Ceux qui n'écriraient pas vraiment seraient les romanciers.es pour le commerce (ils écrivent pour du beurre, c'est-à-dire pour de l'argent).

– Mais à quoi reconnaît-on des romancier(e)s qui écrivent vraiment ? À quoi ai-je reconnu les romancier(e)s qui écrivaient vraiment, pendant ma performance ? Eh bien, d'une part, il y avait ceux qui avaient fait des livres qui me rappelaient mes études littéraires – je me souviens d'une ambiance « Europe centrale », « Europe » ; une ambiance littéraire immédiatement identifiée, dans laquelle je me sentais à l'aise et confortable, en famille. D'autre part, il y avait ceux qui me paraissaient un peu « forcer sur le style », si bien que ce n'était pas le style voulu mais la volonté du style (le forçage) qui faisait littérature, mais comme, du coup, ça faisait *trop* littérature, on ne voyait plus que ça, et j'en étais gênée (gênée pour lire, et gênée pour eux) – parmi eux, il faut bien dire qu'il y avait quelques écrivains célébrés par l'université. Enfin, il y avait deux écrivains qui me semblaient juste au bord : un gars susceptible d'avoir inventé un genre intermédiaire, entre le roman de gare et le roman à thèse, et une fille très technique, aux phrases vigoureuses et sans gras, qui reposaient bien des pâtés des littéraires de la profession.

– Et pourquoi pas plutôt les activités supérieures *sol nourricier* du concret ?

– J'ai souvent dit que l'emploi intransitif, à la Blanchot, du verbe écrire (écrire sans complément : *écrire*) m'énervait.

– Si j'écris *à la Blanchot*, c'est que ça ne désigne (ni n'incrimine) Blanchot lui-même, mais une culture blanchotienne, Blanchot comme culture – ce que c'est devenu dans une vulgate perçue même par ceux qui n'ont pas fait d'études de Lettres, qui ne s'intéressent pas spécialement à la littérature, ayant la télé, ayant vu les dernières incarnations de l'Écrivain (celui qui écrit vraiment), à scandale(s) (écrivain à scandales et non scandaleux).

– Je me souviens d'une soirée, dans la Creuse, l'année où Tarkos y habitait. Il veut me présenter une fille qui aussitôt déboule pour me dire : *Et toi aussi tu écris ?* J'explose : *Ben ouais, j'écris, j'écris… des cartes postales à ma grand-mère !*

– L'ambiance petite-bourgeoise associée pour moi à cet emploi du verbe *écrire* m'avait débectée.

– Je suis la première à dire qu'on ne peut discuter qu'avec des gens avec lesquels on est presque d'accord ; ni pas d'accord, ni parfaitement d'accord : presque d'accord.

– Ça m'est apparu avec une acuité toute particulière à Bruxelles. On (les poètes, disons, de « ma partie », les poètes rangés dans l'artistique ou le formalisme, pour faire vite), on avait été invités dans un petit théâtre (peut-être que c'est déjà mauvais signe), dans un petit théâtre pour faire des lectures de nos textes, des tables rondes étaient disposées pour un public, comme dans un café, et dans un coin de la salle, il y avait d'autres poètes, autant que je m'en souvienne et la distance temporelle fait que j'ai l'impression d'être en train de tout remanier, tout re-disposer pour la démonstration, dans un coin, d'autres poètes, je devrais dire : les autres, ceux pas comme nous, qui s'identifièrent aussitôt à ce qu'ils dirent des phrases (est-ce qu'elles étaient dans des poèmes ou en dehors, je ne sais plus), des phrases totalement étrangères où rien ne pouvait être accroché pour une discussion, et là je me suis dit que ça ne servait à rien de les rencontrer, qu'ils nous regarderaient toujours de haut et que nous les regarderions toujours de haut.

– Pour que les Remarques correspondent à la quatrième de couverture de l'éditeur, il aurait suffi que je ne les lise pas sur le ton sur lequel je les ai lues. Si je les avais lues avec un léger vibrato dans la voix, très retenu, si j'avais marqué une seconde supplémentaire de silence entre chaque, si j'avais éliminé celles qui sont trop ouvertement « limite », et que l'éditeur n'a pas voulu voir, alors l'interprétation phénoménologique pure des Remarques aurait pu être validée. Mais la lecture « plate » et consciencieuse, à mon sens, la fusille.

– Ou bien j'aurais pu les lire avec clin d'œil intégré, comme à la radio, quand les Oulipiens de la radio font leurs jeux, le dimanche midi.

– J'ai voulu rencontrer ceux que je n'aurais jamais dû rencontrer, ceux qui n'auraient jamais dû m'inviter ou dont j'aurais dû décliner l'invitation. Chaque fois, la violence sociale n'a pas été à l'endroit où je l'attendais, mais elle a révélé chaque fois que je n'étais pas à ma place, qu'il y avait une incongruité dans cette invitation. Par exemple, ce journaliste de gauche, qui m'invitait parce que Tomates parlait d'un thème d'actualité et dont l'employé-présentateur s'excusa presque d'avoir convié une inconnue, sur-jouait l'étonnement face à la forme adoptée, puis, hors-antenne, me prenant comme représentante de l'ensemble des écrivains qui n'écrivaient pas comme Houellebecq ou Despentes, c'est-à-dire *normalement* (en gros, pour lui, les Minuit, dont il avait une image datée, beckettienne, et les P.O.L), me reprochant implicitement d'avoir choisi de ne pas écrire normalement uniquement pour suggérer, contre l'évidence, qu'on pouvait ne pas écrire comme Despentes, comme Houellebecq, qu'on pouvait, par dessus le marché, écrire quelque chose clairement de gauche sans en passer par le roman ou par l'essai, me reprochant enfin la survivance de ce qui avait dû périr avec les années 70 – la « recherche » littéraire, qui est pour moi la littérature –, déplorant, d'une certaine manière, la manifestation d'une aporie, d'un impossible temporel pourtant vivant sur son plateau, dont il n'avait pu justifier, à ses propres yeux, l'invitation, qu'en les flanquant d'un médiateur patenté, éditeur d'essais d'extrême-gauche.

Nathalie QUINTANE

« À INVENTER, J'ESPÈRE »

Entretien de Benoît Auclerc avec Nathalie Quintane

Benoît AUCLERC : Vous évoquez dans un échange avec l'artiste Alain Rivière (*Un Embarras de pensée*, 2008) votre « persévérance errante à ne pas faire revue, ni collectif, ni groupe, ni bande ».

Pourtant, les revues semblent occuper une grande place dans votre parcours : celle, *RR*, fondée (dans un geste plus ou moins parodique) avec Stéphane Bérard et Christophe Tarkos. Dans les années 1990, vos premiers textes paraissent dans des revues confirmées comme *Action poétique*, ou *Doc(k)s*, vous avez participé à des revues naissantes et qui ont contribué à modifier en profondeur le champ poétique, comme *La Revue de littérature générale* (Olivier Cadiot et Pierre Alferi), *Java* (Jean-Michel Espitallier et Jacques Sivan), *Nioques* (Jean-Marie Gleize). Vous faites toujours partie du comité de rédaction de *Nioques* (où vous continuez à publier).

Et puis il y a toutes les collaborations : un album de chansons (*Progressistes*, avec Stéphane Bérard, Al Dante, 2002), des livres avec des images (*Une oreille de chien*, avec les dessins de Nelly Maurel, 2007 ; *L'Inverse est exactement vrai*, avec le photographe Bernard Plossu, 2010), la collaboration avec la compagnie du Zerep (Sophie Perez et Xavier Boussiron).

Il y a enfin l'écriture à propos d'artistes (Francesco Finizio, Arnaud Labelle-Rojoux, Alain Rivière, Michel Journiac, Urs Lüthi), d'autres écrivains (Raymond Ferderman, Anne Parian, Manuel Joseph, Perec, et d'autres, moins connus, dont vous lisez attentivement les œuvres commençantes), notamment dans les *Cahiers critiques de poésie* édités par le Centre International de Poésie de Marseille, sur le site Sitaudis.fr animé par Pierre le Pillouër.

Tout cela ne constitue pas une bande, un collectif auquel on pourrait vous assigner, mais dessine une constellation de personnes, de lieux (lieux éditoriaux, structures comme le CIPM). Quel rôle joue, malgré tout, le fait d'écrire ainsi à côté de, avec (et contre) d'autres ?

Nathalie QUINTANE : J'aimerais d'abord revenir sur le « noyau d'origine », soit un trio, à l'époque des premiers *RR* (1993), qui était plutôt un duo + une (Bérard, Tarkos – et moi). L'idée de la revue et la plupart des textes viennent de Bérard et Tarkos, c'est assez facile à vérifier. Mais j'étais dans le coin, et ils m'ont demandé si je n'avais pas « quelque chose ». Alors je leur ai donné « quelque chose », *ad hoc* – j'ai toujours aimé les commandes. Une commande est un point d'appui, un levier – un moyen de se faire travailler. Une manière de faire sien le désir de l'autre, aussi. *Chaussure* est pour ainsi dire une commande : j'ai écrit le livre pour P.O.L, parce qu'il trouvait que les *Remarques* faisaient un peu trop « plaquette ». J'ai donc prélevé une remarque (*Quand je marche, il y a toujours l'un de mes pieds qui a disparu derrière moi*), et je l'ai « étendue » au maximum ; étendue, déclinée, soumise à des variations. Même si Bérard et Tarkos étaient très conscients de ce qu'ils faisaient, il y avait encore une certaine spontanéité, de l'amusement, dans ces vrais-faux manifestes, ces jeux parodiques – qui n'étaient pas très bien considérés (pour le dire pudiquement), mais on se foutait d'être pris pour d'infâmes cyniques ou des petits cons. Je crois qu'il y a une pièce de Bérard assez emblématique de cette époque – une pièce dont on me reparle souvent –, c'est « l'écharpe du poète ». On avait acheté un lot de vieilles écharpes chez un fripier et on les avait envoyées aux principales figures du milieu poétique, celles dont nous connaissions (et aimions, le plus souvent) le travail : Heidsieck, Lucot, etc. Heidsieck et Lucot ont été d'une magnifique élégance, évidemment – le second croise le premier dans la rue et lui dit : *vous avez une bien belle écharpe* – pour le tester, pour savoir si lui aussi avait reçu l'écharpe du poète ! D'autres ont très mal réagi.

L'idylle Bérard/Quintane/Tarkos n'a pas duré longtemps. En 94 c'était déjà fini. Stéphane Bérard a continué en faisant des pièces conceptuelles, des vidéos, de la musique, des livres – bref, il est devenu artiste. Christophe Tarkos est devenu le poète que l'on sait, écrivant et publiant beaucoup, comme Philippe Beck, dont les premiers livres sortent chez al dante. Alors, entraînée par l'ambiance, je me mets moi aussi à publier beaucoup ! Des petits livres, tous différents, en partie pour faire mes classes, voir ce dont j'étais capable – et si P.O.L continuerait à valider toutes mes expériences, même les plus bizarres. Et il l'a fait ! Il trouvait tout publiable, tel quel ! C'est là que j'ai compris que personne d'autre d'aussi sûr ne publierait mes livres. Tout ça a été tellement rapide que je n'ai même pas repéré à quel moment j'étais passée de candidate à poète intégrée : quand *Java* m'a demandé de porter un regard sur ma génération et ses rapports avec les générations précédentes (les « dernières » avant-gardes), j'ai pondu quelques remarques façon *RR*, qui ont contribué à me coller l'étiquette de désinvolte. Est-ce « mon » humour qui m'a joué des tours ? Ou simplement le fait qu'il ne parvenait pas à situer exactement le lieu de l'autorité, jusqu'à quel point et jusqu'à quand il faudrait rendre hommage à telle ou telle chose ? C'est assez ambigu, quand on se livre à ce genre d'activité : par exemple, je me sens libre de converser à égalité avec un artiste comme Jean Dupuy, bien que ce soit un homme bien plus âgé que moi qui a une œuvre importante, alors qu'avec d'autres, on sent tout de suite qu'il vaut mieux la fermer. Il ne me semble pas avoir écrit de manière consciente contre quelqu'un, plutôt contre certaines idées qu'on avait de la littérature et de la poésie.

Quant au « nous » dans lequel forcément on s'inscrit, d'autant plus résistant qu'on est marginal, j'essaye de le tenir, mais de le tenir labile. J'ai connu une période où le mot « collectif » n'existait plus – il est revenu en force et un peu n'importe comment ou à n'importe quel propos récemment. Il ne faudrait pas que ces mots soient des objets de mode. Sinon nous ne pourrons plus les utiliser, ils n'auront plus d'effet. J'ajouterai que plutôt qu'une « bande » – ce que nous n'étions pas –, c'est le contexte qui nous a porté : à Marseille, au début des années 90, Julien Blaine était adjoint à la culture, fondait le CIPM, la Friche, le Musée d'Art Contemporain, très impliqué dans l'exposition « Poésure et Peintrie »... il y avait de l'argent pour la culture, et même, de l'argent pour la poésie. On trouvait ça naturel, étant dedans – ça ne l'était pas ; c'était le fruit d'une volonté politique, qui *instituait*. La position très particulière de Blaine (élu, d'une part, poète de l'autre) mariait décisions « d'en haut » et désirs « d'en bas » – soit un cas de figure rarissime où en changeant simplement de costume, le poète pouvait satisfaire certains de ses désirs les plus fous – et donc des nôtres.

Par la suite, nous avons continué à nous laisser porter par ces lieux accueillants, et d'autres. J'ai l'impression que les refus (de telle invitation, de tel lieu, de telle personne) sont presque plus significatifs que ce qui apparaît dans les biographies. Dommage, au fond, qu'on n'ait pas vraiment réussi à faire mieux que des associations ponctuelles – la plupart du temps des duos, en ce qui me concerne : avec Nelly Maurel, avec Anne Parian... On a fait couple, on a fait trio ou sextuor, mais on n'a pas fait collectif, on n'a pas fait groupe. Et quand on se prenait en photo ensemble, on n'y croyait pas ; on faisait une photo-comme.

Ceci pour les années 90. Il y a quelques années (2009), essayant de saisir l'allure et l'ambiance de quelque événement sarkozien, je vois qu'imprimer mon seul point de vue sur la question ne m'intéresse pas vraiment, et que le lecteur et moi-même tirerions plus que profit d'en avoir à lire d'autres. Je fais donc appel à Jean-Paul Curnier et Pierre Alferi, incluant leurs rectifications dans le livre à paraître (*Tomates*, 2010). Les « Remarques » inédites qu'on pourra lire dans ce volume sont également le prétexte à un travail en commun, puisque j'ai demandé à Stéphanie Eligert, Anne Parian, Jean-Paul Curnier, Antoine Hummel et Michele Zaffarano de bien vouloir les rectifier (comme on boxe, parfois), de manière à ce que leurs remarques aux remarques soient lues et commentées par tous sur une page « drive ». Il a fallu, finalement, beaucoup de temps, pour que la nécessité de cela (d'une entente suffisamment commune pour qu'elle puisse susciter une conversation précise) se fasse jour et s'organise. Peut-être que les revues des années 90/2000 étaient encore trop serrées dans leurs intentions (un comité de rédaction, une ligne directrice – même si le temps des manifestes était révolu) et trop vagues dans leur résultat (juxtapositions de textes proches de l'anthologie). Les Questions Théoriques font partie de ces groupes qui conjuguent une relative souplesse dans l'association (ils se disent « agence informelle d'amis ») et une grande rigueur dans le choix des directions de travail. La question de la publication demeure, cela dit, entière, en plein chantier et sans véritable solution viable, je crois, pour le moment. Le Net n'est pas le miracle attendu ni la fin de tout. Il offre quelques outils pratiques ; peut-être faudra-t-il distinguer davantage l'usage privé ou semi-public de ces outils et la publicité – il n'y a pas, en ce qui nous concerne, nécessité de tout publier ou d'être ami avec tout le monde.

Quoi qu'il en soit, c'est la fin de l'atomisation qu'avait craint Prigent dans *Salut les Modernes* (chacun gérant sa marque de fabrique dans son coin) ; les associations entre poètes, ou entre poètes et musiciens, ou artistes etc., peuvent certes être intéressées, voire mercantiles, mais leur multiplication indique, à mon sens, un besoin et un souci de mobilité intellectuelle autant que physique. Les poétiques, ou poéthèmes, ou mèmes poétiques disponibles sur le marché tiraient déjà la langue dans les années 90 ; on peut toujours y remettre un coup de peinture fraîche (les héritiers directs sont là pour ça), mais on pense mal dans un monde fatigué.

B. A. : Vos deux premiers livres paraissent tous deux en 1997 : *Remarques* paraît chez Cheyne éditeur, et annonce en deuxième de couverture la parution du second, *Chaussure*, édité par P.O.L, comme la plupart de vos livres depuis. Même si les énoncés brefs, plats et constatifs des *Remarques*, proposent souvent, en guise de clôture, des chutes plus que des pointes, et se situent entre la devise Shadock et la maxime de La Rochefoucauld, ils sont souvent reçus comme poétiques.

Et puis viennent des livres qui multiplient les formes, et les inscriptions génériques (quitte à ce qu'elles soient en trompe-l'œil) : une pseudo biographie (*Jeanne Darc*), une « autobiographie » auto-proclamée sur la couverture (*Début*), un livre en forme de making of (*Mortinsteinck, le livre du film*), des pièces (*Les Quasi-monténégrins* et *Deux frères*), des livres se désignant comme romans (*Antonia Bellivetti*, *Cavale*), des livres enfin sans mention générique (*Formage*, *Tomates*, *Crâne chaud*).

Le fait de publier beaucoup de livres (parfois plusieurs par an) correspond-il pour vous à un geste concerté ? S'agit-il – comme cela en donne l'impression – d'endosser puis de quitter diverses étiquettes génériques pour les épuiser et les congédier, mais avec une relative indifférence, sans « sortie » revendiquée ?

N. Q. : Ça ne paraît concerté qu'après, rétrospectivement. Il n'y a pas eu de programme. Pour prendre un exemple historique, l'ensemble *Chants de Maldoror / Poésies* ne fait « dispositif » que pour Ponge, après coup. On peut, cela dit, en observer les effets éditoriaux. Le fait que les livres publiés chez P.O.L finissent par reconstituer la liste-type de tout ce qui peut être publié chez P.O.L, de la littérature expérimentale (*Mortinsteinck*) à la suite poétique (*Grand ensemble*), en passant par le théâtre (*Les Quasi-Monténégrins*), le roman (*Antonia Bellivetti*), l'essai (*Tomates*), l'autofiction (*Crâne chaud*), etc. Il est possible que non seulement je publie mes livres chez P.O.L mais encore que je les *écrive* chez P.O.L. Il y a de multiples allusions à cet entour éditorial, comme la présence récurrente de la

*Pol*ogne, le retour de *pol* dans *Descente de Médiums*, ou même, hors-P.O.L, la chanson des Polonais (*Nous n'avons pas perdu / mais nous ne pouvons pas / décider que nous avons gagné / si nous ne tenons pas aujourd'hui / nous ne parviendrons à rien / personne n'y arrivera seul*).

Je n'ai donc pas traversé tous les genres littéraires, et encore moins avec indifférence : j'ai écrit tous les livres publiables en un seul exemplaire chez P.O.L, et je les ai écrits avec entrain, parce que je sentais bien de quelles obligations ils me libéraient : je n'étais pas obligée d'écrire un roman, je n'étais même pas obligée d'avoir un style ou une marque de fabrique quelconque, je n'étais pas obligée de faire poète tout le temps ! C'est bien simple : je pouvais écrire tous les livres publiables chez P.O.L, et je pouvais aussi, si ça me chantait, publier tous les livres non-publiables chez P.O.L ; je pouvais écrire des livres pour al dante et ils seraient publiés chez P.O.L – mais cela n'empêche pas de répondre à des commandes d'autres éditeurs : le livre paru chez Argol est une sorte de premier essai ; *Une Oreille de chien* (au Chemin de Fer), tout comme *L'inverse est exactement vrai* (chez Yellow Now) sont deux étapes importantes du récit dignois, et j'ai fini par publier pour de vrai chez al dante, dans la collection « Édifices », à propos d'un ouvrage de l'architecte François Deslaugiers.

Tout cela rend impossible de sortir de quoi que ce soit avec fracas, puisque ce qui compte, ce n'est pas l'investissement personnel – au sens où vous investissez sur vous-même, au sens où le style a clôturé un terrain propre – mais un investissement extérieur ponctuel (une fois pour chaque livre). L'investissement n'en est pas pour autant moins intense, ni moins « narcissique ». Les sorties fracassantes tendaient à (sur)indiquer le « pour de vrai », la non-simulation de la phase précédente, l'engagement total. Cette préoccupation n'a pas disparu du milieu poétique – elle tendrait même à faire retour (*cf.* le dernier texte de Samuel Rochery, *Now sports*, paru chez Eric Pesty). Que ce « pour de vrai » pouvait se diviser sans pour autant s'abîmer dans le « cynisme », c'est ce que ma bibliographie provisoire montre un peu, j'espère. De toute façon, j'en suis venue récemment, en visitant le Cergy de Bofill et de Mitterrand, à la conclusion que le problème des dites « années 80 » était qu'elles avaient cru au second degré, que leur foi se plaçait là de manière aussi déterminée et intense que la foi en Mao dans la décennie précédente. La distance induite par la simulation s'annule quand on y croit. Le Cergy de

Bofill est aussi ridicule que le Sacré-Cœur parce qu'il y croyait autant que les commanditaires du Sacré-Cœur croyaient en Jésus. Heureusement, les bâtiments de France vieillissent vite, et l'architecture moderniste a une manière très personnelle de décatir et d'accueillir quoi qu'elle en ait les bricolages, les à-peu-près, le mal-fait – carrioles improvisées des marchands de glace ou de saucisses dans les immenses perspectives du Brasilia de Niemeyer.

B. A. : À tout niveau (phrase, livre), votre travail semble inquiété par la menace de la solennité, du figement dans une belle forme : la chute de la remarque vient décevoir l'aspiration à la maxime ou au haïku. *Chaussure* semble venir corriger *Remarques* par ses longues digressions : on y retrouve des énoncés brefs, mais côtoyant de longues phrases multipliant parenthèses, incidentes, sans début ni fin.

Plus généralement, chaque livre semble venir remettre en mouvement les précédents, chaque phrase réintroduire une forme d'instabilité, de sorte que la désignation de « livre de formations » en quatrième de couverture de *Formage* semble pouvoir s'appliquer à l'ensemble.

Il me semble que cela s'accentue encore dans vos derniers livres. *Tomates* (2010) part en tous sens : le texte « principal » renvoie à des notes en bas de pages, il se clôt par la fin du roman d'un autre (*Jumelles*, de Pierre Alferi), est suivi de deux épilogues, puis d'annexes qui proposent d'autres notes, un dialogue avec Jean-Paul Curnier, etc. *Crâne chaud* revendique dans sa quatrième de couverture d'être une « fantaisie réaliste critique ».

Et en même temps, vous semblez attachée à l'idée de faire des livres. Pourriez-vous dire quelque chose de cette coexistence chez vous du désir de produire des formes, et de les produire dans des lieux incontestablement littéraires (la couverture blanche, les caractères bleus de P.O.L), et en même temps de faire en sorte que vos textes exhibent un caractère incomplet, parfois délibérément mal foutu ?

N. Q. : Il y a en effet des personnes très inquiètes que je ne fasse pas de plan ! Comment dire... pour diverses raisons, que je vais tenter d'énumérer, c'est une question qui ne se pose même pas. D'abord, je ne considère pas que le codex, support pour lequel nous pensons encore majoritairement l'écrit, littéraire ou non, impose, par son mode de fabrication, ou, si l'on préfère, malgré son mode de fabrication, fermeture ou « fin » coïncidant avec la dernière page (qui n'est d'ailleurs jamais la dernière, puisqu'il y a toujours ensuite colophon, pages de garde, etc.), et organisation en vue de cette fin supposée uniquement. Bien des « expériences » modernes l'ont montré, et j'y inclus aussi bien les poètes (Mallarmé, bien sûr) que les romanciers (Sterne ou Schmidt, par exemple). Il ne faut pas confondre plan et composition, sans doute, et il y a toujours, il est vrai, dans notre culture, plus-value accordée à l'ordre pensé plutôt qu'à l'impensé du désordre – *cf.* le remarquable « décodage » du *Coup de dés* par Quentin Meillassoux –, alors disons que le « déroulé » du volumen (ou aujourd'hui le « scroll ») a tout de suite adopté ce que j'écrivais, avant même que j'aie un ordinateur – je veux dire que la pratique informatique me convenait parfaitement. Je dois dire qu'encore aujourd'hui, je ne sais pas travailler avec Word ; ça ne m'intéresse pas, ce faux livre sur écran, tous ces objets qu'on « feuillette » en cliquant... Quitte à feuilleter, je veux du papier qui sent l'encre ! Je continue à travailler sur TextEdit : chaque heure d'écriture s'ajoute à la précédente en « descendant » (sur) l'écran ; j'intercale du texte en copiant-collant, j'ouvre souvent de nouveaux dossiers, et quand quelque chose commence à prendre figure, ralentit ou s'arrête, alors j'arrête. Ensuite, je me mets à penser à P.O.L éditeur, et je revois l'ensemble – changeant quelques places, distribuant quelques titres, rédigeant une quatrième et une note d'accompagnement.

Quant au choix de l'édition de littérature comme lieu d'adoption définitif, il faudrait remonter aux *Remarques*. Elles sont arrivées au hasard les unes des autres, sans classement, sans numérotation, elles pourraient très bien loger dans un sac et être tirées aléatoirement ; comme Stéphane Bérard me poussait à les envoyer à des éditeurs, je l'ai fait, et quand il a fallu parler édition concrètement avec Cheyne, j'ai « rangé » tout à fait artificiellement ces phrases dans trois catégories (voiture/maison/corps). J'aurais pu faire performeuse, et rien que performeuse ; mais ce que j'écrivais à très vite été publié en revues, qui sont des livres (l'étaient, à l'époque), et puis je me suis mise à écrire *Jeanne Darc*, et je tenais à ce que *Jeanne Darc* soit une vraie biographie de Jeanne d'Arc – c'est-à-dire moi –, à ce que ce soit un premier bilan et un programme d'action ; bref, une petite clé pour ce que je m'apprêtais à faire ensuite car, ça y est, je m'étais enfin décidée à me mettre au travail.

Pour revenir à la composition des livres, qui peut apparaître comme une non-composition ou une composition après-coup, je dois ajouter que mes goûts littéraires ont été déterminants : j'adorais Lichtenberg, j'aimais les « brouillons » de Jean-Paul... tous ces livres qui, au fond, n'ont pas été pensés ni voulus par leurs auteurs sous la forme livre, ou qu'ils ont considéré comme « ratés ». La lecture des *Notes de Chevet* de Shonagon et d'*Espèces d'espaces* de Perec a été libératrice à un moment où je me pensais incapable de faire quoi que ce soit d'intéressant. J'ai lu des formes considérées comme inabouties comme des formes à part entière, et j'ai voulu, pour moi, ces formes-là. Il se trouve qu'au même moment (début des années 90), il y avait un intérêt pour le « ratage » ou le fiasco, dans l'art contemporain – mais je n'ai jamais vu les livres dont je parle comme ratés ; ils étaient splendidement réussis ! magnifiquement achevés dans la respiration et la circulation qui les animaient, dans leur ouverture, dans leur liberté, dans leur désinvolture passionnée. Plus tard, j'ai redécouvert *La Chanson de Roland*, les mélanges prose/vers de Christine de Pizan, et tout cela ne faisait qu'aller dans mon sens, assurer, confirmer et légitimer la voie que j'avais prise – *Le Chanson* et ses duels racontés deux fois de suite, chaque « bloc » prenant son sens du bloc qui le précède ou qui le suit... Les autobiographies théoriques de Pizan – *Tomates*, *Crâne chaud*, et surtout *Descente de Médiums* (où Pizan est citée abondamment) sont des reprises de ces formes de littérature qui me semblent pertinentes pour aujourd'hui : la littérature contemporaine, c'est Christine de Pizan !

B. A. : Une première « auto-présentation » de vous se concluait ainsi : « je fais des lectures à voix haute dans des bibliothèques ou des salles publiques / *I can read on my lips or in my head if you want.* » Les lectures publiques, les « performances » ont été, me semble-t-il, une activité importante de votre travail, mettant à distance la solennité littéraire, permettant le travail en proximité avec des artistes, et l'élaboration d'une voix (détimbrée à force de partir dans les aigus, pas « propre »).

Pourriez-vous revenir sur le rôle qu'a joué (que joue encore) ce travail de lecture à voix haute, la gêne aussi que vous éprouvez à participer à un système (économique et idéologique), celui des festivals et des politiques culturelles, gêne qui s'exprime notamment dans *Tomates* ?

N. Q. : Quand le livre est le support culturellement dominant, incontesté et même sacré, il est évident qu'en sortir le poème et le mettre debout, hors de la page, est lourd d'enjeux et de conséquences. Ou plutôt : aurait dû l'être. Mais la plupart des « acteurs culturels » de l'époque, de Barthes aux Tel Quels ou poètes patentés, ont ignoré le travail des premiers sonores, visuels – ignoré littéralement et familièrement (méprisé). Cela n'a d'ailleurs pas empêché Heidsieck ou Chopin de continuer leur travail dans leur coin (une marge française), et au-delà (une contre-culture internationale, je dirais « légitime », même si cela peut sembler paradoxal – Burroughs est devenu un grand écrivain américain célèbre, somme toute). J'ai connu une période où rien n'était enregistré, de ce que nous faisions « sur scène ». Il y a très peu de traces de Tarkos improvisant – on faisait ça nous-mêmes, en amateurs (je pense à la collection de k7 « Muro Torto », dirigée par Pennequin et Prigent dans les années 90). C'est au moment où Tarkos meurt que ça démarre : un an ou deux de plus et l'internet serait truffé de ses performances. D'un coup, il fallait absolument de l'archive, du document – les poètes, performant, sont d'ores et déjà archives ; des corps archivés, présents pour un futur déjà passé. On a loupé un laps de temps, qui se serait glissé entre l'indifférence ou le mépris intégral et le devoir de mémoire, le patrimoine à marche forcée. Le festival espagnol que je raconte dans *Tomates*, c'est exactement ça : un exemple type de performance pour chaque époque, une manière de *digest*, ou de tutoriel : une *beatnik* pour les années 60, une copine de Laurie Anderson pour les 80's, une nana avec un *laptop* pour les années 90, etc., le tout chapeauté par une vision *gender* à la truelle façon années 2000. C'est tout de même embêtant de se voir cadavre dans un machin censé promouvoir une poésie vivante ! Prigent dit une chose très intéressante dans un récent *opus* pour l'IMEC : il a l'impression que son travail est passé directement de l'*underground* au patrimoine. Performer aujourd'hui signifie la plupart du temps tourner dans une vidéo dont on est l'acteur principal (signer le contrat où vous spécifiez que vous cédez votre droit à l'image est devenu un acte incontournable). Cela dit, il y a des artistes qui font des choses merveilleuses de cette soif cinématographique, pédagogique et mortifère typique à l'époque que nous traversons – comme Éric Duyckaerts, qui a réinventé la forme conférence-performance et l'a portée à un degré de finesse, d'intelligence et d'humour à peu près indépassable.

Par paresse, manque de temps et d'intérêt, je n'ai pas fait grand chose de mon côté – je reconnais aujourd'hui à l'écran un corps, grand, un peu ballant, avec un bon potentiel comique, « face public » la plupart du temps ; la voix est en effet « détimbrée », un choix commun à de nombreux poètes de ma génération (Chaton, Pennequin), parfois accompagnée d'un accent (belge pour Gwenaëlle Stubbe, alsacien pour Philippe Beck, bisontin pour Christophe Fiat, « marseillais » pour Tarkos). Il y a cette peur de l'emphase, même contenue, et l'utopie présentée d'une voix qui serait à la fois celle de tous – une voix quelconque – et singulière. Des voix singulières quelconques ou quelque chose comme ça. J'ajouterais que le fait qu'on me dise, et que je sois aussi, « performeuse » est un « marqueur » important : la poésie que nous faisons n'est plus dans la Littérature, elle est dans l'art ; il y a eu un « tournant artistique » que nous avons suivi autant que provoqué, simplement parce que l'institution a choisi : les facs de Lettres ne veulent pas de ce type de travail, par exemple. On est allés où l'on nous désirait : dans les écoles d'art, sur certaines scènes (musiques improvisées, festivals ouverts, comme ActOral, etc.). Sans regret. J'ai fait des études de Lettres, je sais ce qu'on y gagne – et ce qu'on peut y perdre. La reconnaissance que nous avons obtenue des institutions « littéraires » est restée longtemps marginale et comme une aumône jetée à des gens qu'on n'estime pas. Par ailleurs, j'écris des livres et ces livres appartiennent à la littérature d'expression française.

Pour résumer et pour le moment, la situation des poésies et littératures contemporaines en France n'est *heureusement* toujours pas alignée sur la situation américaine (cantonnement à l'université, invisibilité ailleurs). Elles se sont ménagées un espace bâtard, entre éditions toutes petites ou moyennes (Flammarion quand même), scènes de musiques ou de théâtre, lieux d'art, émissions de radio, blogs & sites, etc.

B. A. : Cette « économie » des festivals, des lectures publiques, pose la question des conditions concrètes de l'écriture. Comment fait-on pour écrire tout en ayant une activité professionnelle (vous êtes enseignante) ? Comment s'opèrent les partages (organisation du temps, organisation économique, etc.) ?

Vous insistez par ailleurs souvent sur votre situation périphérique, provinciale : pourquoi est-ce important que Nathalie Quintane « vit et travaille à Digne-les-Bains » ?

N. Q. : Digne m'a donné deux noms et un emploi du temps : un patronyme administratif et dix-huit heures, puis quinze heures, puis douze heures de cours dans le secondaire, en échange desquels j'obtiens un traitement. Grâce à ce traitement, mon deuxième nom (qui est le premier, d'ailleurs) peut, ou pourrait, écrire ce qui lui chante. Mais Digne – et cela, je l'ai découvert au fur et à mesure, dans une ville où j'avais atterri au hasard d'une mutation – offre bien d'autres avantages. C'est un résumé, une synthèse, un portrait de la France. Il y a, à Digne, une fois, ce que vous avez à Nice cent fois, à Marseille mille fois, à Paris dix mille fois, à New-York, cent mille fois. Tout est en une fois, mais tout y est. À Digne, il y a une préfecture, un Conseil Général, un tribunal, une prison, un hôpital psychiatrique, une zone commerciale naturellement, une excellente librairie, un bar formidable (mais pas deux), un très bon festival de cinéma, un musée qui a franchement peu de choses à envier à la Maison Rouge, une nouvelle école d'art, un centre d'art contemporain, un Promod, un bon resto antillais, un bon resto grec avec le patron le plus sympa du monde, etc. À Digne, il y a eu un manifestant en 68, qui a tenté de barrer le boulevard. Tout le monde est passé, ou passera au moins une fois à Digne, de Jean-Christophe Bailly à Ségolène Royal, de Hermann de Vries à Marine le Pen, de Gilles Thibergien à Sexxion d'Assaut, de Paul Otchakovski-Laurens à Michelle Torr.

En vérité, il n'y a aucun intérêt à sortir de Digne : tout vient à vous. À la longue, les fatalités sociologiques deviennent des choix – sans que ces choix oublient qu'ils ont été des fatalités sociologiques. Digne est à la fois mon Destin (à moi, issue d'une famille d'employés montés à la capitale au début des années 60, élevée en banlieue, donc toujours-déjà périphérique) et la saisie de ce Destin ; l'endroit qui m'a permis de respirer enfin, et de chasser presque la honte des déclassés, qu'ils le soient par le bas ou, plus tard, par le haut – la ville qui m'a mise au travail.

B. A. : J'ai parlé plus haut de ce que c'était qu'écrire avec, ou à côté de. Il y a aussi la question d'écrire après (ce qui est une autre façon d'écrire avec), de la manière dont vous vous situez par rapport à *des* histoires littéraires.

Il me semble que vous assumez l'héritage long de la modernité (Lautréamont, Rimbaud, celui d'*Une Saison en enfer* comme de l'Album zutique), que vous vous situez aussi par rapport à des gestes avant-gardistes plus proches (ceux des années 1960 et 1970), mais qu'il y a une impossibilité néanmoins à assumer une lignée directe vis-à-vis de ces avant-gardes, faute de pouvoir « y croire » encore.

Et puis, il y a les noms qu'on prononce beaucoup à votre propos (Ponge, Perec), ceux que vous prononcez, et qui s'inscrivent moins évidemment dans cette histoire de la poésie moderne (Sterne, Jarry, Kafka de plus en plus, les romanciers russes).

Vous serait-il possible de revenir sur la manière dont vous vous inscrivez dans ces différentes temporalités, quel rôle stratégique jouent ces références pour vous situer dans un champ que vous refusez de considérer comme pacifié (parce qu'il serait vidé d'enjeux) ?

N. Q. : Disons qu'il y a, d'une part, ce qu'on attend de moi que je le cite et le confirme (Ponge et Perec), et d'autre part, les livres (plus que les auteurs) qui m'ont donné très concrètement les moyens d'écrire (j'ai évoqué plus haut le *Chemin de longue étude*, de Christine de Pizan, pour *Tomates*, *Crâne chaud* et *Descente de médiums*), mais aussi l'intelligence de choses d'abord passablement confuses (la fonction du rire ou de l'humour – je vais y revenir avec Diderot), ou encore une notion générique (la « fantaisie réaliste critique » vient tout droit de Gérard de Nerval, dans *Les Nuits d'Octobre* ; Nerval, lu à l'adolescence, a été tout aussi important que Rimbaud), ou encore un pays d'édition (la Pologne de Jarry, c'est-à-dire « nulle part », à laquelle j'ai greffé celle de Jaruzelski et de Walesa – la Pologne de la prise de conscience politique – et la maison P.O.L, le grand abri), et puis enfin une ligne de conduite (Kafka, Beckett, parce qu'ils ont fait de l'épanorthose la figure principale ; une figure de rectification, de reprise, de retour, de vérification, une figure qui ne cesse de dire qu'ils ne savent pas, qu'ils ne maîtrisent pas, ou bien qu'ils maîtrisent simplement le fait qu'ils ne maîtrisent rien, la figure du timide ou du faux timide, la fin très lente de l'arrogance – avec un peu de chance). Évidemment, tout ça n'est pas si clair, et il faut beaucoup mélanger pour parvenir à une reconstitution historique à peu près fidèle ! Le fait que Kafka n'ait pour ainsi dire jamais « achevé » la plupart de ses textes est très important, et la lecture sensible et précise que j'ai pu faire de ses fragments grâce au meilleur professeur de ma scolarité post-bac, Ludovic Janvier, à Paris 8 en 84, a été déterminante. Les « brouillons » de Ponge sont eux aussi une manière d'épanorthose continue, et j'ai dit que la lecture d'*Espèce d'espaces*, juste avant les *Remarques*, m'avait poussée à l'acte, au même titre que Shonagon, dont Perec était lecteur. Quant à Diderot, que je cite souvent, il y aurait toute une liste de motifs : d'abord que *Jacques le Fataliste* m'a traumatisée au lycée ! en bien ! Deux livres m'ont traumatisée à seize ans : *Les Chants de Maldoror*, qui m'ont transformée en surréaliste pour cinq ans (j'en ai pris pour cinq ans !), et *Jacques le Fataliste* ; ensuite parce que ça me permettait de ne pas être rivée au XXe et au XIXe, d'ouvrir le champ des références et des influences vers l'amont (et je n'ai fait que poursuivre l'idée et le processus avec Pizan, Boèce, etc.), de quêter d'autres sources de nouveauté, car les textes anciens sont très neufs, très inédits à notre vieux regard contemporain ; enfin, parce que Diderot m'a permis de faire le départ entre la légèreté dont on accusait ma génération et le rire comme arme (politique). Le rire de Diderot n'est pas celui des esprits forts, c'est un rire en service, au boulot, quelque chose qui donne énormément de joie et d'allant. J'aimerais que mes livres donnent autant de joie et d'allant à ceux qui les lisent.

Quant à nos pères (et un peu de mère) en ligne directe (les dites « dernières » avant-gardes), bien sûr que les rapports sont difficiles et qu'on s'est d'abord posés là contre ! Ce sont des pères qui font pour la plupart très bien leur taf de pères dominants, alors nous fîmes le nôtre d'enfants irrespectueux. Passées ces généralités, et comme un peu tout finit par m'intéresser, à la longue, je me suis mise à travailler sur l'à présent vieille polémique à propos de Bataille, entre Prigent et Alferi/Cadiot/Agamben (premier numéro de la *RLG*), où l'on s'aperçoit que les uns parlent d'un tonneau de vin d'Espagne tandis que l'autre parle d'une trahison, comme dans *Les Fourberies de Scapin.*

Curieusement, je considère aujourd'hui que ces malentendus sur des points capitaux sont moins importants que ce qui nous fait malgré nous ressembler à ces pères : une position marginale plus ou moins assumée, une inscription dans la littérature (ou la poésie, ou l'art, comme on veut) comme commerce politique, des goûts communs – quand je relis les notes de lecture écrites par Prigent dans *TXT*, je suis en général d'accord avec lui, contre quand il est contre, pour quand il est pour, même si ce n'est pas toujours pour les mêmes raisons ! Quant aux positions de Jean-Marie Gleize, chacun sait ici que je les ai faites miennes, assorties de menues modifications, peut-être non-négligeables mais menues.

Les poètes auxquels je pense quand je dis poètes n'ont pas – sinon de manière marginale et ponctuelle – lié conversation avec les poètes auxquels on pense quand on dit poètes en France depuis quarante ans. Cela ne signifie pas que nous les ignorons ou que nous ne les ayons pas lus (après tout, j'ai étudié Jaccottet peut-être plus que certains de ses admirateurs – écrire *Remarques* avait pour sens secondaire : pas de Jaccottet). La poésie, pour les collégiens de France, est encore et toujours quelque chose d'écologique, ou alors quelque chose en vers de rigolo. En général, ils n'acceptent pas d'inclure Cendrars chez les poètes (c'est trop littéral, trop vulgaire, etc.). Alors vous imaginez les autres... Mais ils ne font que renvoyer la croyance que leur ont transmise les adultes, parents ou enseignants. On ne peut que constater que le travail qui devait être fait ne l'a pas été, délibérément, et la poésie continue à être cette espèce de météore tombé du ciel, relié à rien (sinon Aragon à la Résistance), ce supplément d'âme parachuté par des jeunes gens peu recommandables mais excitants (Rimbaud). Pas de quoi fouetter un chat... On est dans une vision de la chose très « années 50 », adaptée aux pics de pollution d'aujourd'hui – ce n'est pas très surprenant : nos grands poètes furent jeunes dans les années 50/60 et on a tendance à perpétuer, sauf aménagements, les questions et les réponses pertinentes d'autrefois. Nous-mêmes, jeunes gens pétillants des années 90, courons le risque de devenir ou d'être déjà les quinquagénaires grimaçants des années 2010. Comme on vit vieux (en principe), on devrait chercher, passé quarante ans, une deuxième vie, un deuxième lot de questions et un deuxième lot de formes adéquates aux temps, qui changent.

B. A. : Il n'y a de début que reconstruit après-coup, réinventé, mythifié (dans *Début*, cela prend la forme de plusieurs « début » numérotés, suivis de « contes », qui se chargent de décourager bien vite tout espoir de révélation originelle).

Mais on est quand même tenté de vous demander de réinventer un début : comment passe-t-on de Pierrefitte (en banlieue parisienne, où vous avez grandi) à *Remarques* ? Il est peu question de livres dans *Début* (ce qui contribue à en faire un non récit de vocation) ; mais alors, que seraient les débuts de lectrice ? Avec quoi ? Comment ?

Et puis, quand le passage à l'écriture se produit-il ? Est-ce que cela coïncide avec le moment où vous vous rapprochez de Marseille ?

N. Q. : À Pierrefitte est venu Barjavel. Barjavel était d'abord des livres dont j'étais fan, et puis d'un coup, c'est un monsieur à cheveux bouclés gris. J'avoue ne pas avoir fait le rapport. J'ai mis très longtemps, peut-être plus longtemps que la moyenne, à comprendre que les livres étaient fabriqués par des humains ; pour moi, ils naissaient tout seuls pour venir me protéger de l'agressivité des adultes. Sur les premières photos, dès quatre ou cinq ans, je brandis à l'objectif un livre comme un paravent. J'adorais les bibliothèques municipales, j'y avais presque des malaises, je lisais avec plus de plaisir ces livres usés, qui étaient passés entre toutes les mains, des mains inconnues. Mais je crois ne jamais avoir perdu de vue que l'important, c'était la lecture, c'était de pouvoir lire.

Quand les éditeurs se sont réunis, il y a quelques années, pour s'accorder sur les décisions à prendre quant au livre numérique, nous avons essayé, avec quelques auteurs, et puisque nous n'avions pas été invités, de réfléchir un peu plus largement qu'au simple problème de la renégociation des droits. Les éditeurs de littérature contemporaine pouvaient peut-être créer une plate-forme commune qui donnerait accès, contre une faible somme, aux textes dits « difficiles » un an après leur publication ? D'autres fois, je me dis que Lindon avait peut-être raison, qu'il aurait fallu interdire la publication en poche des bouquins de littérature… Mais enfin, qui se plaint d'avoir accès dans la minute à des films autrefois visibles une fois tous les vingt ans à la cinémathèque ? J'aimerais bien que le livre de Michel Vachey, publié par Bourgois (*Toil*, en 75) soit numérisé et disponible, qu'on sache un peu mieux après quoi l'on travaille, et que ce ne soit pas uniquement les *happy-fews* de la poésie contemporaine qui en connaissent l'existence. Beaucoup de choses restent à faire.

Quant aux débuts d'avant *Début*, j'y ajouterais l'importance de la musique et du cinéma, d'une musique pas franchement hostile mais pas vraiment « agréable » non plus (la *cold wave*, les débuts de la musique industrielle, déstructurée ou bancale, les groupes dont on ne voyait pas les visages ou qui refusaient toute publicité – les Residents, par exemple –, les groupes mécaniques et parodiques – Devo –, les albums où on expérimentait ou dérivait – *Pet Sounds* des Beach Boys, les albums solo de Syd Barrett, etc.), et puis le goût pour le montage « cut », pour les films qui font du bien quand ils font mal. J'y ai baigné en continu de 15 à 25 ans. Absorption par imprégnation, sans doute, mais ces formes caractérisées par le goût de la rupture – structurelle autant que tonale ou sociale – ont préparé, puis accompagné, la lecture de textes plus canoniques. Il y a des thèmes, ou des noms propres, immédiatement associés à une culture « basse » (comme Saint-Tropez) ; je m'en sers comme démarreur, ou reposoir. Les constructions proposées par la musique dont je parle, considérée par ailleurs comme une musique « basse » (« pop »), ne sont pas si loin, dans leurs entrelacs, reprises, renoncements, de formes poétiques dites complexes. J'ai en tout cas l'impression qu'elles nécessitent des opérations mentales assez proches.

B. A. : Vos livres, dès *Remarques*, se présentent comme des expériences de pensée, de pensée incarnée – y compris au sens où l'on parle d'un ongle incarné, une pensée « embarrassée » : que se passe-t-il quand je pense à faire mes lacets en faisant mes lacets, que se passe-t-il quand je pense, à propos de Saint-Tropez, « une ville de midinette » ?

Pourriez-vous nous dire quelque chose sur vos écrits considérés comme « exercices de pensée appliquée » ou de « philosophie pour les nuls » (ou crus tels) ?

N. Q. : Je me souviens avoir littéralement recopié une Remarque dans Leibniz ! Je ne vous dirai pas laquelle… J'adore les exemples des philosophes, ces moments où ils se voient contraints d'imaginer ce que sentirait ou penserait un aveugle à qui on aurait coupé les bras et une jambe et qui aurait adopté un chien ! Tout l'appareillage conceptuel m'est pour ainsi dire incompréhensible – il faut, en tout cas, que je fasse beaucoup d'efforts pour le comprendre ; je n'ai pas la tête philosophique, et je suppose que c'est l'une des raisons pour lesquelles j'adhère à la formule d'Emmanuel Hocquard, lorsqu'il dit que l'anecdote est le commencement du concept – ce qui a l'avantage et l'inconvénient de verser l'anecdote du côté de la philosophie. La capture des *Remarques* par les phénoménologues, ou ce qu'il en reste, par exemple me gêne. Moins parce qu'elle limite leur lecture à l'illustration d'un point de vue ou d'une *Weltanschauung*, que parce qu'elle ne peut empêcher la Remarque de suivre un mauvais virage ontothéologique. Or, c'est en partie contre ce « tournant » qu'elles ont été écrites.

Dans les livres que vous citez (*Remarques*, *Saint-Tropez*, mais aussi *Crâne chaud* ou *Tomates*), j'ai plus ou moins la place du cobaye (l'aveugle à qui on a coupé les bras, une jambe, et qui a adopté un chien, c'est moi). Plus ou moins parce qu'évidemment la plupart de ces « expériences » sont, écrites (avec virgule) ; c'est la phrase qui me coupe un bras ; c'est la phrase qui me fait adopter un chien. Enfin, disons que c'est particulièrement vrai pour les premiers livres. Je pense que la lecture des *Recherches* (ou… *Remarques*) *philosophiques* de Wittgenstein, et surtout de *De la certitude*, a été importante ensuite, par sa manière de toujours rabattre/rebattre le langage, ou de toujours en rabattre pour lui, de tirer chaque mot de chaque mot, chaque expression de chaque expression, et de ne jamais se lasser d'y revenir – une *Figue de paroles et pourquoi*. Je rappelle deux passages, essentiels pour moi, de sa préface aux *Recherches* : « Après de nombreuses tentatives infructueuses pour réunir en un tel ensemble les résultats auxquels j'étais parvenu, j'ai compris que je n'y arriverais pas, que ce que je pourrais écrire de meilleur ne consisterait jamais qu'en des remarques philosophiques, car mes pensées se paralysaient dès que j'allais contre leur pente naturelle et que je les forçais à aller dans *une seule* direction. » Et le deuxième : « J'aurais volontiers produit un bon livre. Le sort en a décidé autrement ; et le temps est révolu qui m'aurait permis de l'améliorer. » Évidemment, Wittgenstein a produit un excellent livre… mais le temps n'était peut-être pas venu qu'il puisse en juger ainsi. Par ailleurs, et cette fois-ci au premier degré, ce serait une bonne épitaphe pour les miens, de livres ! Enfin, il y a là quelque chose de tellement irréprochable … Bref, ce que je fais est mêlé.

B. A. : Il y a une défiance très perceptible chez vous à l'égard de tout épanchement intime, de tout exhibitionnisme narcissique. Vous commencez à écrire, dans les années 1990, dans un contexte polémique, et vous prenez part à une réflexion qui, contre un certain renouveau lyrique, refuse « l'oubli du moderne » (Prigent), réaffirme plus largement la nécessité d'une exigence littérale (Gleize), formelle et théorique.

Ce questionnement est constant chez vous et traverse tous vos livres, inquiets de leurs propres « formations ». Mais ces dispositifs ainsi constitués font aussi entendre une voix têtue, une voix un peu détimbrée et pas très individuelle (proche de celle élaborée dans les lectures publiques), mais tout de même située.

Comment s'articulent – ou du moins coexistent – l'agencement (une méfiance à l'égard de « l'effort au style ») et le singulier, par exemple la question de la langue révolutionnaire et les tomates au fond de mon jardin (*Tomates*), le « sentiment sexuel » tel qu'il surgit brutalement chez mon coiffeur et tel qu'il trouve à se formuler publiquement sur RMC (*Crâne chaud*) ?

N. Q. : Gleize et Prigent, entre autres, nous montraient qu'il fallait une réflexion théorique à (la) hauteur des textes dit de « création » et des textes de création à la hauteur de la réflexion théorique, que l'amnésie théorique risquait de faire venir des textes faibles, et inversement. Ils ont fourni également des contre-modèles : on ne citait à l'époque Prigent que pour ses essais, *Ceux qui merdRent*, en particulier, et Gleize était le professeur-spécialiste de Ponge et inventeur de la notion de post-poésie. Oubli volontaire de leurs autres livres, écrits moins faciles, singuliers. Je n'ai pas grand chose à apporter de neuf en matière de « théorie littéraire », certes, mais ce qui est sûr, c'est que dès le début, je me suis dit que je ne voulais pas ça et que s'il m'arrivait, un jour, d'écrire un essai, je ne le publierais que très tard, une fois que le reste serait passé, se serait imposé – ou non. Jusqu'à *Tomates*, j'ai publié, le plus souvent en ligne, sur *Sitaudis*, ou dans la revue du CIPM, des notes de lecture qui me permettaient de lire de plus près mes contemporains mais n'offraient pas de « vision globale » ni de « concept clé » – de toute façon, ce n'est pas comme ça que je pense à ce que je fais ou à ce qui se fait. *Tomates* m'a enfin donné une forme pour cette inclusion de la réflexion dans la création, la question politique ne faisant qu'une, dans ce livre, avec la question de la langue, de la manière dont s'écrit le politique – la manière dont il s'écrit dans *L'Insurrection qui vient*, par exemple ; je prends toujours des exemples précis, j'ai une prédilection pour l'explication de texte. Bien qu'étant assez proche de l'essai, affirmant une position autant que des questions, *Tomates* n'est pas un livre de « maîtrise », un livre de la maturité ou que sais-je, c'est un bouquin qui demande de l'aide (à Curnier, Alferi), en déséquilibre entre notes et texte, un livre qui patauge, au fond, et qui n'en a absolument pas honte.

Autre chose : je ne vois pas pourquoi on devrait choisir entre « agencement » et « style » – voyez le travail de Bérard dans sa traduction de *L'Enfer* de Dante… Je veux bien qu'on mette en avant le « dispositif » – pour Ducasse, par exemple –, mais enfin, le dispositif a lieu par, ou plutôt dans, des choix d'écriture, pour dire les choses platement. *Poésies* est tout autant « écrit » que Maldoror. Alors c'est sûr que c'est un texte de montage, de trafic de citations, un texte de truand, mais vous me mettez le « style » *Poésies* sous les yeux, je le reconnais immédiatement ! Je l'ai reconnu dans les retranscriptions des tables tournantes, de Victor Hugo ! avec un remarquable usage du point-virgule, par dessus le marché ! Je considère Christophe Hanna comme un grand styliste, et je ne dis pas ça par provocation. Hanna fait mine d'écrire en degré zéro le « résultat » de ses enquêtes, mais il suffit de lire le début des *Berthier* pour comprendre la complexité de ce soi-disant degré zéro, le jeu des pronoms, l'infernal tressage des personnes interrogées, on ne sait plus qui dit quoi, on ne sait plus où est l'enquêteur, où est l'enquêté, et ça n'a rien de « gratuit » : c'est une manière plus pertinente d'analyseur social. C'est un peu ce que j'ai essayé de faire dans *Crâne chaud*, en plus baroque, avec un « je-hameçon » qui « sent le vécu », sorte de poisson-pilote qui permet de se balader partout, de construire le livre comme un trajet, géographique et psychique. Le « je » personnel-impersonnel dont vous parlez, c'est déjà le « je » des Remarques, un emploi très pratique, où le lecteur doit se sentir à la fois à l'aise comme dans son propre je et gêné aux entournures, un « je-douche écossaise », avec des moments bien chauds et des jets froids qui font dire : mince, c'est bien moi ? c'est qui, celle-là ?! Dans *Crâne chaud*, par exemple, il y a bien une « matière » vécue, privée, mais elle est immédiatement reversée au public, à une sorte d'enquête sur les discours à propos de sexualité. Je suppose qu'une bonne partie de mon travail tient le milieu entre Ponge (poète contre les poètes), Annie Ernaux (lettrée bourdieusienne issue des classes populaires) et le flux radiophonique (les voix de tous), arrière-fond qu'il s'agirait de faire passer au premier plan.

De toute façon, je crois que la génération précédente est allée au moins aussi loin dans le choix du « dispositif » ou de l'agencement au détriment (?) du style – il suffit de penser au formidable *Portrait d'une dame* de Alain Frontier, réédité récemment par Al Dante. Notre génération me semble moins aventureuse ou, comme on disait autrefois, moins radicale. Il y a un vrai goût pour les effets de style dans certaines proses, voire d'un peu pompier dans l'emploi des « nouvelles technologies », quelque chose d'encore très inféodé à l'histoire de la littérature (ou à l'histoire de l'art), très impatient d'en être, finalement, d'autant plus, parfois, qu'on ne vient pas de là, qu'on est issu des classes moyennes plutôt que de la bourgeoisie. On n'a pas plus d'argent ; mais on peut s'embourgeoiser par la tête, aussi bien. Sans doute que les changements récemment intervenus, et qui ne dépendent pas de nous, nous obligeront à envisager les choses autrement – à inventer, j'espère.

B. A. : Vous écrivez (dans *Mortinteinck*, en 1999), qu'il « reste à construire une approche à la fois plus distancée et joueuse (joyeuse), parce qu'elle inclut la défaite et l'ironie de cela dans une forme ». Plus récemment (*Un embarras de pensée*, 2008), vous caractérisez votre attitude comme celle d'un « bartlebisme » ambigu, qui est certes une forme de résistance passive, mais qui pourrait aussi masquer une forme d'abattement.

Le fait de vous placer ainsi dans une situation de défaite peut surprendre pourtant : il se dégage de vos écrits une forme de vivacité combative, quelque chose d'incisif qui est le contraire d'un dé(sen)gagement ou d'un renoncement mélancolique.

Comment cela (cet abattement – cette menace d'abattement – et cette combativité) se noue-t-il pour vous ?

N. Q. : Je crois que le « bartlebisme » ambigu dont vous parlez était la formule de l'empathie avec le travail d'Alain Rivière que le livre essayait de saisir. La mélancolie était celle de ce travail. Je suis très touchée par les grands mélancoliques très drôles – j'ai travaillé avec Stéphane Bérard, mais aussi avec Francesco Finizio ou avec Xavier Boussiron, maintenant avec Stephen Loye. Je ne suis ni mélancolique ni très drôle (ou alors malgré moi, parce que je suis étourdie et maladroite) et ce que je fais ne l'est pas non plus. « Je préfère ne pas » était la formule parfaite d'un repli, l'intelligence maximale des situations qu'on pouvait avoir à une certaine époque – du début des années 80 jusqu'en 95, mettons. La reprendre ensuite à son compte n'a plus de sens, sinon nostalgique ou anachronique. C'est avoir cédé à un conservatisme, d'abord tranquille, aujourd'hui dangereux – je parle de la formule, évidemment, pas de la nouvelle de Melville ni de son personnage. Certains se plaignent que les révolutions n'aient jamais abouti. Et alors ? Je me fous de ce que les choses réussissent ; le tout c'est qu'elles aient lieu.

Entretien réalisé entre
décembre 2013 et mars 2014

BIOGRAPHIE

Dans les années 1990, Nathalie Quintane avait écrit cette auto-présentation :

« Je m'appelle Nathalie Quintane / *Hello my name is Na-tha-lie-quin-ta-ne* / je suis née le 8-3-64 / *I was born in 1964 in Paris, France* / j'habite à Digne-les-Bains / *I live in the south near the Côte d'Azur* / j'écris souvent des phrases simples / *my style is simple, but sometimes complicated* / j'ai publié mes premiers textes dans des revues / *I published my poems in avant-gardists, or less avant-gardists, reviews* / je fais des lectures à voix haute dans des bibliothèques ou des salles publiques / *I can read on my lips or in my head if you want*[1]. »

Sur la page du site P.O.L qui lui est consacrée, on peut lire aujourd'hui (avril 2014) ces lignes :

« Je m'appelle encore Nathalie Quintane. Je n'ai pas changé de date de naissance. J'habite toujours au même endroit. Je suis peu nombreuse mais je suis décidée[2]. »

1964	Naissance, à Paris, 17e arrondissement.
1982-1986	Études de lettres modernes à Saint-Denis et à Paris. Obtention d'un concours d'enseignement. Elle enseigne depuis le français dans le secondaire.

1 Texte disponible sur le site *remue.net* : http://remue.net/cont/quintane.html. Consulté en avril 2014.

2 pol-editeur.com, rubrique « Catalogue », page consacrée à Nathalie Quintane. Consulté en avril 2014.

1990-1991	Mise en disponibilité. Année à Lisbonne ; apprend le portugais.
1993	Revue *RR*, animée avec Stéphane Bérard et Christophe Tarkos.
1994	Installation à Digne-les-Bains.
1994-2004	Nombreuses lectures publiques, en France et à l'étranger (Hollande, Suède, Norvège, Grande-Bretagne, Espagne, États-Unis, Brésil…).
1997	Publication des deux premiers livres : *Remarques*, chez Cheyne éditeur, et *Chaussure*, aux éditions P.O.L. Depuis lors, publie la plupart de ses livres aux éditions P.O.L.
2002	Enregistre, en collaboration avec Stéphane Bérard, le CD *Progressistes* (*al dante*).
2010	Commence à faire des bandes-annonces vidéo pour ses livres.
2014	Réalise, en collaboration avec Stephen Loye, le film *L'Échangeur*.

BIBLIOGRAPHIE

OUVRAGES ET TEXTES DE NATHALIE QUINTANE

OUVRAGES PERSONNELS

Remarques 1 : en voiture, Caen, Cahiers de Nuit, 1994.

Chaussure (extraits), Martigues, Éditions Contre-Pied, 1995.

Remarques, Le Chambon-sur-Lignon, Cheyne Éditeur, collection « Grands fonds », 1997.

Chaussure, Paris, P.O.L, 1997.

Jeanne Darc, Paris, P.O.L, 1998.

Début (autobiographie), Paris, P.O.L, 1999.

Mortinsteinck (le livre du film), Paris, P.O.L, 1999.

Une Américaine, Le Gour-du-Loup, Les Cahiers éphémérides, 2000.

Camarades, Bordeaux, Éditions de l'Attente, 2000.

Champagné-les-Marais, Martigues, Éditions Contre-Pied, 2001.

Saint-Tropez – Une Américaine, Paris, P.O.L, 2001.

Formage, Paris, P.O.L, 2003.

Les Quasi-Monténégrins, suivi de *Deux Frères (pièces)*, Paris, P.O.L, 2003 (voir, *infra*, « Mises en scène et adaptations pour le théâtre ou la radio »).

Roman assimilé, Paris, Filigranes Éditions, collection « Saison », 2003.

L'Année de l'Algérie, Paris, Inventaire-invention, 2004.

Antonia Bellivetti (roman), Paris, P.O.L, 2004.

Mes Pouchkines, Bordeaux, Éditions de l'Attente, 2004.

Abdominaux, Marseille, Fidel Anthelme X, 2004.

Cavale (roman), Paris, P.O.L, 2006.

Une Oreille de chien (avec des dessins de Nelly Maurel), Nolay, Les Éditions du chemin de fer, 2007.

Grand ensemble (concernant une ancienne colonie), Paris, P.O.L, 2008.

Un Embarras de pensée (récits) (sur Alain Rivière), Paris, Argol, collection « Interférences », 2008.

Le Viaduc Le Corbusier, de François Deslaugiers (postface de François Chaslin), Marseille, Al Dante, collection « Édifices », 2009.
L'Inverse est exactement vrai : à Digne (avec Bernard Plossu), Crisnée / Digne-les-Bains, Éditions Yellow Now / Musée Gassendi, 2010.
Tomates, Paris, P.O.L, 2010, rééd. Éditions du Seuil, coll. « Points », 2015.
Crâne chaud, Paris, P.O.L, 2012.
Plomb polonais – À partir d'œuvres de Michel Journiac et Urs Lüthi, Bordeaux, Éditions Confluences / FRAC Aquitaine, collection « Fiction à l'œuvre », 2013.
Descente de médiums, Paris, P.O.L, 2014.
Les Années 10, Paris, La Fabrique Éditions, 2014.

OUVRAGES À TIRAGE LIMITÉ

Saint-Trop', Marseille, Le Mot et le reste, 2001.
Meating (avec des dessins de Nelly Maurel), Clamart, Les Cahiers de la Seine, 2005.
Sutor, Taulignan, Band I/t, 2005.
Sécurisation vidéo optimale (vidéosurveillance des commissariats (avec Stéphane Bérard), Bordeaux, Le Bleu du ciel, collection « L'Affiche », n° 44, 2007.
Cracheur de soupe (avec Stéphane Bérard, Alain Rivière et Gilles Barbier), La Garde Adhémar, Éric Linard Éditions, 2009.

LIVRES DE NATHALIE QUINTANE TRADUITS EN LANGUES ÉTRANGÈRES

Começo (Début), traduit par Paula Glenadel, Sao Paulo, Cosac et Naify, 2004.
La Foresta dei vantaggi (texte inédit en français), Firenze, Arcipelago Edizioni, 2012.
Una americana (*Une Américaine*), traduit en espagnol par Octavio Moreno Cabrera, Puebla (Mexique), Cabeza Prusia, 2014.
Observaciones (*Remarques*), traduit en espagnol par Octavio Moreno Cabrera, Madrid (Espagne), fracdemedusas, 2015.
Opmerkingen (*Remarques*), traduit en hollandais par Kiki Coumans, Bleiswijk (Pays-Bas), Studio 3005, 2015.
Osservazioni (*Remarques*), traduit en italien Michele Zaffarano, Colorno, Benway series, 2015.

TEXTES PARUS EN REVUES

Contributions sans titre à *RR*, Marseille/Lardiers, n° 52 à 58, 1993.
« J'ai longtemps essayé de parler serbo-croate », *Magyar Mühely*, Montrouge/Vienne/Budapest, n° 91, mars 1994.
« J'écris comme… », *Java*, Paris, n° 11, printemps-été 1994.

« Expériences », *Nioques*, Crest, La Sétérée, 1re série, n° 9, 1994.
« Expériences (extraits) », *Action poétique*, n° 137, hiver 1994-1995.
« Mon espérance de vie », *OVECMONAPUR*, Mulhouse, n° 0, 1995.
« Framboise », *If*, Marseille, n° 6, 1995.
« Ah », *Revue de littérature générale*, Paris, P.O.L, n° 2 (« Digest »), 1996.
« Mots courants », *Nioques*, Marseille, Al Dante, 2e série, n° 1.2, octobre 1996.
Prospectus, Yvré-l'Évêque, n° 6 (« Spécial congélateur »), novembre 1997.
Sans titre, *Le Cahier du refuge*, Marseille, CIPM, n° 60, novembre 1997.
« Pattes de mouche », *Action poétique* (dossier « L'autre Poésie »), n° 147, été 1997.
« Depuis 1988... », « Bruit de frigo », « Chien solide », *Java*, Paris, n° 16 (« Attention travaux »), hiver 1997-1998.
Revue perpendiculaire, Paris, Flammarion, n° 8, hiver 1997-1998.
« 2e en partant de chez moi » (2'39''), *Doc(k)s*, Ajaccio, 3e série, n° 17-20 (« Poésie sonore », numéro accompagné de 2 CD), 1998 (voir aussi à la rubrique « Enregistrements et captations audio et vidéo »).
Prospectus, Yvré-l'Évêque, n° 7 (« La vérité sur la famille »), n° 7, juin 1998.
Sans titre, *Le Cahier du refuge*, n° 68 (dossier « Axolotl / Contre-Pied »), septembre 1998.
DWB, Alsemberg (Belgique), n° 3, 1999.
« Saint-Tropez », *Écritures*, université de Liège / Les Éperonniers, n° 11 (dossier « Au travail ! »), 1999.
Texte sans titre, *Facial*, Yvré-L'Évêque, n° 1, 1999.
Propos de campagne, Forcalquier, Propos 2 Éditions, n° 9 (« L'arbre »), août 1999.
« L'Américaine (extrait) », *Nioques*, Marseille, Al Dante, 2e série, n° 1.6, décembre 1999.
TIJA, (The Incredible Justine's Adventures), n° 6 (« Mister utopus, plans, tracés, cartes »), 1999.
« Une Américaine », *TIJA, (The Incredible Justine's Adventures)*, n° 7, 2000.
« Lautréamont », *Écritures*, université de Liège / Les Éperonniers, n° 12 (dossier « Palimpsestes »), 2000.
Java, n° 20 (« La Parade »), film de Pascale Bouhénic (cassette VHS), 2000. Voir également la rubrique « Enregistrements et captations audio et vidéo ».
« Combinaison pour adulte », *Poésie express*, Limoges, n° 5, 2000.
« Note sur le travail », *Procès*, Dieppe, 2000.
« ("J'en sais peu sur les buissons...") » (traduction de C. Reznikoff), *If*, n° 16 (dossier Charles Reznikoff), Marseille, avril 2000.
« Extrait de *Saint-Tropez – Une Américaine* », *Le Cahier du refuge*, Marseille, CIPM, n° 85 (dossier « Les 10 ans de *Java* »), avril 2000.
TIJA (The Incredible Justine's Adventures (CD), n° 9 (« Poezie 2000 & Co »), 2000 (voir aussi rubrique « Enregistrements et captations audio et vidéo »).

Eclarts, n° 2, 2000.
« Saint-Tropez (extraits) », *Il Particolare*, Nice, n° 3, juin 2000.
« 23 réponses », *Action poétique*, n° 160-161, hiver 2000-2001.
« Champagné » (deuxième partie de *Champagné-les-Marais*), *Le Corridor bleu*, Nîmes, n° 11, 2001.
The Germ, New-York/Los Angeles, n° 5, 2001.
Inimigo Rumor, Rio de Janeiro, n° 10, 2001.
« Massoud et Marcos », *Les Inrockuptibles*, 2001.
« Remarques » (extraits du livre de 1997), *La Polygraphe*, Chambéry, Éditions Comp'act, n° 17-19 (dossier « Poésies 1990-2000 »), 2001.
(avec Stéphane Bérard) « Poèmes/illustrations », *If*, Marseille, n° 18, avril 2001.
« Réponses aux réponses de Philippe Beck à Christian Prigent », *Il Particolare*, Nice, n° 6, décembre 2001.
Java, Paris, n° 23-24 (dossier Jean-François Bory), 2002.
« Jeanne Darc », *Nord/sud Passage*, Trets, Passage & Co, n° 5, 2002.
OEI, Göteborg, n° 12, 2002.
Ouste, Périgueux, association Féroce Marquise, n° 11, 2002.
« Comment Stéphane Bérard inventa l'arôme pénis pour préservatif », Paris, *Trouble*, n° 1, 2002 (texte repris en 2005 dans le numéro anglais de la revue).
« Propos sur un art de l'action et de la mixtion », *Doc(k)s* (« Action »), Ajaccio, Troisième série, n° 29-33, 2003. Numéro accompagné d'un DVD avec une vidéo de Nathalie Quintane. Voir aussi à la rubrique Enregistrements et captations audio et vidéo.
Kafka, Salamanca (Espagne), n° 2, 2003.
« Avertissements gelés », *Musica falsa*, 2003. Texte également publié sur le site *Remue.net*, rubrique « littérature contemporaine française » (consulté en avril 2014).
« Morceau subi » (extrait de *Formage*), *Le Cahier du refuge*, Marseille, CIPM, n° 112 (« *Java*, checkpoint 2003 »), janvier 2003.
« Pourquoi j'aime Raymond Federman », *Les Inrockuptibles*, 5 mars 2003.
Sans titre, *Le Cahier du refuge*, Marseille, CIPM, n° 119 (dossier Raymond Federman), septembre 2003.
« Cosmologie », *Java*, Paris, n° 25/26 (« Le travail de l'espace »), 2004.
Sans titre, *Action poétique*, n° 175 (dossier « Poétisme ? Supplément d'âme ? Gîte rural ? »), mars 2004.
« Être fan de Nico », *Minimum Rock'n Roll*, Disco-Babel / Mélanie Séteun, n° 1 (« Rouflaquettes, poils de torse et cheveux à chouchoux »), mai 2004.
« Et la victime et le bourreau (lecture de *Dire I* et *II*) », *Action poétique*, n° 177 (dossier Danielle Collobert), septembre 2004.
If, Marseille, n° 25, octobre 2004.
« Monstres et couillons, la partition du champ poétique contemporain »,

Sitaudis.fr, rubrique « Incitations », 19 octobre 2004, mis à jour en mars 2012. Consulté en avril 2014.

« Faux-barrage 2 : documentaire » (extrait de *L'Année de l'Algérie*), *Cahier du refuge*, Marseille, CIPM, n° 132 (dossier « Médisant Contre-Pied 1994-2004 »), novembre 2004.

Audiatur – Katalog for ny poesi, Bergen, 2005.

« Quitte ou double : ma tête et mon cul », *Fusées*, Carte blanche éditions, n° 9 (dossier Raymond Federman), 2005.

Sans titre, *Action poétique*, n° 179 (dossier « Christophe Tarkos – 1963-2004 »), mars 2005.

« Claude Faraldo », *Trafic*, Paris, P.O.L, n° 54, juin 2005.

« Faire tapisserie », *Le Nouveau Recueil*, Seyselles, Champ vallon, n° 75 (dossier « Sur le motif »), juin-août 2005.

« Outre-ciel », *Espace(s), le Cahier de l'Observatoire du CNES*, Paris, Centre National d'Études Spatiales, n° 2, 2006.

« Notes compensées », *Minimum Rock'n Roll*, Disco-Babel / Le Castor astral, n° 3 (« Rock et chaussures »), 2006.

« Grand ensemble », *Nioques*, Lyon, Éditions *Su*-cure/Sale, 3e série, n° 1, mai 2006.

« Un gladiateur en carton », *La Revue littéraire*, Paris, Éditions Léo Scheer, n° 28 (dossier Hélène Bessette), automne 2006.

Monsieur Thérèse, n° 0, hiver 2006.

« La carpe », *Écritures*, université de Liège / Les Éperonniers, n° 15 (dossier « Quoi maintenant ? »), 2007.

Communiqué de presse pour l'affiche n° 44 de Stéphane Bérard et Nathalie Quintane éditée par Le Bleu du ciel, *Le Cahier du refuge*, Marseille, CIPM, n° 158 (« Le Bleu du ciel »), juin 2007.

Contr'un, Paris, Le Grand souffle, n° 1 octobre 2007.

Pequod, Malmö (Suède), n° 42-43, 2008.

« Nouvelles explications », *Action poétique*, n° 191-192, mars-juin 2008.

« Pagaille », *Geste*, Paris, n° 5 (« Habiter »), automne 2008.

Avant-propos, n° 7, 2009.

Les Cahiers de l'école de Blois, édités par l'École nationale supérieure de la nature et du paysage, n° 7 (dossier « Densités »), 2009.

« Essai de gonflement progressif à partir du syntagme suivant : *vapreptussou pousagimbules* », *Cahiers Jean Tardieu*, Clamart, Éditions Calliopées, nouvelle série, n° 1 (« Quarante poètes pour Tardieu »), 2009.

« Possible », *De(s)générations*, Saint-Étienne, Éditions Jean-Pierre Huguet, n° 8 (« Pour un communisme »), mars 2009.

OVNI Magazine (chronique « Faire bouillir la patate chaude »), Montréal, Le Quartanier, n° 3, automne 2009.

« À propos du texte de Samuel Lequette », *Sitaudis.fr*, rubrique « Incitations », 25 septembre 2009. Consulté en avril 2014.
Ah !, Revue des amis de l'université de Bruxelles, Paris, Éditions Cercle d'art, n° 11 (« Femmes, je vous aime – Dictionnaire amoureux »), 2010.
« On continue », *Faire-Part*, Mariac, Le Village, n° 26-27 (dossier « Jean-Marie Gleize »), 2010.
« Est-ce que je peux placer une contradiction secondaire ? », *Nioques*, Marseille, Le Mot et le reste, 3e série, n° 7-8, mai 2010.
« Trois pièces », *Nouvelle Revue française*, Paris, Gallimard, n° 593 (dossier « Le féminisme en 2010 »), avril 2010.
« J'étais une petite-bourgeoise de gauche éclectique-révisionniste (difficultés de communication entre les dernières avant-gardes et la génération de 90) », *Formes poétiques contemporaines*, New Orleans, Presses Universitaires du Nouveau Monde, n° 7 (« Postérité(s) des avant-gardes »), juin 2010.
OVNI Magazine (chronique « Faire bouillir la patate chaude »), Montréal, Le Quartanier, n° 4, printemps 2010.
« La Sénéchale », *Vacarme*, Paris, n° 52, été 2010.
Aufgabe, New-York (É.-U.), n° 10, 2011.
« Mettre des femmes », *Formes poétiques contemporaines*, New Orleans, Presses Universitaires du Nouveau Monde, n° 8 (« Poète, nom féminin »), 2011.
« La forêt des bienfaits », *Rouge déclic*, Paris, n° 3 « Hypertensions », 2011.
Boxon, Lyon, n° 26, hiver 2011.
Sans titre (extrait de *Crâne chaud*), *Le Cahier du refuge*, Marseille, CIPM, n° 210 (dossier « Toi aussi, tu as des armes »), avril 2012.
« Ce que je me demande c'est qu'est-ce que c'est de faire des textes si possible différents ? », *Cahier critique de poésie*, Marseille, CIPM, n° 24 (dossier « Anne Parian »), 2012.
« César, expansion », *Art press 2*, n° 26 (« Ce que l'art fait à la littérature »), automne 2012.
« Cours sur les goitres », *Nioques*, 3e série, n° 11, Paris, Nioques outside / La Fabrique, octobre 2012.
« Remarques, 2013 », *If*, Marseille, n° 38, 2013.
« Il se passe quelqu'un : Barton à l'OM », *Les Inrockuptibles*, n° 893, janvier 2013.
« Journal de lectures de *L'Écrit-Beaubourg* », *Revue des Sciences Humaines*, Villeneuve d'Ascq, Presses Universitaires du Septentrion, n° 316 (« Politiques de Ponge »), sous la direction de Benoît Auclerc et Bénédicte Gorrillot, 4e trimestre 2014.
« J'ai dit l'intérêt de la couille… », *Nouvelle Revue française*, n° 608 (dossier : « De la tête aux pieds »), avril 2014.
« La définition de la seconde est plus longue que la seconde », *Sitaudis.fr*, sans date, rubrique « Poèmes et fictions ». Consulté en avril 2014.

« Pourquoi l'extrême gauche ne lit-elle pas de littérature ? » (extrait des *Années 10*), *Sitaudis.fr*, rubrique « Parutions », 17 novembre 2014. Consulté le 7 juillet 2015.
« Les poètes et le pognon », *Sitaudis.fr*, rubrique « Incitations », 23 février 2015. Consulté le 7 juillet 2015.
Extraits de *Jeanne Darc* et de *Tomates* dans Schreibheft, Essen, n° 85 (« Ausser sich die Poesie – Sechs französische Sabotagen : Alféri, Cadiot, Gleize, Quintane, D. Roche, Tarkos », août 2015.

TEXTES PARUS DANS DES OUVRAGES COLLECTIFS ET ANTHOLOGIES

Contribution à *Carnets de Bord*, publication du Centre Régional de Lettres de Basse-Normandie, Cherbourg, Éditions Isoète, 1997.
Contribution dans Almira, Jacques, Amette, Jacques-Pierre *et al.*, *Histoires de lecture*, Paris, Ministère de la Culture et de la communication, 2000 (ouvrage publié à l'occasion de la manifestation « Lire en fête » d'octobre 1999).
« Mon Pouchkine », « Chaussure » et « Début (Autobiographie) », dans Espitallier, Jean-Michel, *Pièces détachées – une anthologie de la poésie française d'aujourd'hui*, Paris, Pocket, 2000.
Abécédaire poétique des Alpes-de-Hautes-Provence, publication du Conseil général des Alpes de Haute-Provence, Digne-les-Bains, ADAC, 2001.
Contribution à Smith, Franck, Fauchon, Christophe, *Poé/tri : 40 voix de poésie contemporaine*, Paris, Éditions Autrement, 2001.
Traduction du grec, en collaboration avec Ira Feloukatzi, de textes de Kiki Dimoula, dans *Poésies du monde* (anthologie), Paris, Seghers, collection « Poésie d'abord », 2003.
Participation à la table ronde « L'autobiographie comme leurre », animée par Éric Audinet, avec Jean-François Bory et Hubert Lucot, dans Éric Audinet et Dominique Rabaté (dir.), *Poésie & autobiographie*, Marseille/Tours, CIPM/Farrago, 2004.
Poètes au parlement flamand (anthologie bilingue), Tielt, Éditions Lannoo, 2004.
« Pourquoi écrire ? », dans *Écrire, pourquoi ?*, Paris, Argol, 2005.
Terraformation (avec Aire, Sylvia, Arlix, Éric, *et al.*, Maison-Alfort, Ère, 2005).
« Grand ensemble (concernant une ancienne colonie) » (extrait), dans *Douze poètes, anthologie critique et poétique*, vol. 2, Paris, Prétexte éditeur, 2006.
« L'emmerdeuse », *14 Femmes : pour un féminisme pragmatique*, Paris, Gallimard, 2007.
Contribution à Jugnon, Alain (éd.), *Avril-22 : ceux qui préfèrent ne pas*, Paris, Le Grand Souffle, 2007.
« Au lecteur qui ne m'a jamais lue *(et à Scarron)* », dans Olivier Roller, *Face[s]* (Photographies), Paris, Argol, collection « Ligne de mire », 2007.

Fire franske digtere (Espitallier, Jouet, Maulpoix, Quintane) (traduction d'une partie de *Remarques*), Copenhague, Éditions Legenda, 2008.

« Légende 4 », dans *Il était une fois…*, Éditions Beaux-Arts de Paris / Cultures France Éditions, 2008.

Correspondance avec Mourad Djebel, dans *Il me sera difficile de venir te voir : correspondances littéraires sur les conséquences de la politique française d'immigration*, La Roque d'Anthéron, Vents d'ailleurs, 2008.

« Faire de la poésie une science, politique », dans Coëllier, Sophie (dir.), *Le Montage dans les arts aux* XXe *et* XXIe *siècles*, Aix-en-Provence, Publications de l'université de Provence, 2008.

« Der Garten der Martern » (« Le jardin des martyrs », traduit en allemand par Margret Keidl), *Frisches Blut – 25 Minidramen*, Wels (Autriche), Schlachthof, 2010.

« Critique des *nous* », *Cahier critique de poésie*, Marseille, CIPM, n° 22 (« Critique de la poésie »), 2011.

« Comme un lundi », *Cahiers Georges Perec*, Bordeaux, Le Castor astral, n° 11 (« Filiations perecquiennes »), 2011.

Nuovi Poeti Francesi (anthologie), Turin, Éditions Enaudi, 2011.

La Poésie pour quoi faire ? 2. Une Enquête, Presses Universitaires de Paris Ouest, 2011.

« Astronomiques assertions », dans Bailly, Jean-Christophe, Gleize, Jean-Marie, Hanna, Christophe *et al.*, *« Toi aussi, tu as des armes » : poésie & politique*, Paris, La Fabrique, 2011.

Un Livre peut en cacher un autre, Abécédaire de Christian Lacroix et vingt-trois écrivains contemporains, ouvrage publié à l'occasion de la fête de la librairie indépendante (France-Belgique), avril 2014.

« Un présent de lectures troublées », dans Gorrillot, Bénédicte (dir.), *L'Illisibilité en questions, avec Michel Deguy, Jean-Marie Gleize, Christian Prigent et Nathalie Quintane*, Villeneuve d'Ascq, Presses Universitaires du Septentrion, collection « Littératures », 2014.

« Le Communisme est derrière nous, c'est même exactement pour ça qu'il est encore devant », in *Redrum*, Les Impressions nouvelles, 2015, p. 137-145.

PRÉFACE, POSTFACE

« Crapauds réels », préface à Spicer, Jack, *C'est mon vocabulaire qui m'a fait ça* (traduit par Éric Suchère), Bordeaux, Le Bleu du ciel, 2006.

« Pluie de girofles », postface à Börjel, Ida, *Sonde* (traduit par Esther Sermage), Paris, Les Petits matins, collection « Les Grands soirs », 2010.

CATALOGUES D'EXPOSITION

Blanckart (avec Hervé Legros et Olivier Blanckart), Bordeaux, Éditions Confluences, 2000.

Richard Fauguet (avec Benoît Decron), Les Sables d'Olonne, Musée de l'Abbaye de Sainte-Croix, 2002.

Michèle Sylvanderi (avec Nathalie Ergino et Jean-Christophe Royoux), Marseille, MAC – Galeries contemporaines des musées de Marseille, 2003.

Christelle Familiari (avec Pierre Giquel, Corinne Pencenat *et al.*), Carquefou, FRAC des Pays de la Loire, 2004.

Texte consacré à Francesco Finizio dans + *si affinité : 10 familles, 10 artistes*, Fiac, Association fiacoise d'initiatives artistiques contemporaines, 2005.

Les vrais durs ne dansent pas, catalogue de l'exposition des travaux de Diplôme de l'École supérieure des beaux-arts de Genève, 2006.

On va encore manger froid ce soir – Arnaud Labelle-Rojoux, (avec Arnaud Labelle-Rojoux, Laurent Quintreau et Éric Mansion), catalogue de l'exposition au Musée d'art moderne et contemporain de Nice, Paris, Sémiose éditions et Éditions Loevenbruck, 2008.

Stéphane Bérard – Mille plateaux-repas (avec Natacha Pugnet), Crisnée / Digne-les-Bains, Éditions Yellow Now / Musée Gassendi, 2012.

Tous les hommes ne sont pas plans (avec Jérôme Mauche), catalogue de l'exposition « Sans réserve » de Michel Herreria, Bordeaux, Le Bleu du ciel, 2012.

604800 s (Abraham Poincheval), Marseille, Éditions P, 2012.

Sur Pascale Hanrot, *Les Traces habiles*, collection « Dess(e)ins », Paris, Herscher, 2012.

ENREGISTREMENTS ET CAPTATIONS AUDIO ET VIDÉO

« Rouge à lèvres » (K7 audio et dépliant), Le Mans, Muro Torto, collection « Les voix de l'écrit » dirigée par Christian Prigent et Charles Pennequin, 1996.

« Jeanne Darc » (2'10''), lecture au CIPM, cipmarseille.com, rubrique « Auteurs ». Consulté en avril 2014.

« 2e en partant de chez moi » (2'39''), *Doc(k)s*, Ajaccio, 3e série, n° 17-20 (« Poésie sonore », numéro accompagné de 2 CD), 1998.

« Hormis un chirurgien s'opérant soi-même » (3'38''), lecture au CIPM (1998), cipmarseille.com, rubrique « Auteurs ». Consulté en avril 2014.

Java, n° 20 (« Parade », film de Pascale Bouhénic), (cassette VHS), 2000.

TIJA The Incredible Justine's Adventures, n° 9 (« Poezie 2000 & Co », CD), 2000.

Enregistrement sur le CD accompagnant *Le Cahier du refuge*, Marseille, CIPM, numéro spécial « Les 10 ans du CIPM », décembre 2000.

« J'ai parlé des montagnes qui entourent la ville » (3'12''), lecture au CIPM (2007), cipmarseille.com, rubrique « Auteurs ». Consulté en avril 2014.

Progressistes (CD), musique et chant (en collaboration avec Stéphane Bérard), Romainville, Al Dante, 2002.

« Première partie : partie européenne » : performance au festival Proposta 2003, centre de cultura contemprània de Barcelone, novembre 2003. Mis en ligne sur Youtube par polipoesia le 24 juin 2008, URL : www.youtube.com/watch?v=ORq5deEtcFk. Consulté en avril 2014.

« L'année de l'Algérie », in *Panoptic : un panorama de la poésie contemporaine* (CD-ROM), Paris, Inventaire-Invention, 2004.

« The Greatest Quintane Rip Off », *Fraktal Music n° 3 : No Repeat No Repeat*, Éditions Station Mir, 2005.

Enregistrement dans Curnier, Jean-Paul (éd.), *Vox Hôtel* (CD et livret), Paris, Néant, 2006.

« Biographie – Fragments » (2'30''), lecture au CIPM (2012), cipmarseille.com, rubrique « Auteurs ». Consulté en avril 2014.

FILMS VIDÉO

Jeanne Darc (1998) (inédit).

Re-remarques (2001-2010) (inédit).

Le Po-8, 1'53'', mis en ligne sur Youtube par P.O.L le 23 novembre 2009 (consulté en avril 2014).

« Pour Doc(k)s », *Doc(k)s*, Ajaccio, Troisième série, n° 29-33(« Action », revue papier accompagnée d'un DVD), 2003.

Tomates, (1'58''), pol-editeur.com, rubrique « Catalogue », page « Nathalie Quintane », 2010. Consulté en avril 2014.

Crâne chaud, la bande-annonce (1'05''), pol-editeur.com, rubrique « Catalogue », page « Nathalie Quintane », 2012. Consulté en avril 2014.

Série de cinq bandes-annonces de *Descente de Médiums* (avec Stephen Loye), (« Anthropol ogie », « Pol aroïd », « Pol itique », « Pol ogne », « Pol universitaire »), pol-editeur.com, rubrique « Catalogue », page « Nathalie Quintane », 2014. Consulté en avril 2014.

L'Échangeur, (avec Stephen Loye) , court-métrage, 2014.

RECENSIONS, COMPTES RENDUS DE LECTURES

« *Amer Eldorado* et *La Voix dans le cabinet de débarras*, de Raymond Federman », *Fusées*, Carbe blanche éditions, n° 6, 2002.

« *Amer Eldorado*, de Raymond Federman », *Cahier critique de poésie*, Marseille, CIPM, n° 4, octobre 2002.

« *Partition V* et *Notes convergentes*, de Bernard Heidsieck », *Cahier critique de poésie*, Marseille, CIPM, n° 4, octobre 2002.

« *Selva !*, de Frédéric Léal », *Cahier critique de poésie*, Marseille, CIPM, n° 5, mars 2003.

« *Bar Nicanor, avec un portrait de Crotte de Bique et de Couillandouille par eux-mêmes*, de Clément Pansaers », *Cahier critique de poésie*, Marseille, CIPM, n° 6, octobre 2003.

« *Louisa*, suivi de *Derniers poèmes*, de Évelyne "Salope" Nourtier », *Cahier critique de poésie*, Marseille, CIPM, n° 8, octobre 2004.

« *Le Bonheur sur la colline*, de Margret Kreidl », *Cahier critique de poésie*, Marseille, CIPM, n° 11, mars 2006.

« Œuvres en prose et en vers, de Daniil Harms », *Cahier critique de poésie*, Marseille, CIPM, n° 11, mars 2006.

« Collection "Format américain" », *Cahier critique de poésie*, Marseille, CIPM, n° 11, mars 2006.

« *Tokyo infra-ordinaire*, de Jacques Roubaud », *Cahier critique de poésie*, Marseille, CIPM, n° 12, octobre 2006.

« *White trash Napoléon*, de F. P. Meny, et *Ju*, de Claude Bernier », *Cahier critique de poésie*, Marseille, CIPM, n° 12, octobre 2006.

« *Cadavre grand m'a raconté la poésie des fous et des crétins dans le Nord de la France*, de Ivar Ch' Vavar », *Cahier critique de poésie*, Marseille, CIPM, n° 12, octobre 2006.

« *Dictionnaire de référence, Le Petit Mozart*, d'André Balthazar, et *Le Rien*, d'André Balthazar et Roland Breucker », *Cahier critique de poésie*, Marseille, CIPM, n° 15, avril 2008.

« *Chut*, de Raymond Federman », *Sitaudis.fr*, rubrique « Parutions », 2 mai 2008. Consulté en avril 2014.

« *Cheval porteur*, de Bruno Fern », *Sitaudis.fr*, rubrique « Parutions », 14 mai 2008. Consulté en avril 2014.

« *= jonchée*, d'Anne Parian », *Sitaudis.fr*, rubrique « Parutions », 14 mai 2008. Consulté en avril 2014.

« *Le Jardin ouvrier (1995-2003)*, anthologie de la revue », *Sitaudis.fr*, rubrique « Parutions », 30 mai 2008. Consulté en avril 2014.

« *Valérie par Valérie*, de La Rédaction », *Sitaudis.fr*, rubrique « Parutions », 5 septembre 2008. Consulté en avril 2014.

« *L'Hospitalité des voleurs*, de Truxton Orcutt », *Sitaudis.fr*, rubrique « Parutions », 15 septembre 2008. Consulté en avril 2014.

« *À Piatigorgorsk, sur la poésie* et *Drapeau rouge*, de Jean-Claude Pinson », *Cahier critique de poésie*, Marseille, CIPM, n° 16, octobre 2008. Consulté en avril 2014.

« *Une ligne*, d'Anne Parian », *Sitaudis.fr*, rubrique « Parutions », 18 octobre 2008. Consulté en avril 2014.

« *Matamor* n° 29, d'Alain Farah », *Sitaudis.fr*, rubrique « Parutions », 4 novembre 2008. Consulté en avril 2014.

« La revue *TINA*, n° 1 », *Sitaudis.fr*, rubrique « Parutions », 26 novembre 2008. Consulté en avril 2014.

« *Place nette*, de Jean-Christophe Pagès », *Sitaudis.fr*, rubrique « Parutions », 10 décembre 2008. Consulté en avril 2014.

« *Je suis bouleversé – Esthétiques du sentimentalisme*, d'Arnaud Labelle-Rojoux », *Cahier critique de poésie*, Marseille, CIPM, n° 17, mars 2009.

« *Ida ou le délire*, d'Hélène Bessette », *Sitaudis.fr*, rubrique « Parutions », 10 mai 2009. Consulté en avril 2014.

« *La Fourrure de ma tante Rachel*, de Raymond Federman », *Sitaudis.fr*, rubrique « Parutions », 23 août 2009. Consulté en avril 2014.

« *Nouvelles en trois lignes*, de Félix Fénéon », *Sitaudis.fr*, rubrique « Parutions », 9 mars 2010. Consulté en avril 2014.

« *JE*, de Rémi Marie », *Sitaudis.fr*, rubrique « Parutions », 18 mai 2010. Consulté en avril 2014.

« *La Tête au carré*, de Manuel Joseph », *Sitaudis.fr*, rubrique « Parutions », 8 juillet 2010. Consulté en avril 2014.

« *Nos dispositifs poétiques*, de Christophe Hanna », *Sitaudis.fr*, rubrique « Parutions », 23 juillet 2010. Consulté en avril 2014.

« *Exhibiting poetry today* : Manuel Joseph, de Thomas Hirschhorn », *Sitaudis.fr*, rubrique « Parutions », 12 février 2011. Consulté en avril 2014.

« *Anthologie de l'humour noir*, catalogue de l'exposition de Saâdane Afif », *Cahier critique de poésie*, Marseille, CIPM, n° 22, octobre 2011.

« *La Chambre du milieu*, d'Anne Parian », *Sitaudis.fr*, rubrique « Parutions », 12 décembre 2011. Consulté en avril 2014.

« *Microfilms*, de Julien d'Abrigeon », *Sitaudis.fr*, rubrique « Parutions », 9 janvier 2012. Consulté en avril 2014.

« *Charles de Gaulle, Mémoires d'Espoir*, de Stéphane Bérard », *Cahier critique de poésie*, Marseille, CIPM, n° 23, mars 2012.

« *Soins intensifs dandy*, de Claire Guezengar », *Sitaudis.fr*, rubrique « Parutions », 27 août 2012. Consulté en avril 2014.

« *Les Morts rigolos*, d'Antoine Boute », *Sitaudis.fr*, rubrique « Parutions », 6 mai 2014. Consulté le 7 juillet 2015.

ENTRETIENS

« Nathalie Quintane, les bifurcations de l'écriture », entretien avec Yan Ciret, *Art press*, n° 276, février 2002.

« Des formes de création qui dépassent l'écrit », entretien avec Cyrille Poy, *L'Humanité*, 11 mars 2002.

« La poésie, c'est l'amour et l'amitié », entretien avec Ingrid Chétule, *Écrire et éditer*, n° 38, juin-juillet 2002.

« Disjonctions sans retour », entretien avec Alain Farah et Florine Leplâtre, 2006, sur le site Inventaire-Invention.com. Ce site n'est plus consultable.

« Trois questions pour Nathalie Quintane », entretien avec Alain Farah réalisé le 2 février 2008, dans Farah, Alain, *La Possibilité du choc : invention littéraire et résistance politique dans les œuvres d'Olivier Cadiot et de Nathalie Quintane*, thèse de doctorat, Lyon/Montréal, ENS de Lyon / UQAM, 2009, p. 290-300.

« Rencontre avec Nathalie Quintane », site *Écrire la ville* hébergé par la B.N.F. (site dirigé par François Bon et Françoise Juhel), sans date, http://classes.bnf.fr/ecrirelaville. Consulté en avril 2014.

« Décollage immédiat », entretien avec Valérie Nigdélian-Fabre, *Le Matricule des anges*, janvier 2013.

« Poudre de succession, pensée de la bombe ou désamorçage des avant-gardes », entretien avec Alain Farah dans Gorrillot, Bénédicte (dir.), *L'Illisibilité en questions, avec Michel Deguy, Jean-Marie Gleize, Christian Prigent et Nathalie Quintane*, Villeneuve d'Ascq, Presses Universitaires du Septentrion, collection « Littératures », 2014.

« D'une génération l'autre (1) », entretien avec Christian Prigent, dans Gorrillot, Bénédicte (dir.), *L'Illisibilité en questions, avec Michel Deguy, Jean-Marie Gleize, Christian Prigent et Nathalie Quintane*, Villeneuve d'Ascq, Presses Universitaires du Septentrion, collection « Littératures », 2014.

« D'une génération l'autre (2) », entretien avec Jean-Marie Gleize, dans Gorrillot, Bénédicte (dir.), *L'Illisibilité en questions, avec Michel Deguy, Jean-Marie Gleize, Christian Prigent et Nathalie Quintane*, Villeneuve d'Ascq, Presses Universitaires du Septentrion, collection « Littératures », 2014.

« De l'air ! », entretien avec Thierry Guichard, *Le Matricule des anges*, n° 157, octobre 2014, p. 20-25.

« Nathalie Quintane, Femme de lettres et poétesse », entretien radiophonique avec Kathleen Evin sur France Inter, émission *L'Humeur vagabonde* du 3 décembre 2014. Entretien à réécouter : http://www.franceinter.fr/emission-lhumeur-vagabonde-nathalie-quintane-femme-de-lettres-et-poetesse. Consulté le 7 juillet 2015.

« Réinjecter de la politique dans la littérature », entretien radiophonique avec Emmanuel Moreira sur Radio Grenouille diffusé le 12 octobre 2014. Entretien à réécouter : http://laviemanifeste.com/archives/9556. Consulté le 7 juillet 2015.

MISES EN SCÈNE ET ADAPTATIONS AU THÉÂTRE ET À LA RADIO

En équilibre indifférent, créé par la compagnie Les Ateliers du spectacle, 2000.

Mon nez est un outil de travail, création radiophonique, France Culture, 2001.

Chaussure, France Culture, 2001.

Disparition première (texte édité sous le titre *Les Quasi-Monténégrins*), création radiophonique par Claude Guerre, France Culture, 2001.
Deux frères, création radiophonique par Blandine Masson, France Culture, 2002.
Les Quasi-Monténégrins, création au théâtre par la Compagnie du dernier soir (mise en scène de Myriam Marzouki), théâtre La Guillotine (Montreuil-sous-Bois), 2004.
Antonia Bellivetti, création radiophonique par Claude Guerre, France Culture, 2005.
Le Chat de Schrödinger, création radiophonique par Myron Meerson, France Culture, 2006.
Être tout choses… (à partir de textes de Perec, Ponge, Quintane), Compagnie du dernier soir (mise en scène de Myriam Marzouki), 2006.
Blektre (texte inédit adapté de Charles Torris), mis en lecture par Yves-Noël Genod, Marseille, Montevideo, et Paris, Théâtre National de la Colline, 2007.
Broute solo (texte inédit), créé par la Compagnie du Zerep, Marseille, 2013.

ESSAIS ET ARTICLES SUR NATHALIE QUINTANE

ESSAIS

FARAH, Alain, *La Possibilité du choc : invention littéraire et résistance politique dans les œuvres d'Olivier Cadiot et de Nathalie Quintane*, thèse de doctorat, Lyon/Montréal, ENS de Lyon / UQAM, 2009.
FARAH, Alain, *Le Gala des incomparables : invention et résistance chez Olivier Cadiot et Nathalie Quintane*, Paris, Classiques Garnier, collection « Études littéraires des XXe et XXIe siècles », 2013.
GLENADEL, Paula, *Nathalie Quintane – Ciranda da poesia / Coleção ciranda da poesia*, Rio de Janeiro, Editora da Universidade do Estado do Rio de Janeiro, 2012.

ARTICLES

Articles généraux

Matricule des Anges, n° 157, octobre 2014, dossier « Nathalie Quintane », p. 16-25.
DISSON, Agnès, « L'Altérité au féminin : Anne Portugal, Pascalle Monnier, Nathalie Quintane », dans Struve-Debeaux, Anne (dir.), *L'Un et*

l'autre – Figures du poème, Paris-Caen, Lettres Modernes Minard, Série « Écritures contemporaines », n° 4, 2001.

DISSON, Agnès, « Blancheur de Nathalie Quintane », dans Rabaté, Dominique, et Viart, Dominique (dir.), *Écritures blanches*, Saint-Étienne : Presses Universitaires, 2009.

DISSON, Agnès, « Les paradoxes de la transparence », dans Gorrillot, Bénédicte (dir.), *L'Illisibilité en questions, avec Michel Deguy, Jean-Marie Gleize, Christian Prigent et Nathalie Quintane*, Villeneuve d'Ascq, Presses Universitaires du Septentrion, collection « Littératures », 2014.

Dossier spécial du *Matricule des Anges*, n° 157, octobre 2014, p. 16-25.

FARAH, Alain, « Nathalie Quintane – Vélocité de la rigolade », dans *Douze poètes, anthologie critique et poétique*, vol. 2, Paris, Prétexte éditeur, 2006.

GUICHARD, Thierry, « Écrire en hors-piste », *Le Matricule des anges*, n° 157, octobre 2014, p. 16-19.

HAMEL, Jean-François, « De Mai à Tarnac. Montage et mémoire dans les écritures politiques de Jean-Marie Gleize et Nathalie Quintane », dans Rubino, Gianfrano, et Viart, Dominique (dir.), *Le Roman contemporain français face à l'Histoire*, Macerata, Quodlibet, 2014, p. 445-464.

Sur Chaussure *et* Remarques

HARANG, Jean-Baptise, « Écrit avec les pieds », *Libération*, 10 juillet 1997.

KIHM, Christophe, « *Remarques* et *Chaussure*, de Nathalie Quintane », *Art press*, juin 1997.

LECLAIR, Bertrand, « Prendre la poésie par les pieds », *La Quinzaine littéraire*, 16 juin 1997.

LECLAIR, Bertrand, « La poésie au chausse-pied », *Les Inrockuptibles*, 2 au 8 juillet 1997.

Sur Jeanne Darc

STRAUSS, Frédéric, « *Jeanne Darc*, de Nathalie Quintane », *Le Généraliste*, vendredi 19 juin 1998.

Sur Début

CASSAGNAU, Pascale, « *Début*, de Nathalie Quintane », *Art press*, mai 1999.

PERSON, Xavier, « Cervelle et beurre de Yack » (sur Camille Laurens et Nathalie Quintane), *Le Matricule des anges*, n° 26, juillet 1999.

Sur Mortinsteinck

Di Folc, Philippe, « Crimes et délits », *Nova magazine*, février 2000.
Villovitch, Héléna, « Des filles en P.O.L position » (sur Katalin Molnär, Anne Portugal et Nathalie Quintane), *Elle*, 20 mars 2000.

Sur Saint-Tropez – Une Américaine

An., « *Saint-Tropez – Une Américaine*, de Nathalie Quintane », *Notes bibliographiques*, août-septembre 2001.
An., « *Saint-Tropez – Une Américaine*, de Nathalie Quintane », *L'Infirmière Magazine*, septembre 2001.
E.V., « *Saint-Tropez – Une Américaine*, de Nathalie Quintane », *L'Hebdo*, 16 août 2001.
Kapriélan, Nelly, « Tout sur la chose », *Les Inrockuptibles*, 15 mai 2001.
Le Pillouër, Pierre, « St Tropez (Lettre à Nathalie Quintane) », *Sitaudis.fr*, rubrique « Parutions », 15 octobre 2001. Consulté en avril 2014.
Martin, Christine, « La machine à écrire de Nathalie Quintane », *Mixt(e)*, septembre-novembre 2000.
Viel, Tanguy, « Naviguer par temps de brouillard », *Inventaire-invention*, Inventaire-invention.com. Ce site n'est plus consultable.

Sur Formage, Les Quasi-Monténégrins *et* Progressistes

An., « Bérard + Quintane, un CD ! », *Sitaudis.fr*, rubrique « Parutions », 19 mars 2003. Consulté en avril 2014.
Auclerc, Benoît, « Chanter faux : (més)usages de la chanson dans le champ poétique contemporain », dans Bonnet, Gilles (dir.), *La Chanson popul*ittér*aire*, Paris, Kimé, 2013.
Ciret, Yan, « Nathalie Quintane, les déroutes du sens », *Art press*, mai 2003.
Kaprièlian, Nelly, « Radicale fille » (sur *Formage*, *Les Quasi-Monténégrins*, et *Progressistes*), *Les Inrockuptibles*, 9 avril 2003.
Loret, Éric, « Sa langue au chat » (sur *Formage*, *Les Quasi-Monténégrins*, et *Progressistes*), *Libération*, 27 mars 2003.
Nicolas, Alain, « Formage ou détresse, l'essence du mot », *L'Humanité*, 19 juin 2003.
Webb, Domenico, « Quintane + Quintane + Bérard », *Sitaudis.fr*, rubrique « Parutions », 16 mars 2003. Consulté en avril 2014.

Sur Antonia Bellivetti

An., « *Antonia Bellivetti*, de Nathalie Quintane », *Sitaudis.fr*, 7 juillet 2004. Consulté en avril 2014.

An., « *Antonia Bellivetti*, de Nathalie Quintane », *Prima*, septembre 2004.

An., « *Antonia Bellivetti*, de Nathalie Quintane », *Trois couleurs*, septembre 2004.

An., « *Antonia Bellivetti*, de Nathalie Quintane », *Lire*, octobre 2004.

An., « *Antonia Bellivetti*, de Nathalie Quintane », *24 heures*, 12 octobre 2004.

An., « *Antonia Bellivetti*, de Nathalie Quintane », *Le Monde de l'éducation*, novembre 2004.

An., « *Antonia Bellivetti*, de Nathalie Quintane », *L'Humanité*, 10 décembre 2004.

An., « *Antonia Bellivetti*, de Nathalie Quintane », *Syllabus*, n° 13, mars 2005.

CIRET, Yan, « *Antonia Bellivetti*, de Nathalie Quintane », *Artpress*, novembre 2004.

DUPART, Dominique, « *Antonia Bellivetti*, de Nathalie Quintane, ou l'exercice romanesque », *Aujourd'hui poème*, janvier 2005.

GALÉA, Claudine, « *Antonia Bellivetti*, de Nathalie Quintane », *Cahier critique de poésie*, Marseille, CIPM.

KANTCHEFF, Christophe, « Petites sœurs », *Politis*, 2 décembre 2004.

LORET, Éric, « Allons enfants de l'apathie », *Libération*, 26 août 2004.

PERSON, Xavier, « Kit Kat », *Le Matricule des anges*, septembre 2004.

Sur Cavale

FAYARD, Guillaume, « *Cavale*, de Nathalie Quintane », *Sitaudis.fr*, rubrique « Parutions », 12 mai 2006. Consulté en avril 2014.

GABRIEL, Fabrice, « *Cavale*, de Nathalie Quintane », *Les Inrockuptibles*, du 23 au 29 mai 2006.

KANTCHEFF, Christophe, « Femmes fantasques » (sur Emmanuelle Pireyre et Nathalie Quintane), *Politis*, 15 juin 2006.

LIMONGI, Laure, « *Cavale*, roman en fuite », *L'Humanité*, 1er juillet 2006.

LORET, Éric, « Ils sont fous ces romans ! », *Libération*, 11 mai 2006.

NICOLAS, Alain, « Un roman fugueur », *L'Humanité*, 10 août 2006.

PIREYRE, Emmanuelle, « *Cavale*, de Nathalie Quintane, et *Meating*, de Nathalie Quintane et Nelly Maurel », *Cahier critique de poésie*, Marseille, CIPM, n° 13, 2007.

Sur Grand ensemble

An., « *Grand ensemble*, de Nathalie Quintane », *Sitaudis.fr*, rubrique « Parutions ».

THUMEREL, Fabrice, « Quintane ou l'exographie », *Livre critique* (t-pas-net.com), rubrique « Chroniques », 14 février 2008. Consulté en avril 2014.

Sur Un Embarras de pensée

« Stratégies critiques », *Le Journal des arts*, n° 284, juin 2008.

Sur Le Viaduc Le Corbusier

PROVANSAL, Mathieu, sans titre, *Cahier critique de poésie*, Marseille, CIPM, n° 20, 2010.

Sur Tomates

An., « Pour vivre heureux, vivons caché... », *La Marseillaise*, 18 janvier 2010.

An., « *Tomates*, de Nathalie Quintane », *Les Inrockuptibles*, 22 septembre 2010.

An., « *Tomates*, de Nathalie Quintane », *Sitaudis.fr*, rubrique « Parutions », 20 octobre 2010. Consulté en avril 2014.

An., « Graine de révolte », *Nouvelles clés*, décembre 2010-janvier 2011.

An., « Nathalie Quintane envoie des livres de tomates », *L'Humanité*, 15 octobre 2010.

BIRNBAUM, Jean, « *Tomates*, de Nathalie Quintane, *Les Ailes de plomb*, d'Adriano Sofri et *Il faudra nous tuer*, de Natacha Boussaa : écritures insurgées », *Le Monde*, 25 novembre 2010.

DESPLANCHES, Erwan, « *Tomates*, de Nathalie Quintane », *Télérama*, 8 décembre 2010.

FERN, Bruno, « *Tomates*, de Nathalie Quintane (2e recension) », *Sitaudis.fr*, rubrique « Parutions », 24 décembre 2010. Consulté en avril 2014.

HOCTAN, Caroline, « Les laborantines du verbe » (sur Annie Ernaux, Danielle Mémoire, Nathalie Quintane), *Le Magazine littéraire*, n° 500, septembre 2010.

KANTCHEFF, Christophe, « Quintane, pur jus », *Politis*, 4 novembre 2010.

MALAPRADE, Anne, « *Tomates*, de Nathalie Quintane », *Poezibao.com*, mis en ligne le 6 octobre 2010. Consulté en avril 2014.

MALAPRADE, Anne, « *Tomates* et *L'Inverse est exactement vrai* de Nathalie Quintane », *Cahier critique de poésie*, Marseille, CIPM, n° 21, mars 2011.

Sur Crâne chaud

An., « Certains l'aiment chaud », *Tageblatt*, novembre-décembre 2012.

An., « *Crâne chaud*, de Nathalie Quintane », *Vogue*, décembre 2012-janvier 2013.

CHEVILLARD, Éric, « Poétique du shampooing », *Le Monde des livres*, 2 novembre 2012.

DUCROC, Éric, « *Crâne chaud*, de Nathalie Quintane », *Technikart*, novembre 2012.

HOUSER, Éric, « En avant la musique ! », *Sitaudis.fr*, rubrique « Parutions », 18 octobre 2012.

LAURENT, Hervé, « *Crâne chaud*, de Nathalie Quintane », *Cahier critique de poésie*, Marseille, CIPM, nº 26, 2013.

LORET, Éric, « Quintane affranchit Lahaie », *Libération*, 18 octobre 2012.

ROSSIGNOL, Véronique, « Auberge espagnole », *Livre Hebdo*, 12 octobre 2012.

Sur Descente de mediums

BARRAS, Vincent, « Nathalie Quintane : *Descente de médiums* », *Cahier critique de poésie*, nº 29-5, mars 2015. *cahiercritiquedepoesie.fr*, consulté le 7 juillet 2015.

KANTCHEFF, Christophe, « *Descente de médiums*, de Nathalie Quintane : *Entendre des voix* », *Politis*, nº 1306 du 5 juin 2014.

LIGIER, Baptiste, « Paranormale activité », *Lire*, mai 2014.

LORET, Éric, « Médiums à tout faire », *Libération*, 9 avril 2014.

MALAPRADE, Anne, « *Descente de médiums*, de Nathalie Quintane », *Sitaudis.fr*, rubrique « Parutions », 2 avril 2014. Consulté le 6 juillet 2015.

Sur Les Années 10

BAILLY, Jean-Christophe, « *Les Années 10*, de Nathalie Quintane », *Hippocampe*, Journal critique bimestriel, Lyon, nº 21, p. 1.

COMETTI, Jean-Pierre, « Nathalie Quintane : *Les Années 10* », *Cahier critique de poésie*, nº 29-5, mars 2015. *cahiercritiquedepoesie.fr*, consulté le 7 juillet 2015.

CORBIN, Patrice, « Nathalie Quintane : *Les Années 10* », *Cahier critique de poésie*, 30-3, juin 2015. *cahiercritiquedepoesie.fr*, consulté le 7 juillet 2015.

GUICHARD, Thierry, « Au nom du peuple », *Le Matricule des Anges*, nº 157, octobre 2014, p. 18.

HUGLO, François, « *Les Années 10*, de Nathalie Quintane », *Sitaudis.fr*, rubrique « Parutions », publié le 26 décembre 2014. Consulté le 6 juillet 2015.

KANTCHEFF, Christophe, « La littérature sans effet ? ("À flux détendu") », *Politis*, nº 1335 du 8 janvier 2015.

LIORET, Éric, « À cause du peuple », *Libération*, 26 novembre 2014.

INDEX DES NOMS

RÉSUMÉS ET PRÉSENTATION DES AUTEURS

Anne MALAPRADE, « Quelque chose rouge. Parcours et détours d'une prose entêtée ».

Anne Malaprade, agrégée et docteur ès-lettres, enseigne la littérature en classes préparatoires à Paris. Elle a consacré sa thèse à Bernard Noël et à la structure du champ poétique contemporain. Elle intervient régulièrement dans le *Cahier critique de poésie*, dont elle est membre du comité de rédaction. Elle a publié *Catherine Pozzi, architecte d'un univers* (Paris, 1991) et *Lettres au corps* (Plounéour-Ménez, 2015).

Anne Malaprade holds an agrégation *and doctorate in literature, and teaches literature for classes préparatoires in Paris. Her thesis focused on Bernard Noël and the structure of the contemporary poetic scene. She regularly contributes to the* Cahier critique de poésie *and is a member of the editorial committee. She has published* Catherine Pozzi, architecte d'un univers *(Paris, 1991) and* Lettres au corps *(Plounéour-Ménez, 2015).*

La guerre, le combat, le débat : Nathalie Quintane a choisi son camp, et le rouge l'intéresse. La prose après la poésie est une cause et, en partie, sa cause. Au-delà du poème, au-delà du « je », quelque chose arrive, et colore une phrase intriguée et critique, un énoncé qui se fâche, s'exclame, s'étonne, imaginant démonter et remonter le monde. Signalant l'habitude et l'exception, Nathalie Quintane invente, au gré de ses livres, une prose qui désidéalise, travail, mais en couleurs, du négatif.

War, combat, debate: Nathalie Quintane has taken sides–and red it is. Prose after poetry is a cause and, in part, her cause. Beyond the poem, beyond the "je", something takes place, colouring a curious and critical sentence; an utterance which gets angry, exclaims, and is amazed as it imagines the world being broken down and built up. Emphasising both the habit and the exception, Nathalie Quintane invents, to the rhythm of her books, a form of prose which de-idealises; work from the negative, but in colour.

Jérôme MAUCHE, « Angle *Carrer de la Boqueria* et *Carrer d'en Quintana*. Nathalie Quintane performeuse ? performante ? ».

Jérôme Mauche est écrivain et professeur à l'École nationale supérieure des beaux-arts de Lyon où il codirige la Station d'arts poétiques. Il a publié *Le placard en flammes* (Coutras, 2009), *Isotypie sur doxogravure* (Toulouse, 2008), *Fiscus christus* (Coutras, 2013) et *Le Sbire à travers* (Coutras, 2014).

Jérôme Mauche is a writer and professor at the École nationale supérieure des beaux-arts i*n Lyon, where he codirects the* Station d'arts poétiques. *He has published* Le placard en flammes *(Coutras, 2009),* Isotypie sur doxogravure *(Toulouse, 2008),* Fiscus christus *(Coutras, 2013) and* Le Sbire à travers *(Coutras, 2014).*

Consciente des enjeux historiques propres au moment contemporain de démission volontaire de la littérature, Nathalie Quintane a fait le choix de ne pas privilégier un système généraliste d'intervention publique (performance) qui aurait contribué à sa labellisation. Empreints et empruntant (dans le texte) de longue date aux divers régimes de performativité autres (arts visuels, rock), ses livres (notamment les derniers) relancent la possibilité du texte comme mode de croyance et donc d'action.

Conscious of the historical stakes proper to the current voluntary redundancy of literature, Nathalie Quintane has chosen not to privilege a generalist system of public intervention (performance) which would have labelled her further. Having long been marked by and long borrowed (in the text) from diverse forms of performativity (visual arts, rock), her works (notably the most recent) re-launch the possibility of the text as a mode of belief and thus action.

Benoît AUCLERC, « Prendre au sérieux (sur l'ironie) ».

Benoît Auclerc est maître de conférences à l'université Jean-Moulin – Lyon 3. Sa thèse traite des questions de lecture et de réception chez Francis Ponge et Nathalie Sarraute. Il a dirigé *Lire Monique Wittig aujourd'hui* (Lyon, 2012) avec Y. Chevalier, *Ponge et ses lecteurs* (Paris, 2014) avec S. Coste et, avec B. Gorrillot, le n° 316 de la *Revue des Sciences Humaines,* « Politiques de Ponge » (Lille, 2014).

Benoît Auclerc is a lecturer in twentieth and twenty-first-century French literature at the University Jean-Moulin – Lyon 3. His thesis focused on questions of reading and reception in the work of Francis Ponge and Nathalie Sarraute. He has codirected the works Lire Monique Wittig aujourd'hui (*Lyon, 2012) with Y. Chevalier,* Ponge et ses lecteurs *(Paris, 2014) with S. Coste and, with B. Gorrillot, the no. 316 of the* Revue des Sciences Humaines, "Politiques de Ponge" *(Lille, 2014).*

Les textes de Quintane sont traversés par une ironie qui vient souligner la relativité des désignations. L'ironie est une manière de prendre au sérieux êtres et choses dans leur complexité, qualités qui en retour imposent de reconnaître la fragilité de tout énoncé. Ainsi considérée, elle suppose que soit accompli le deuil des certitudes idéales, au profit de la prolifération des remarques, participant de l'affirmation d'une fantaisie qui refuse de se laisser abattre et de s'en laisser conter.

Quintane's texts are infused with an irony which highlights the relativity of designations. Irony is a way of taking beings and things seriously in their complexity; qualities which in return mean recognising the fragility of all utterances. Considered in this way, irony presumes the death of ideal certainties for the benefit of the proliferation of remarks; it thus participates in the affirmation of a fantasy which refuses to be beaten or taken in.

Florine LEPLÂTRE, « Une "critique intégrée" des *nous* ».

Florine Leplâtre est agrégée de lettres modernes et doctorante en littérature chinoise. Elle travaille sur les rapports entre politique, genre et littérature au début du XXe siècle en Chine, mais s'intéresse également aux littératures contemporaines en langues française, anglaise et chinoise. Elle a publié « "Le bouchon est dans la Japonaise" : politique du genre chez Tsai Ming-Liang » (2010), dans la revue en ligne *Les mots sont importants.*

Florine Leplâtre holds an agrégation *in modern literature and is a doctoral candidate in Chinese literature. She works on the rapports between politics, gender, and literature in early twentieth-century China, but is equally interested in contemporary literature in French, English, and Chinese. She has published "'Le bouchon est dans la Japonaise': politique du genre chez Tsai Ming-Liang" (2010) in the online review* Les mots sont importants.

Cet article débute par les textes théoriques de Quintane, à travers lesquels est formulé le projet « d'éclater le pronom *nous* comme on dissèque une grenouille ». Il s'attache à observer la réalisation de ce projet dans six œuvres, où l'instabilité énonciative permet de tester l'élasticité du pronom « nous » : il s'incarne dans des communautés illusoires et embarque parfois les lecteurs avec ou contre leur gré.

This article begins with Quintane's theoretical texts, which formulate the project of "exploding the pronoun 'nous' *like you dissect a frog". It observes the way in which this project is realised in six works where enunciative instability puts the elasticity of the pronoun* "nous" *to the test: it is embodied in illusory communities and carries readers along with it, sometimes despite themselves.*

Chloé Jacquesson, « Minorité de tous les côtés ». La question du genre chez Nathalie Quintane.

Chloé Jacquesson est agrégée de lettres modernes et prépare un doctorat en littérature française à l'université Lumière – Lyon 2. Ses recherches portent sur les questions de genre dans les œuvres fictionnelles et théoriques de Nathalie Sarraute et de Monique Wittig.

Chloé Jacquesson holds an agrégation *in modern literature and is currently preparing her doctorate in French literature at the University Lumière–Lyon 2. Her research considers the notions of gender in the fictional and theoretical work of Nathalie Sarraute and Monique Wittig.*

À distance des prises de position univoques, l'œuvre de Nathalie Quintane interroge avec humour les représentations du féminin et du masculin, joue avec elles jusqu'à les ébranler. De la même manière qu'elle s'écrit contre les attendus poétiques, elle s'oppose à toute posture féminine. En ce sens, Nathalie Quintane livre sa propre formulation de la question du genre, à laquelle cet article entend donner un écho.

Far-removed from univocal positions, Nathalie Quintane's œuvre interrogates representations of the feminine and the masculine with humour and plays with them to the point of undermining them. In the same way that she writes against poetic expectations, she is opposed to any feminine posture. In this way, Nathalie Quintane offers her own formulation of the question of gender, to which this article responds.

Luigi Magno, « Transposer et ressaisir. Le quotidien et ses discours chez Nathalie Quintane ».

Luigi Magno enseigne la littérature française à l'université Rome III. Ses recherches portent sur les écritures contemporaines résultant d'une déstabilisation des définitions traditionnelles de la poésie comme genre-forme. Il a dirigé le volume *Denis Roche : l'un écrit, l'autre photographie* (Lyon, 2007) et *New Objectivists, Nouveaux Objectivistes, Nuovi Oggettivisti* avec Cristina Giocelli (Naples, 2013).

Luigi Magno teaches French literature at the University Rome III. His research focuses on contemporary writing resulting from the destabilisation of traditional definitions of poetry as genre-form. He has directed the volume Denis Roche: l'un écrit, l'autre photographie *(Lyon, 2007) and* New Objectivists, Nouveaux Objectivistes, Nuovi Oggettivisti *with Cristina Giocelli (Naples, 2013).*

Cet article analyse le rapport que l'écriture instaure avec le quotidien et certaines de ses possibles ramifications, à travers les textes *Remarques*, *Chaussure*, *Saint-Tropez – Une américaine* et *Crâne chaud* de Nathalie Quintane. Il montre que les dispositifs bâtis par l'auteur en se saisissant des discours du quotidien et de leur idiotie sont autant de postures énonciatives inédites qui fonctionnent comme une modulation critique des logiques à travers lesquelles nous appréhendons le monde quotidien.

This article analyses the rapport that writing sets up with the everyday and some of its possible ramifications in Remarques, Chaussure, Saint-Tropez – Une américaine *and* Crâne chaud *by Nathalie Quintane. It shows that the systems established by the author when she appropriates the discourses of the everyday and their idiocy constitute unseen enunciative postures which function as critical modulations of the logics through which we apprehend the daily world.*

Noura WEDEL, « Formage ininterrompu. Le programme politique de Nathalie Quintane ».

Noura Wedell, docteur en littérature comparée de l'université de Columbia, est spécialiste de littérature expérimentale française et américaine et d'art contemporain. Ses recherches portent sur les rapports entre art et politique. Elle a dirigé l'édition des actes du colloque *Investigations, « le champ élargi de l'écriture » dans l'œuvre de Robert Morris* (Lyon, 2008) et a publié *Odd Directions* (Vérone, 2009), une réflexion sur l'espace rejouant certaines stratégies d'art conceptuel.

Noura Wedell, a doctor in comparative literature from the University of Columbia, is a specialist in French and American experimental literature and contemporary art. Her research focuses on the rapports between art and politics. She has directed the colloquium proceedings Investigations, "le champ élargi de l'écriture" dans l'œuvre de Robert Morris *(Lyon, 2008) and published* Odd Directions *(Vérone, 2009), a reflection on space which reinterprets certain strategies of conceptual art.*

Cet article propose un parcours « ironico-dépressif » des enjeux politiques de l'œuvre de Nathalie Quintane. Sous les allures d'un discours de campagne, les grands chantiers politiques de l'expérimentation littéraire sont passés en revue : transformations de la langue, désaffection des lecteurs, efficacité réelle du poétique, recettes pour le mal d'imaginaire. L'idée est de réapprendre à lire afin de déchiffrer la psychopathologie ambiante.

This article proposes an "ironic-depressive" approach to the political stakes of Nathalie Quintane's œuvre. *In the guise of a campaign speech, it assesses the major political sites of literary experimentation: linguistic transformation, readers' disaffection, the real effectiveness of poetry, and remedies for the ill imagination. The idea is to teach us to read again so as to decipher the prevailing psychopathology.*

Pierre Le Pillouër, « Loges du visible ».

Pierre Le Pillouër est poète, critique et éditeur. Il a collaboré à la revue *TXT* de 1982 à 1993 et a créé *Sitaudis* en 2001, revue de poésie contemporaine en ligne. Il a publié *Poèmes jetables* (Coutras, 2002), *Trouver Hortense : Journal de lecture à la lettre des Illuminations* (Besançon, 2008) et codirigé *L'Expérience D* (Amay, 2013), avec Nicole Caligaris.

Pierre Le Pillouër is a poet, critic, and editor. He collaborated on the journal TXT from 1982 to 1993 and created Sitaudis *in 2001, an online review of contemporary poetry. He has published* Poèmes jetables *(Coutras, 2002),* Trouver Hortense: Journal de lecture à la lettre des Illuminations *(Besançon, 2008), and codirected* L'Expérience D *(Amay, 2013) with Nicole Caligaris.*

Arnaud Labelle-Rojoux, « Nathalie Quintane, artiste ».

Arnaud Labelle-Rojoux est artiste plasticien, performeur et essayiste. Il a publié *L'Art parodic'* (Paris, 2003), *Je suis bouleversé* (Paris, 2008), *Twist tropiques* (Paris, 2013). Il enseigne à l'École nationale supérieure d'art, la Villa Arson à Nice.

Arnaud Labelle-Rojoux is a visual artist, performer, and essayist. He has published L'Art parodic' *(Paris, 2003),* Je suis bouleversé *(Paris, 2008), and* Twist tropiques *(Paris, 2013). He teaches at the École nationale supérieure d'art, la Villa Arson in Nice.*

L'écriture de Nathalie Quintane associant, combinant, multipliant les registres, les expressions, les formes, se rapproche de la démarche de nombreux artistes contemporains. Il s'agit de mises à plat comme lorsque l'artiste distribue, isole, ordonne et désordonne un ensemble d'éléments. Cela confère à Nathalie Quintane une place à part dans le champ littéraire et dans celui de l'art où son travail trouve un écho certain, en particulier auprès de la jeune génération des étudiants en art.

Nathalie Quintane's writing associates, combines, and multiplies registers, expressions, and forms, and is similar to the approach adopted by numerous contemporary artists. It is a process of examining things from every angle, just as when an artist distributes, isolates, orders, and disorders an ensemble of elements. This confers on

Nathalie Quintane a singular place in the literary field and also the art world where her work finds an echo, particularly amongst the young generation of art students.

Fredéric LÉAL, « Un joli nom, mon guide ».

Fredéric Léal est médecin généraliste à Bordeaux. Depuis une dizaine d'années, il publie régulièrement des récits et des romans. Son écriture convoque des matériaux très hétéroclites qu'il rassemble dans une prose « moléculaire » éclatée et polysémique, dans laquelle l'étrangeté et l'humour occupent une place de choix. Il est l'auteur de *délaissé* (Paris, 2010), d'*Asparagus* (Paris, 2013) et de *La porte 'verte* (Paris, 2008).

Fredéric Léal is a doctor in Bordeaux. For over ten years, he has been regularly publishing narratives and novels. His writing brings together varied materials which he assembles into explosive and polysemantic "molecular" prose in which strangeness and humour have a privileged place. He is the author of délaissé *(Paris, 2010),* Asparagus *(Paris, 2013), and* La porte 'verte *(Paris, 2008).*

Jean-Marie GLEIZE, «"*Nous*"».

Jean-Marie Gleize est professeur émérite de littérature à l'École normale supérieure de Lyon où il a été responsable du centre d'études poétiques de 1999 à 2009. Il a publié de nombreux ouvrages dont *Léman* (Paris, 1990), *Le livre des cabanes* (Paris, 2015) et *D'où vient la lumière ?* (Marseille, 2004), avec Bernard Bossu et Patrick Sainton.

Jean-Marie Gleize is an emeritus professor of literature at the École normale supérieure in Lyon, where he was in charge of the centre for poetic studies from 1999 to 2009. He has published numerous works including Léman *(Paris, 1990) and* Le livre des cabanes *(Paris, 2015), and* D'où vient la lumière? *(Marseille, 2004) with Bernard Bossu and Patrick Sainton.*

TABLE DES MATIÈRES

ÉTUDES

REGARDS CROISÉS

INÉDITS